Arthur Leist
Das georgische Volk.
Die Kulturgeschichte eines der ältesten Völker Vorderasiens

SEVERUS Verlag

Leist, Arthur: Das georgische Volk. Die Kulturgeschichte eines der ältesten Völker Vorderasiens. 2018
Neuauflage der Ausgabe von 1903
ISBN: 978-3-95801-825-9

Umschlaggestaltung: Annelie Lamers, SEVERUS Verlag
Umschlagmotiv: www.pixabay.com

Bibliografische Information der Deutschen Nationalbibliothek: Die Deutsche Nationalbibliothek verzeichnet diese Publikation in der Deutschen Nationalbibliografie; detaillierte bibliografische Daten sind im Internet über https://dnb.de abrufbar.

Der SEVERUS Verlag ist ein Imprint der Bedey & Thoms Media GmbH,
Hermannstal 119k, 22119 Hamburg

_____

SEVERUS Verlag, 2021
http://www.severus-verlag.de
Gedruckt in Deutschland
Der SEVERUS Verlag übernimmt keine juristische Verantwortung oder irgendeine Haftung für evtl. fehlerhafte Angaben und deren Folgen

Arthur Leist

Das georgische Volk
Die Kulturgeschichte eines der ältesten Völker Vorderasiens

SEVERUS

Inhaltsverzeichnis

Vorwort

Die Georgier oder Kartweler (russisch Grusier) sind
eins der ältesten Kulturvölker Vorderasiens, aber da sie in
der Geschichte des Morgenlandes nur kurze Zeit eine füh-
rende Rolle spielten, legte sich auf ihr Land und ihr volk-
liches Dasein der Schleier der Vergessenheit, welchen bis
heute nur wenige Forscher zu lüften suchten. Und doch
liegt unter dieser Hülle ein reichhaltiges Buch menschlicher
Geschichte, und wer es durchliest, wird überrascht sein von
der in ihm enthaltenen Mannigfaltigkeit der Bilder. Nicht
nur einen Abglanz der altpersischen und byzantinischen
Kultur wird man darin finden, sondern auch eine von Poesie
umstrahlte Eigenart, die sich im zwölften Jahrhundert zu
einer prächtigen Blüte entfaltete.

Das vorliegende Buch ist der erste Versuch einer Darstellung des georgischen Kulturlebens von seinen Anfängen
bis in die neueste Zeit, und da auch die politische Geschichte in ihren Hauptzügen berührt wird, sodann der
Volkscharakter und verschiedene Gebräuche und Sitten zur
Schilderung gelangen, darf ich wohl sagen, dass das Buch
eine Lebensgeschichte des georgischen Volkes enthält.

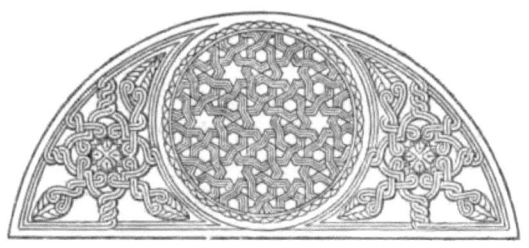

Land und Natur

Georgien (georgisch Ssakartwelo, russisch Gruzija) umfasst
eine nicht umfangreiche Landstrecke Hinterkaukasiens,
die sich vom Schwarzen Meere bis wenig mehr als
100 Kilometer nordöstlich von Tiflis hinzieht. Die Länge des
vom kartwelischen Stamme bewohnten Gebietes beträgt ungefähr 400, die Breite stellenweise nicht mehr als 150 Kilometer. Trotz dieses beschränkten Flächenraumes besitzt
Georgien eine so reiche Mannigfaltigkeit in seiner Natur
und im Charakter seiner Oberfläche, wie sie anderswo auf
einem gleich beschränkten Raum schwerlich zu finden ist.

Gegenwärtig umfasst Georgien die Gouvernements
Tiflis und Kutais, während es nach geschichtlich-geographischer
Einteilung, die noch heute allgemeine Geltung bewahrt, aus
folgenden Provinzen besteht: Kachetien, Kartlien, Ineretien
oder Imerien, Swanien, Gurien, Mingrelien und dem alten
Mes'chien. Zu Kachetien gehören auch die kleinen Hochgebirgsländchen Tuschien, Pschawien und Chewsurien.

Georgien gehört zu den schönen Ländern der Erde und
besitzt alles, was auch sehr anspruchsvolle Naturfreunde
befriedigen und erfreuen kann. Seine Gebirgslandschaften
sind so grossartig wie die der Schweiz, seine Niederungen
fast eben so üppig wie die von Norditalien, es besitzt
wasserreiche Flüsse, eine mannigfaltige Pflanzenwelt und

herrliche Meeresgestade. Nur eine Zierde fehlt ihm zur vollkommenen Schönheit und zwar die Seen, deren es nur einige von sehr unbedeutendem Umfang besitzt.

Der Reisende, der, über das Schwarze Meer kommend, in Batum das Land betritt, glaubt sich in ein Paradies versetzt.

In nächster Nähe erheben sich üppig grüne Berge, welche weiter ins Land hinein von höheren überragt werden und einen anmutigen, malerischen Hintergrund der Uferlandschaft bilden. In weiter Ferne, im hohen Adscharien, schimmern am tiefblauen Himmel die Schneefelder der höchsten Gipfel und verleihen bei heiterem Wetter dem Gesamtbilde dieses reizenden Erdenwinkels einen grossartigen Zauber. Unten am Fusse der Berge auf der schmalen Uferstrecke wuchert dank der herrschenden Feuchtigkeit und dem milden Klima die üppigste Pflanzenwelt. Neben der schlanken Zypresse, der Tuya, der stahlfarbenen Chryptomeria, der hageren, schlanken Drazene, der Magnolie und der üppigen Zeder gedeiht auch die Palme, dieses Kind des heisseren Südens, so dass auch im Winter die Natur hier ihr grünes Gewand bewahrt. Selbst im Dezember und im Januar stirbt die Pflanzenwelt nicht ganz ab; denn im grünen Grase schimmern schon die Veilchen, die Kamelie öffnet ihre prächtigen Blüten und Hyazinthen verbreiten wonnigen Wohlgeruch.

Mitunter ist der Himmel in dieser Jahreszeit wochenlang heiter, aber noch öfter mit dunkelm Gewölk bedeckt, das sich beim schwächsten Durchbruch des Sonnenlichtes in malerische Farben kleidet. Auch die See ist in diesen Monaten bilderreich, oft durchwühlen starke Winde und Stürme ihre düstere Fläche, die Wogen brausen und singen im gewaltigen Chor das alte Urweltlied von der Macht und Herrlichkeit der Elemente. Ein starker Zug Ossianscher Poesie liegt da in dem düstern Leben der Natur, und die Landschaftsbilder mit ihren schlanken trauernden Zypressen und den schwarzen Bergen, um deren Gipfel das glanzlose

Schneegewand ruht, rufen Erinnerungen an eine rauhe, lichtarme Vorwelt wach. Oft tobt das Meer wochenlang, wochenlang strömt aus dunkelm Gewölk der Regen hernieder, bis endlich eines Morgens die Sonne am heitern, blauen Himmel aufgeht und das blaugrüne Meer seine Wogen in den Schlummer rollt.

Der Frühling entfaltet jedoch nur langsam seine Reize, die Pflanzenwelt erwacht nicht mit kräftigem Lebensdrang, und viele Wochen vergehen, bis den ersten Veilchen die ersten Rosen folgen. Im März erblühen der Mandelbaum und der Rhododendron, und herrlich milde, sonnenhelle Tage folgen, an denen der Wolkenhimmel oft das reizendste Farbenschauspiel darbietet. Wenn die Sonne zwischen zerrissenem Gewölk ins Meer sinkt, erschimmert auf den Bergen ein rosig angehauchter, veilchenblauer Dunstschleier, die Firnen erglühen, und goldig und silbern erglänzt die Meeresfläche. Einem morgenländischen Wunderteppich gleicht da in der Vordämmerungsstunde der Wolkenhimmel, der auch, wenn das letzte Tageslicht schon hinstirbt und ihm nur noch weisse, graue und blaue Töne bleiben, noch das Auge durch sein Farbenspiel ergötzt. Wonnig sind die Frühlingsnächte an dieser grünen Küste, besonders beim Vollmondschein, wenn sich die Berge deutlich vom silberblauen Himmel abheben und auf der schwach wogenden und murmelnden See ein Traumglanz hin und her schwebt. Es sind wirkliche Nächte des milden Südens, silberne Nächte, durch die ein Hauch jener Märchenpoesie der Natur zieht, deren zarte Reize Schelley in vielfachen Bildern malt und aufleben lässt.

Der Vorfrühling ist hier blumenreicher als in anderen Gegenden Georgiens, und lange währt seine Frische dank der immer feuchten Luft. Noch im Juni, wenn die Magnolie ihre duftreichen Blütenkelche öffnet, prangt das Laub der Bäume und des Unterholzes in jugendlicher Kraftfülle. Dürre und Trockenheit sind hier unbekannte Erscheinungen. Neben der Üppigkeit der Pflanzenwelt besitzt das gurische

Küstenland seltene landschaftliche Reize. Kühn und grossartig sind die Bilder am Tschorochflusse, der ungefähr eine Meile südlich von Batum in das Schwarze Meer mündet. Das Tal seines Unterlaufes ist ziemlich breit und auf beiden Seiten von zwar steilen, aber grünen waldreichen Bergen eingefasst. Öder, aber auch grossartiger wird die Landschaft an seinem Mittellauf, wo zu beiden Seiten eine wildromantische Gebirgswelt immer höher empor strebt.

Ein völlig anderes Gemälde rollt sich auf, wenn man von Batum am Meeresufer nach Gurien hinein wandert. Hier prangt an den der goldenen Mittagssonne zugewandten Geländen ein üppiges südländisches Paradies, in welchem die mannigfaltigste Pflanzenwelt ein so vollkräftiges Leben lebt, dass sie den Erdboden mit undurchdringlichem, zumeist aus strauchhohen Farren, Rhododendron und Azaleen bestehenden Dickicht überwuchert und mit Hilfe der häufigen Niederschläge böse Fieberluft erzeugt.

Diese reizende Riviera ist jedoch nicht mehr als 20 Kilometer lang, bald treten die Berge zurück, und eine weitere Niederung erscheint, ein Sumpfland, welches sich bis tief nach Mingrelien hinein erstreckt. Am Anfange desselben liegt das Seebad Kobuluti, welches vielleicht einmal eine Villenstadt werden wird, aber heute noch ein unansehnliches Dorf ist. Das Meer liegt hier offen und frei vor dem Blicke, und weit sieht man seinen Spiegel im Sonnenlichte glitzern.

Im Norden liegt Mingrelien, ein von der üppigsten Pflanzenwelt überwuchertes Land, dessen unterer Teil einem herrlichen Garten gleicht, während der obere die vielfachen Reize südlicher Gebirgslandschaften besitzt.

Mingrelien ist ohne Zweifel das alte Kolchis, das Land der Argonauten und der Medea. Seine Natur hat einen fast märchenhaften Zauber und mag in alten Zeiten, da die Niederung bedeutend stärker bewaldet war als jetzt, auf jeden Ankömmling einen geheimnisvollen Eindruck gemacht haben.

Von dem seinen malerischen Hintergrund bildenden kaukasischen Hochgebirge strömen mehrere grosse und zahlreiche kleine Flüsse durch sein Waldlabyrinth dem Schwarzen Meere zu. Der bedeutendste derselben ist der Rion, welcher die Kwirila, den Tzcheniszchali, den Techuri, Ziwi und andere wasserreiche und reissende Nebenflüsse aufnimmt. Auch der Chopi und der Ingur führen von den swanischen Alpen grosse Wassermassen ins Meer. Der letztere Strom durchrennt in seinem Oberlaufe ein enges, felsiges, 80 Kilometer langes Tal, das eine ununterbrochene Reihe der herrlichsten Szenerien in sich schliesst.

An Wasser ist Mingrelien überreich, und in seinen Niederungen fliesst und rieselt es nicht nur in unzähligen Bächen und Gräben, sondern es steht auch unbeweglich in umfangreichen Sümpfen und erzeugt die seit undenklichen Zeiten die Gesundheit seiner Bewohner zerstörende Fieberluft. Wie Hippokrates sein Niederland beschreibt, ist dieses auch heute noch feucht und heiss und bringt nur saures Obst hervor. Zum Glück wird aber auch der untere Teil des Landes von Hügeln durchzogen, so dass viele Niederlassungen eine verhältnismässig günstige Lage haben und der Mensch hier eine von Miasmen ziemlich freie Luft atmet.

Die Natur ist schön in diesem feuchten Lande, und die Pflanzenwelt sucht ihresgleichen an Üppigkeit. Grün ist jede Spanne seiner Oberfläche und bunt und farbenreich im Frühling, der hier seltene Reize entfaltet.

Jedes Dorf umgibt ein Kranz von Obstgärten, die mit Pappeln, Mimosen, Maulbeerbäumen und Akazien eingefasst sind. Dazwischen blühen mächtige Rosenhecken, wilde Weinreben, und die Ranken des Geisblattes umschlingen die Stämme und Äste der aus dem blumenreichen Grase empor ragenden Bäume. In den Wäldern stehen mächtige Eichen, Ulmen, Buchsbäume, Buchen und Ahornbäume, daneben der Rhododendron, die Azalea, der Lorbeer, die Edelkastanie und menschenhohe Farrnstauden.

Der Feuchtigkeit wegen gedeiht das Getreide nur
kümmerlich, weshalb das urbare Land zum grössten Teil
mit Mais und dem mingrelischen Hirse (Ghomi) bebaut
wird. Mais und Ghomi sind auch die Hauptnahrung der
ärmeren Landbevölkerung.

Das Gesamtbild Mingreliens bietet mannigfaltige Reize,
und wer dasselbe vom Glockenturm des Klosters zu Martwili
gesehen, wird seiner stets mit Vergnügen gedenken. Im
Norden erstreckt sich das Tal des Flusses Abascha bis an
die Alpen von Gelembori, im Osten das grüne Imeretien,
im Westen schimmert am Horizont das Meer, und im Süden
ziehen sich die Berge von Achalziche mit ihren Schnee-
gipfeln hin. Zwischen diesen herrlichen Rahmen liegt das
überall grüne Mingrelien mit seinen Waldungen und Mais-
feldern, Dörfern und Gärten und zahlreichen in der Sonne
glitzernden Bächen und Flüssen, welches von Suttner in
mehreren Romanen sehr anziehend geschildert worden ist.

Der Hauptort von Mingrelien ist Poti, eine an der
sumpfigen Meeresküste, an der Mündung des Rion gelegene
Hafenstadt, die ihrer Fieberluft wegen verrufen ist und
ausser schönen Bäumen nichts Sehenswertes besitzt.

Im Osten grenzt Mingrelien an Imeretien, dessen Unter-
land die Fortsetzung der mingrelischen Niederung bildet,
aber nicht mehr so tief liegt und ein gesünderes Klima besitzt. Ganz Unterimeretien ist ein üppiger, grüner Garten,
in dessen Mitte der reissende Rion dahin strömt, während
sich im Norden die Vorberge des hohen Kaukasus hinziehen.

Am Fusse derselben, auf beiden Ufern des Rion liegt
Kutais, die alte Hauptstadt Imeretiens, die im Laufe mehrerer
Jahrhunderte in der Geschichte Georgiens eine bedeutende
Rolle spielte, aber nie eine bedeutende Stadt war und erst
in der jüngsten Zeit eine Einwohnerzahl von 30 000 erreichte. Die Lage von Kutais ist angenehm und reich an
Naturschönheiten. Seine üppige Pflanzenwelt hat ein noch
ganz südliches Gepräge und umfasst beinahe dieselben Baum-
und Straucharten, welche im unteren Gurien bei Batum

gedeihen. Neben der Magnolie, dem Granatbaum, der gelb blühenden Azalea ist auch der Lorbeer hier zu finden. Das milde Klima und die häufigen Niederschläge begünstigen das Wachstum der mannigfaltigsten und teilweise sehr edeln Pflanzen in hohem Grade, und es wäre leicht, hier herrliche Gärten zu schaffen, wenn der Mensch mit Geschick, Kunstsinn und Fleiss der Natur zu Hilfe käme.

Das Gesamtbild von Kutais ist zwar arm an grossartigen Szenerien, aber sehr anmutig, während seine nächste Umgebung am Rion aufwärts nicht nur liebliche, sondern auch wildschöne Landschaftsgemälde bietet. Bei der am nördlichen Ende der Stadt gelegenen Anhöhe, auf der sich die Ruinen einer aus der Zeit der Königin Tamar stammenden Burg befinden, tritt man bald aus der Ebene in eine Gebirgswelt, die anfänglich einem wonniggrünen Garten gleicht, bis Höhen und Felsen hervor treten und die bei jeder Wendung des Flusses sich ändernden Bilder einen kühnen Charakter annehmen. Das Tal des Rion ist hier nicht breit, aber überall strotzen seine Ufer vom üppigsten Grün, und im Dickicht von Buchen, Buchsbäumen und Ulmen, um deren Stämme sich kräftig der Efeu und die wilde Weinrebe schlingen, begrüsst den Wanderer die poesiereichste Waldherrlichkeit. Wälder sind hier wie in allen anderen Teilen Georgiens nur auf Bergen zu finden, da die Täler und Niederungen längst für den Ackerbau urbar gemacht wurden.

Auch die östliche und südliche Umgebung von Kutais besitzt keine Waldungen, sondern nur zerstreut stehende Bäume und Gebüsche, welche jedoch die Landschaft genügend beleben und ihr ein gartenähnliches Aussehen verleihen. Östlich von der Stadt erstreckt sich ein vielfach durchbrochenes Hügelland, und hier liegt das durch seine Bauart, seine Wandgemälde und kostbaren Altertümer merkwürdige Kloster Gelati, dessen Besuch auch dem Naturfreund einen hohen Genuss bereitet. Von der Veranda des Klosters beherrscht der Blick die ganze Niederung des Rionflusses, nämlich Unterimeretien und einen grossen Teil von

Mingrelien. Das gesamte Panorama gleicht einem ununterbrochenen Garten, der sich auf einer ungefähr 100 Kilometer langen Fläche hinzieht, bis er am Horizont im blassen
Meeresspiegel endet. Der Anblick dieses lieblichen Bildes
ist besonders im Frühling und im Frühsommer höchst reiz-
voll, wenn auch im Vergleich mit anderen georgischen
Landschaftsbildern farbenarm. Das tiefe Blau des Himmels,

Kloster Gelati in Imeretien.

das Gold des Sonnenlichtes und das Grün der Erde sind die
drei Farben, die sich in überwältigender Fülle dem Auge
hier darbieten.

Der Gesamteindruck der mingrelisch-imeretischen Niederung ist eintönig, und für den Maler bietet dieses grüne
Paradies wenig mehr als einen in Lebensfülle prangenden
Garten. Auch die Dichter schweigen unter diesem feuchten
Himmelsstrich, wo der Mensch weniger lebenslustig ist als
in anderen Gegenden Georgiens. Mingrelien und Nieder-
imeretien haben bis jetzt nicht einmal einen mittelmässigen
Dichter hervorgebracht, und auch ihre Volkspoesie ist wohl
die ärmste im Lande.

Östlich von Kutais beginnt ein Hügelland, das weiter gegen Osten zu allmählich ansteigt, aber bis zum Suramgebirge, der Grenzscheide zwischen Imeretien und Kartlien, nur mässige Höhen erreicht. Dieses naturschöne Land ist Oberimeretien. Die Natur legt hier bald ihre südliche Milde und Weichheit ab und wird kräftiger und mannigfaltiger, als sie es in der vom Schwarzen Meere beeinflussten Ebene ist. Manche Gewächse, welche bis Kutais fortkommen, schwinden hier gänzlich. Anstatt des Lorbeers, der Magnolie und der schirmartigen Mimose erscheinen hier Eichen und Buchen, und an Stelle der endlosen Maisfelder treten üppige Getreidefluren. Nordisch rauh ist aber die Natur auch hier nicht, und in jedem geschützten Tale gedeihen Bäume und Pflanzen, die einer vielmonatlichen Sonnenwärme bedürfen und einen langen und strengen Winter nicht vertragen können.

Oberimeretien macht den Eindruck der Behäbigkeit, den auch die im Grün der Obstgärten verborgenen Dörfer hervor rufen. Nur selten wie an den Ufern der Kwirila zeigen sich öde Felsengegenden, während sonst überall die Gestaltung der Erdoberfläche und die Art des Bodens den Getreidebau begünstigen. Das Land wird zwar vielfach von tiefen Tälern durchbrochen, aber es ist auch reich an meilenlangen, sanft welligen Geländen, deren Fruchtbarkeit besonders im Frühsommer hervortritt, wenn auf den weiten Strecken goldige Getreidefelder wogen. Diese sich hie und da stundenlang hinziehenden Fruchtfluren sind hier nicht ermüdend für das Auge wie in der Ebene; denn allenthalben erheben sich im Hintergrunde hohe, den Blick anlockende Berge, bald öffnet sich in der Nähe eine liebliche Talmulde mit Gärten und wohl auch einem Wäldchen, bald wieder eine enge zerklüftete Schlucht, in welcher zwischen blühendem Gesträuch ein klarer Giessbach dahin rauscht.

Die eintönigen, baumlosen Getreidestrecken sind nur Inseln in dem an entzückenden Abwechslungen reichen Oberimeretien, das malerische Bilder von verschiedenartigster Schönheit besitzt. In seiner Mitte, umgeben von wild-

romantischen oder auch idyllischen Landschaften, liegt ein
schwarzes Ländchen, nämlich die Manganerzgruben von
Tschiaturi, eine wenige Meilen umfassende Gegend, welche
zum grossen Teil zerklüftet ist und von tiefen Schluchten
durchzogen wird. Das kostbare Erz liegt nicht tief, an
vielen Stellen sogar auf der Oberfläche, so dass im weiten
Umkreise der Boden einen schwarzen Schimmer hat.

Nördlich von Tschiaturi erstreckt sich das breite und
stark bevölkerte Tal von Satschcheri, welches im Norden
hohe, waldige Berge begrenzen. Hier haben die Adelsgeschlechter der Zereteli und Abaschidse ihre Stammsitze.
Die ersteren bewohnen zumeist den Flecken Satschcheri,
welcher daher auch „Sazeretto" (den Zereteli gehörig) genannt wird. Die Lage des Ortes, welcher sich am Hange
einer Anhöhe hinzieht, ist in jeder Hinsicht malerisch und
angenehm und bietet vereint alle dem imeretischen Ober-
lande eigenen und sonst nur zerstreut zu findenden Naturschönheiten. Das Gelände fällt in unregelmässigen Terrassen
gegen das Tal ab und ist auf einer langen Strecke mit
Wein- und Obstgärten besetzt, aus deren Grün hier und da
die Häuser der Gutsbesitzer mit ihren weissen Säulenhallen
hervorschauen. Kleine Schluchten mit felsigen Wänden und
rieselndem Quellwasser, grasige Abhänge mit baumhohen
Brombeersträuchern und Gruppen alter Eichen und Nuss-
bäume vervollständigen das Gemälde dieses lieblichen Ortes,
über welchem auf stattlicher Höhe von dichtem Gestrüpp
umwachsen sich die Ruinen der Burg „Modinache" erheben.
Eine halb verfallene Burg oder ein altes Kloster darf in
einem georgischen Landschaftsbilde nicht fehlen. Diese
Denkmäler aus einer lang vergangenen Zeit deuten allenthalben auf das ehrwürdige Kulturalter des georgischen
Volkes und erinnern den Wanderer an die ereignisreiche
Geschichte seiner Vorzeit.

Das Lichwi- oder Suramgebirge trennt Oberimeretien
von Kartlien, dem eigentlichen Herzen Georgiens, wo im
Laufe von mehr als zweitausend Jahren die Hauptbühne

seiner Geschichte war und die wichtigsten, sein wechsel-
volles Schicksal beeinflussenden Kämpfe zum Austrag kamen.
Durch die westlichen Vorberge der Suramkette fliesst
der aus Süden kommende Kur, der bedeutendste Georgien
durchströmende Fluss. Die Täler, durch welche er hier
seinen Lauf nimmt, sind oft tief, eng und zerklüftet, aber
reich an üppigem Grün und verschiedenartigen Gebilden.
Nach Süden hin, einige 20 Kilometer vom Städtchen
Suram entfernt, liegt Borshom, das kaukasische Vichy, der
am meisten besuchte Badeort im Kaukasus. Die Berge erreichen hier eine stattliche Höhe und sind von alten Waldungen besetzt, in denen die im ganzen Niederlande von
Georgien unbekannten Nadelbäume, wie Fichten, Kiefern
und Tannen in grosser Anzahl und in prächtigen, oft ein
paar Jahrhunderte alten Exemplaren zu finden sind.
Um Borshom waltet im weiten Kreise eine zaubervolle
Waldherrlichkeit, die besonders im Herbst, wenn sich das
Laub der Eichen und Buchen färbt und die goldene Oktober-
sonne ihren geheimnisvollen Lichtschein auf die stillen
Wälder wirft, prachtreiche Bilder darbietet. Aber auch der
Frühling ist hier wonnereich. Millionen von Blumen be-
decken das feuchte Erdreich mit einem herrlich bunten
Teppich, tausende von Nachtigallen flöten im grünen und
duftigen Unterholz, Bäche murmeln und rauschen in der
Nähe und Ferne von den stolzen Bergen hernieder. Einen
noch höheren Zauber gewinnt die Landschaft in Mondschein-
nächten, wenn die wellige Fläche des Kurflusses wie Silber
schimmert und im hochstämmigen Walde ein liebliches
Zwielicht dämmert.
Unweit von Borshom erreichen mehrere Berge eine
stattliche Höhe, wie der Sanislo 9 300 Fuss und der Kadiani
über 8 700 Fuss. Eine der grossartigsten Fernsichten bietet
der Zchra-Zcharo (Neun Quellen), dessen 8 800 Fuss hoher
Gipfel ohne Schwierigkeit zu erreichen ist. Bis zur Höhe
von ungefähr 7 000 Fuss führt der Weg durch üppige Wälder
und über fette grüne Halden, nach deren Schwinden nur

noch die die Waldwelt überragenden kahlen, steinigen Höhen im blauen Luftmeer thronen.

Das Panorama, welches sich vor dem auf dem Gipfel des Zchra-Zcharo stehenden Wanderers auftut, hat eine Länge von ungefähr 500 Kilometer und umfasst einen grossen Teil der kaukasischen Gebirgskette vom Dagestan bis an den Elborus, dessen ewiges Schneehaupt mit dem riesigen Eisblocke des Kasbek, dem Uschba und dem Dychtau die ungeheure Gletscherwand wie himmelstürmende Türme überragen. Die aus der Masse dieser gewaltigen Eismauer empor strebenden Kolosse sind zahllos und zum Teil bis heute noch namenlos. Die einen gleichen Pyramiden, die andern Türmen, noch andere Titanenthronen, aber alle schimmern im heitern Licht der Sonne in goldener, unerreichbarer Majestät und Herrlichkeit. Kürzere Strecken der Gletscherkette sind auch von manchen höher gelegenen Orten Kartliens sichtbar, aber nirgends ist das Bild so vollständig und grossartig wie vom Zchra-Zcharo.

Von Borshom wendet sich der Kurfluss nach Norden und erreicht nach einem Lauf von einigen zwanzig Kilometern die kartlische Hochebene, welche er gegen Tiflis hin in östlicher Richtung durchströmt. Diese mehrere Meilen lange, hin und wieder von Anhöhen durchbrochene Ebene ist sehr, sehr fruchtbar, aber auch eintönig, da ihr das belebende Grün grösserer Baumgruppen abgeht. Nur die zahlreichen, ziemlich grossen Dörfer umgibt ein grüner Kranz von Obst- und Weingärten, aus denen hier und da ein einfaches Landhaus hervorschaut. Der auf dem rechten Ufer des Kur gelegene Teil von Kartlien ist dagegen ein zerklüftetes Gebirgsland mit sehr verchiedenartigen Landschaftsbildern. Waldige Berge und liebliche grüne Täler wechseln ab mit felsigen Bergen und Schluchten. Die Öde nimmt zu, je weiter man östlich wandert, aber ehe man in die trockene und pflanzenarme Gegend von Tiflis gelangt, laden einen noch zahlreiche wonnige Seitentäler und grüne Berge ein zum Weilen. Einer der naturschönsten Winkel

ist das Tal von Ateni, benannt nach dem Dorfe gleichen-
Namens, in welchem sich wie in vielen anderen Orten
Georgiens eine sehr alte durch ihre Bauart und Basreliefs-
merkwürdige Kirche befindet. Nicht weit von Ateni, am
Zusammenflusse der Liachwi und des Kur liegt die Kreisstadt Gori, deren Lage wenig Reize und Annehmlichkeiten
bietet. Ringsumher erstreckt sich die wellige kartlische
Ebene, ein baumarmes Land mit zahlreichen Dörfern, die
nur spärliche Obstgärten umgeben. Hier wie fast überall
an der von Batum nach Tiflis führenden Eisenbahn sieht
man in nicht weiter Ferne den Gebirgsrücken des hohen
Kaukasus, die nördliche Grenz- und Wasserscheide des
Landes, während sich im Süden die nicht hohen kartlischen
Berge hinziehen. Nach Osten hin wird die Gegend jetzt
stellenweise öde und unwirtlich, in der Nähe des Kur
schimmern rauhe, weisse Kalkhügel, aber nach einer kurzen,
abseits führenden Wanderung gelangt man immer wieder
in waldiges Gebirgsland, dessen landschaftliche Verschiedenheit schwer zu schildern ist. In einem engen Talkessel,
umgeben von waldigen Bergen, liegt hier das Kloster von
Kwatachewi, eine jener romantischen Einsiedeleien, an
welchen Georgien so reich ist. Auch Ruinen längst ver-
fallener Burgen erheben sich hier und da in der Einsamkeit des Waldgebirges.

Beim Dorfe Kaspi tritt der Kur in ein enges Tal ein,
welches von felsigen, fast überall baumlosen Höhen ein-
geschlossen wird und sich bis Tiflis hinzieht. Bei Mzcheta,
welches in den ersten Jahrhunderten unserer Zeitrechnung
die Hauptstadt Georgiens war, mündet die von Norden
kommende Aragwa in den Kur, und hier öffnet sich zwischen
den Uferbergen der Aragwa wie durch ein Fenster die Aussicht auf das grüne, baumreiche Tal von Saguramo und den
hohen Kaukasus. Mzcheta oder Mzchet ist heute ein elender
Flecken von zwei oder dreihundert Häusern, die ohne jeden
Gartenschmuck dicht nebeneinander stehen und keinen
andern Eindruck machen als den der Armut und Kultur-

losigkeit. Aber Mzchet hat trotzdem für den Georgier auch heute noch eine hohe Bedeutung; denn hier am Ufer des Kur steht ein ehrwürdiges Denkmal aus alter Zeit, die Domkirche, welche fast anderthalb Jahrtausend die Hochburg der georgischen Kirche war. Die Gegend von Mzchet war

Domkirche in Mzchet.

der Schauplatz der Bekehrung des georgischen Volkes zum Christentum, und an viele Orte der Umgegend knüpfen sich uralte, mit zahlreichen Legenden verwobene Überlieferungen. Dem Zusammenflusse des Kur und der Aragwa gegenüber auf einem steil nach Westen abfallenden Berge steht eine alte Kirche, welche im siebenten Jahrhundert erbaut worden sein soll und mit der bedeutend höher gelegenen Klosterkirche von Sedadseni zu den ältesten Baudenkmälern Georgiens gehört. Weit nach Osten und Nordost erstreckt sich hier ein waldiges Gebirgsland, eine stille, poesiereiche Welt, über welcher ein hoher Zauber zu schweben scheint; denn seit der grauen Vorzeit war hier die Hauptstätte der

Gottesverehrung der Georgier. Hier standen auch vor mehr
als zweitausend Jahren die Heiligtümer und Altäre der
Lichtreligion, hier wurde dem georgischen Volke das Evan-
gelium verkündet, und Jahrhunderte hindurch galten diese
Höhen und Täler für geweiht und heilig im Andenken der
Nachkommen. Und wenig hat sich hier verändert seit jener
altersgrauen Vorzeit. Zwar erscholl in dem waldigen Gebirge oft der Kriegslärm, aber die Wälder blieben bestehen
und schützten dieses naturschöne Sagenreich vor dauernder
Entweihung durch menschliche Ansiedler. Wie in den Tagen
der heil. Nino, der Bekehrerin Georgiens, sind die Berge
und Täler von Sedadseni noch heute unbewohnt, und die
Stille wird höchstens durch den Gesang der Hirten oder
das Gespräch weniger Wallfahrer unterbrochen. Hoch oben,
von dichtem Wald umgeben, steht die alte Klosterkirche
von Sedadseni, während vom Kloster selbst nur noch spärliche Trümmer erhalten sind. Die Kirche mag im siebenten
oder achten Jahrhundert erbaut worden sein und zeigt auch
die einfache, ganz kunstlose Bauart der ersten georgischen
Kirchen, die aus mächtigen, behauenen Steinen in Form
eines gleicharmigen Kreuzes aufgeführt wurden. Die in
den dicken Mauern angebrachten Fenster sind so klein und
schmal, dass auch am hellsten Sonnentage wenig Licht in
das Innere eindringt und man Mühe hat, die auf den alten
Grabsteinen eingemeisselten Inschriften zu lesen. Aber eben
dieses Halbdunkel verleiht dem ehrwürdigen Raum einen
poetischen Reiz, und versucht man in Gedanken die Jahrhunderte zu durchdringen, welche diese Mauern überdauert
haben, so gelangt man bald in ein ähnliches Dämmerlicht;
denn über die Schicksale der Kirche, des Klosters und
seiner von Geschlecht zu Geschlecht sich erneuernden Bewohner sind nur spärliche Nachrichten erhalten geblieben.
Der Kriegssturm und die Vernichtungswut feindlicher Heerscharen, die so oft Georgien heimsuchten, erreichten auch
diese entlegene Einsiedele, und bewirkten es, dass sie im
Jahre 1705 verlassen wurde.

Prachtreich ist das Land, welches man vom Gipfel
des Klosterberges überschaut. Im Süden, wo sich die
Ströme des Kur und der Aragwa vereinen, liegt das arme,
reizlose Mzchet, welches in der Urzeit einst Georgiens
Hauptstadt war, während weiter nach Osten hin das volks-
und lebensreiche Tiflis sichtbar wird. Im Norden erhebt
sich in geringer Entfernung der mächtige Gebirgerücken des
Kaukasus, welchen der majestätische Eiskegel des Kasbek
überragt. Waldige Höhen ziehen sich in nordöstlicher Richtung bis an das Hochgebirge, wo die Aragwa entspringt
und weltentrückt der kleine georgische Stamm der Chewsuren
sein mittelalterliches Dasein auslebt.

Naturschön sind die Landschaftsbilder, welche die
Mönche des Klosters von Sedadseni tagtäglich vor Augen
hatten, an denen sich ihre Blicke weiden konnten, ohne
vielleicht jemals die Poesie derselben anders als mit den
Sinnen zu empfinden! Das Naturgefühl, wie es heute unsere
Einbildungskraft und unser Gemüt belebt, war doch den
Menschen der Vorzeit unbekannt. Nicht einmal die italienischen Mönche, welche im 17. und 18. Jahrhundert Georgien
besuchten, fanden in ihren Beschreibungen des Landes
Worte der Entzückung für seine Naturschönheiten. Höchstens
trifft man bei ihnen ein undeutliches Gefühl der Freude,
einer nennt Georgien mia amata sposa, andere loben die
Natur im allgemeinen, aber nirgends verraten sie eine Empfindung, welche nach unseren Begriffen als poetisches
Naturgefühl anzusehen wäre. Der Genuss der Naturschönheiten war bei den Menschen früherer Jahrhunderte gewiss
nichts weiter als ein stummes, völlig sinnliches Betrachten,
das ihnen ohne Zweifel oft Laute der Bewunderung und
Freude entlockte, aber Phantasie und Gemüt nicht zum
Mitgenuss anregte. Auch die Poesie der Einsamkeit mag
den Bewohnern solcher Einsiedeleien unserer heutigen Auffassung nach fremd gewesen sein, und wenn grosse Schriftsteller mit Dichterseelen den poetischen Reiz einsam stehen-
der Klöster schildern, wie Pierre Loti den Sinai, und

Hyppolite Taine den Monte Cassino, so drücken sie doch
nur ihr eigenes Empfinden aus, welches in ähnlichem Masse
wohl nie die Einbildungskraft ihrer Bewohner bewegt hat.
Drei Meilen östlich von Mzchet liegt auf beiden Ufern
des Kur in einem von kahlen, steinigen Höhen umgebenen
Tale die frühere Hauptstadt Georgiens, Tiflis, dessen
georgischer Name Tbilisi wahrscheinlich von dem hier her-
vorquellenden warmen Schwefelwasser herrührt, da Tbili
„warm" bedeutet.
Die Lage dieser Stadt ist keineswegs schön oder angenehm, und man wundert sich über die Wahl des Ortes,
dessen Klima weder im Sommer noch im Winter besonders
günstig genannt werden kann. Während der Sommermonate
herrscht fast ununterbrochen eine drückende Hitze, die unerträglich wird, wenn tagelange Windstille eintritt. Der
Winter ist verhältnismässig kalt, schon Ende November
stellen sich oft Nachtfröste ein, und im Januar steigt das
Thermometer auch am Tage nur wenig über den Gefrier-
punkt. Scharfe Nordwinde wehen in dieser Zeit oft vom
Hochgebirge her, Schnee bedeckt die umliegenden Höhen,
und die ganze Landschaft scheint in einen tiefen Winter-
schlaf versunken zu sein. Derselbe ist jedoch nicht von
Dauer; denn schon im Februar tritt meistens wärmeres
Wetter ein, und Anfang März beginnt der träge, langsam
fortschreitende Frühling, der wenig von den kräftigen Reizen
des Nordens besitzt. Das Gras grünt, die ersten Veilchen
und die Mandelbäume erblühen, aber Wochen vergehen, bis
endlich die gesamte Pflanzenwelt im jungen Laubschmuck
prangt. Kurz ist diese lenzige Frische der Natur, kurz die
mildwarme Zeit, die gar bald in den heissen Sommer übergeht. Wie im ganzen Lande ist auch hier der Herbst die
angenehmste Jahreszeit, die bei heiterem Himmel und
warmem Sonnenschein eine das Auge entzückende Farbenpracht mit sich bringt und das herrliche Panorama der
fernen Schneeberge oft viele Tage lang in unverdüsterter
Klarheit zeigt.

Als Hauptstadt von ganz Kaukasien und Sitz der
Landesverwaltung hat Tiflis schon seit mehreren Jahrzehnten
seinen georgischen Charakter verloren und besitzt eine
ziemlich zahlreiche russische Einwohnerschaft, die im öffentlichen Verkehr des europäischen Stadtteils den Ausschlag
gibt. Hier ist auch die russische Sprache vorherrschend,
da ihr zwischen den verschiedenen Nationalitäten die ver-
mittelnde Rolle zufällt, welche in anderen Stadtvierteln
wieder die georgische Sprache behauptet. Das am stärksten
vertretene Element sind die Armenier, welche auch den
grössten Teil des Handels in ihren Händen haben und die
wohlhabendere Mehrheit des Bürgerstandes bilden. Die in
der Masse des Volkes am meisten verbreitete Sprache ist
jedoch die georgische, da sich derselben auch zahlreiche
Armenier bedienen, und sie gleichfalls von vielen hier
ansässigen Tataren, Osseten, Russen und Deutschen gesprochen wird.

Ein charakteristisches Gepräge hat diese heute etwa
170 000 Einwohner zählende Stadt längst nicht mehr. Sie
ist vielmehr ein Zwittergebild, in welchem die typischen
Eigenheiten immer mehr schwinden und einer unbestimmten,
wenig einnehmenden Physiognomie weichen. Das frühere
patriarchalische Leben mit seiner Gastfreundschaft und Gemütlichkeit zerrinnt in einem geräuschvollen Strassen- und
Wirtshausleben, und an Stelle der einfachen, aber trau-
lichen altgeorgischen Häuser mit ihren luftigen Balkonen
erstehen langweilige Mietkasernen, die dem Klima in keiner
Weise entsprechen. Manche dieser neuen Gebäude, besonders die der wohlhabenden Armenier, haben allerdings
ein anspruchsvolles Aussehen und verleihen der Stadt ein
mehr und mehr elegantes Gepräge, aber einen wirklichen
Kunststil zeigen nur wenige.

Das Gesamtbild von Tiflis ist ziemlich reizlos, aber
es birgt doch einige liebliche Winkel in sich, und deren
schönster ist der zwischen Bergen gelegene schattenreiche
und sorgfältig gepflegte botanische Garten, der dem Natur-

freund auch im Spätherbst noch viele Annehmlichkeiten bietet. Auch der allerdings fast baumlose Davidsberg (Mta zminda = der heilige Berg) mit der gleichnamigen Kirche auf halber Höhe besitzt manche Reize.

Südlich von Tiflis liegt das sogenannte Somchetien, ein zum grossen Teil gebirgiges Ländchen, welches in früheren Zeiten oft der Schauplatz hartnäckiger Kämpfe war; denn meistens rückten die persischen Heere durch diese Gegend gegen Tiflis vor und begegneten hier den ersten georgischen Truppen. Das georgische Sprachgebiet erstreckt sich hier nur 40—50 Kilometer nach Süden hin; denn bald jenseits des Flusses Algeti beginnen tatarische Niederlassungen, und der Wanderer gerät in eine andere, auf einer bedeutend tieferen Kulturstufe stehende, wenig anheimelnde Welt. Einen weiten Überblick über das fruchtbare grüne Tal der Algeti geniesst man von dem kegelförmigen Berge Schawi Nabadi (der schwarze Mantel) bei Teleti, auf dessen Gipfel ein armenisches Kloster steht. In der schmalen Ebene, die sich hier am Kur und südwärts hinzieht, überraschen den Wanderer die in der Sonne glitzernden Flächen zweier Seen, die von Kumissi und Kodi, eine in georgischen Landen ganz ungewöhnliche Erscheinung.

Wie in Kartlien wechselt auch hier Üppigkeit mit Öde, und unweit der frischen Laubwälder von Kodschori starren kahle Felsenberge, auf denen kaum ein Strauch fortkommt. Auch am linken Ufer des Kurflusses erstreckt sich bis an die in der Ferne sichtbaren Berge von Gombori eine wüstenähnliche Ebene, die nicht ein Baum belebt und nur im Frühling ein spärliches Grasgewand bedeckt. Über diese Steppe führt der Weg nach Kachetien, dem berühmten Weinlande.

Nach wenigen Stunden erreicht der Wanderer die Berge von Gombori, wo ihn im Tale der Jora die wonnigste Waldherrlichkeit umgibt. Dann kommt das von Grün strotzende, malerische Rundtal von Gombori, hinter welchem die Strasse zwischen fetten Matten zur Passhöhe empor-

steigt, bis von neuem eine weite Waldwelt erscheint, die
fast auf der ganzen Strecke einem wundervollen Park
gleicht; denn überall prangen Wiesen, für die die herrlichen Bäume und Büsche nur zur Zierde gepflanzt zu sein
scheinen. Die Strasse führt hier durch die Schlucht des
Turdoflusses, im Schatten mächtiger Eichen, Ulmen, Ahorn,
Rotbuchen und auch Wildobstbäume, die selten in einem
georgischen Walde fehlen. Aus der grünen, einsamen,
nirgends einen menschlichen Wohnsitz zeigenden Gebirgswelt tauchen manchmal die Ruinen einer verfallenen Burg
auf, zu denen heute selbst der Pfad mit dichtem Gestrüpp
bewachsen ist, in den blauen Lüften kreisen Adler, hier und
da murmelt ein kleiner Quellbach, und so geht es weiter
in einer zauberreichen Waldherrlichkeit, bis am Ende der
Schlucht das im heitern Sonnenlichte prangende Kachetien
sichtbar wird. Licht und Farbe sind nirgends in Georgien
so verschwenderisch vereint wie hier, nirgends bescheint
die Sonne einen paradiesischen Garten von solchem Umfang
und solcher Lebensfülle. Drüben im Norden begrenzt ihn
die grüne, fast steile Wand des kaukasischen Gebirgsrückens,
hüben senden die Gomboriberge ihre idyllischen Vorhöhen
in das Tal, und in seiner Mitte windet sich zwischem end-
losem Grün das Silberband des Alasanflusses in die blaue
Ferne hin. 20—30 Kilometer breit und etwa 80 Kilometer
lang ist dieses von der Natur gesegnete, mit Fruchtbarkeit
und allen Reizen der Schönheit ausgestattete Tal. Gottfried Merzbacher, der Verfasser des vortrefflichen Werkes
„Aus den Hochregionen des Kaukasus“, welcher in seinem
Wanderleben viele schöne Länder gesehen, ist entzückt von
Kachetien, und ich stehe nicht an, es mit den schönsten
Gegenden von Toskana zu vergleichen. Wie in der Arno-
ebene bei Florenz, spriessen hier Schönheit und Lebenskraft, wie dort, wo der Chiantiwein gedeiht, reihen sich
hier üppige Gärten an Gärten und prangen in einer wahrhaft italienischen Farbenpracht. Nur die öden Felseninseln,
die steinigen, pflanzenlosen Berge, die in Toskana so häufig

wie kleine Einöden inmitten der lebensreichsten Landschaften liegen, fehlen in Kachetien gänzlich. So weit der
Blick reicht, spriesst hier ein unverwüstliches Leben, aber
auf dem Gesamtbilde ruht ein unvergleichlicher Zauber von
Milde; denn weder grossartige Szenerien noch kühne Gegensätze stören die überall gegenwärtige Anmut.

Die Grundlage aller Landwirtschaft in Kachetien ist
der Weinbau, der in herrlich gelegenen, aber noch bei
weitem nicht genügend gepflegten Gärten gedeiht und unter
allen kaukasischen Weinen der vorzüglichste ist. Weniger
beschäftigt sich der kachetische Landmann mit Obst- und
Getreidebau, da die Absatzgebiete fern liegen und keine
Eisenbahn eine billige und schnelle Warenbeförderung nach
Tiflis ermöglicht.

Kachetien zählt viele umfangreiche Dörfer und drei
Städte, nämlich Telaw, Tioneti und Signach. Die erstere
besitzt alle Eigenschaften einer georgischen Kleinstadt und
kann als echter Typ einer solchen gelten. Eine alte Burg,
eine ärmliche Basarstrasse mit kleinen, anspruchslosen Läden,
bescheidene kleine Häuser mit Säulenhallen und zahlreiche
Wein- und Obstgärten, ein vernachlässigter Stadtgarten, und
nirgends ein zierliches, sorgfältig gepflegtes Blumengärtchen!
Ähnlich sehen fast alle georgischen Kleinstädte aus, und nur
selten zeigt sich in ihnen eine Spur von einem ernsten
Streben, den Wohnsitz zu verschönern, ihm ein gefälliges
Aussehen zu geben. Der Kachetier ist träge, und wenn
auch wenigstens der Bauer nicht gerade arbeitsscheu genannt werden kann, so steht er doch noch weit von einer
geregelten Betriebsamkeit. Im allgemeinen bearbeitet er
seine Weingärten besser als der Gutsbesitzer, der sich
meistens nur soviel um seine Wirtschaft kümmert, als es
die äusserste Notwendigkeit erheischt, während er an die
Aufbesserung und fortschrittliche Hebung derselben fast gar
nicht denkt. Das italienische Sprichwort Non è piu bel
mestiere che non aver pensieri ist leider sein Wahlspruch,

und so verloddert er sein Besitztum und wird Schuldner
der Armenier.

Aber Kachetien ist schön und fruchtbar, und seine
Bewohner sind gemütliche, ritterliche und lebensfrohe
Menschen, die die vortrefflichsten Erdenbürger werden
könnten, wenn sie tüchtig arbeiten und im Schweisse ihres
Angesichts ihr Hab und Gut mehren wollten!

* * *

Noch hätte ich dieser allgemeinen Schilderung des
Landes eine Beschreibung der Hochgebirgsgaue Pschawien,
Tuschien, Chewsurien und Swanien hinzuzufügen, aber ich
habe diese entlegenen Winkel niemals besucht und müsste
meine Ausführungen den Berichten anderer Schriftsteller
entnehmen, was ich jedoch unterlasse, da ich in diesem
Buche grundsätzlich nur Menschen und Dinge aus eigener
Anschauung schildere. Nach Gottfried Merzbachers meister-
haften Schilderungen der genannten Hochgebirgsländchen
erscheint es mir auch überflüssig, hier ihre kurze Beschreibung einzufügen. Die ganze Grösse der Natur dieser
hochgelegenen Gegenden kann nur der kennen lernen, der
die höchsten Gipfel besteigt und unter unendlichen Gefahren auch die Gletscherregionen durchwandert, wo die
Herrlichkeit und Pracht der Gebirgswelt ihren erhabensten
Zauber erreicht. Und dies hat Merzbacher getan. Aber er
ist nicht nur ein kühner Bergsteiger und kenntnisreicher
Gelehrter, sondern auch ein Künstler und Dichter. Die
Bilder, welche er dem Leser ausmalt, zeugen von einer
seltenen Gestaltungskraft und einem hoch entwickelten Gefühl für Farbenpoesie, und wer in dieser Überfülle von
Eindrücken und Erscheinungen anschauliche Gemälde von
grossartiger Wirkung zu gestalten vermag, muss ein Künstler
von kräftiger Begabung sein.

In der kurzen Schilderung der Natur Georgiens mag
der Leser manche Verwandtschaft mit Italien erkannt haben,
und ich selbst fand während meines Aufenthaltes in der
dolce terra latina mannigfachen Anlass zu Vergleichen. Die
gurisch-mingrelische Niederung am Schwarzen Meere erinnert lebhaft an die Sumpfgegend zwischen Taranto und
Brindisi oder an die bei Mestre, das felsige, baumlose Tal
des Kur bei Tiflis ähnelt den öden Landschaften Cam-
paniens, aber auch die üppigen und fruchtbaren Täler
Kartliens und vor allen Kachetien weisen Eigenschaften der
italienischen Natur auf.

Ein gleiches lässt sich von der Pflanzenwelt sagen.
Nur die schirmartige Pinie, die den italienischen Land-
schaften einen so hohen Reiz verleiht, fehlt gänzlich in
Georgien.

Der Bilderreichtum des Landes ist unendlich, und dank
den zahlreichen dasselbe durchziehenden Gebirgen hat auch
das Licht die verschiedensten Wirkungen. „Each hour of the
day has a beauty of its own“, diese Worte Lubbocks in
seinen „Beauties of Nature“ kommen gerade in Georgien
zur vielseitigsten Geltung, und auch hierin hat es viele
Ähnlichkeit mit Italien. Wenn es aber trotzdem seinen
eigenen Naturcharakter besitzt, so lässt sich dieser nicht
besser zusammenfassen als in die Worte Alexander von
Humboldts („Ansichten der Natur“): „Luftbläue, Beleuch-
tung, Duft, der auf der Ferne ruht, Gestalt der Tiere, Saft-
fülle der Kräuter, Glanz des Laubes, Umriss der Berge:
alle diese Elemente bestimmen den Gesamteindruck einer
Gegend.“

Charakter
und nationale Eigenschaften

Die Georgier oder Kartweler, deren Zahl gegenwärtig ungefähr 1 500 000 bis 1 600 000 Köpfe beträgt, gehören der kaukasischen Rasse an. Die Haupteigenschaften ihrer Körperbildung sind eine schlanke Gestalt, längliches Gesicht, schwarze Augen und Haare, starke Nase und weisse Hautfarbe. Abweichungen kommen zwar nicht selten, aber auch nicht allzu häufig vor. Blondes Haar ist ziemlich selten anzutreffen, blaue Augen fast gar nicht, und Individuen mit rundem Gesicht, die man besonders in Ostgeorgien findet, sind nachweisbar Mischlinge, und zwar haben sie fast immer unter ihren nächsten Vorfahren eine Armenierin.

Wenn William Ripleys Ansicht, dass die Kopfbildung das erste charakteristische Kennzeichen einer Rasse ist, allgemeine Geltung hat, wären die Georgier eine ideale Rasse, aber nachweisbar fliesst in ihren Adern viel fremdes Blut, das auf ihre Körpereigenschaften nicht ohne Einwirkung geblieben ist. Araber, Perser und Türken, und im westlichen Georgien die Griechen haben im Laufe der Jahrhunderte an dieser Blutmischung teilgenommen; denn oft waren sie nach siegreichen Einfällen ohne Unterbrechung lange Zeit hindurch Gäste im Lande. Ausserdem trugen die nächsten Nachbarn, wie Armenier, Ossen und Abchasen nicht wenig zur Blutmischung der Georgier bei. Trotzdem sind sie ein Volk mit deutlich unterschiedlichen Charakter- und Körperkennzeichen, wie ja auch das aus verschiedenen Elementen entstandene englische Volk ein auf den ersten Blick erkennbares Rassengepräge besitzt.

Über die Zugehörigkeit der georgischen oder kartwelischen Sprachen sind die Ansichten der Forscher bis jetzt noch verschieden. Franz Bopp und Brosset betrachteten sie als ein Glied des indoeuropäischen Sprachstammes, während sie Max Müller dem turanischen einfügt, Friedrich Müller aber mit anderen kaukasischen Sprachen in eine einzeln stehende Gruppe absondert. In neuester Zeit hat sich Hugo Schuchardt vielfach mit einzelnen Formenbildungen der georgischen Sprache beschäftigt, ohne jedoch die Frage ihrer Abstammung zu berühren.

Im allgemeinen ist das Georgische eine wenig klangschöne Sprache, aber bei weitem nicht so rauh, wie die mancher kaukasischen Bergvölker. Sie besitzt mehrere schwer auszusprechende Kehllaute und ist besonders in den Zeitwörtern infolge der Aufnahme von Fürwörterstämmen reich an Mitlauten, die den Wohlklang sehr beeinträchtigen. Andere Wortformen, wie Haupt- und Eigenschaftswörter, enthalten meistens weniger Mitlaute, sind daher oft wohlklingend und erinnern nicht selten an italienische Laute. Die Natur des Südens hat ohne Zweifel an der Erweichung der georgischen Sprache mitgearbeitet, aber ihr Einfluss war nicht kräftig genug, um alle Rauheiten aus ihr zu entfernen. Den Mangel an Wohlklang ersetzt teilweise ein nicht gewöhnlicher Bilderreichtum einzelner Wörter, sowie der Ausdrucksweise. Die letztere zeigt eine hohe Entwickelung sittlicher und poetischer Begriffe, wie auch eine nicht gewöhnliche Verfeinerung der menschlichen Umgangsweise.

In zwei Richtungen hat die georgische Sprache die Höhe einer nicht leicht zu überschreitenden Vollkommenheit erreicht, und zwar in der Poesie und im Gesellschaftsleben. Ihr poetischer Wörterschatz ist sehr bedeutend, dabei eigenartig und ausdrucksvoll und besitzt sowohl zarte als auch

kräftige Töne im Überfluss. Reichhaltig und verschiedenartig ist auch die Sprache des geselligen Lebens, welche
an Redeblüten der Höflichkeit und des Anstandes keiner
europäischen Salonsprache nachsteht.

Unter den Einwirkungen fremden Lebens und fremder
Kulturen hat natürlich die georgische Sprache im Laufe
von mehr als zwei Jahrtausenden eine Menge von Fremdwörtern in sich aufgenommen, welche der Entwickelung der
georgischen Kultur gemäss sich schichtweise mit der
georgischen Sprache verschmelzen und deren Einwanderungs-
zeit zum Teil ohne grosse Schwierigkeit bestimmt werden
könnte.

Über das Wesen und den Entwickelungsgrad der
georgischen Sprache vor Entstehung des Schrifttums lässt
sich natürlich gar nichts sagen. Nach Einführung des
Christentums stand Georgien mehrere Jahrhunderte unter
der kirchlichen Oberhoheit der Syrier und hauptsächlich der
Griechen, und es war daher die griechische Sprache, welche
an die georgische die erste Feile anlegte, ihren Wörterschatz vermehrte und sie für den schriftlichen Ausdruck
vorbereitete.

Auch die Perser und Araber beeinflussten das georgische
Kulturleben in hohem Grade, und der aus den Sprachen
dieser beiden Völker in die georgische übergegangene
Wörterschatz ist keineswegs unbedeutend und betrifft hauptsächlich das Verwaltungswesen, sowie das höfische Leben.
Aus dem Türkischen entlehnten die Georgier gleichfalls zahlreiche Benennungen von Geräten, Hausgegenständen und
sogar Speisen. Zuletzt kam der Einfluss der russischen
Sprache, welche Ausdrücke für Gegenstände und Begriffe
lieferte, die bis dahin im Leben der Georgier unbekannt
gewesen waren. Der grösste Teil derselben gehört jedoch
zu den in allen Kulturländern gebräuchlichen Fremdwörtern
griechischen, lateinischen und französischen Ursprungs.

Zu mundartlichen Abweichungen ist die georgische
Sprache wenig geneigt, so dass in allen Provinzen eine fast

einheitliche, allen verständliche Sprache herrscht, die nur
in manchen Hochlandsgauen, wie in Pschawien, Chewsurien
und im hohen Adscharien unweit des Schwarzen Meeres in
ihrer Entwickelung zurück geblieben ist und ein teilweise
altertümliches Gepräge besitzt. Wenn daher Reisende von
einer imeretischen Sprache reden, so beruht dies auf voll-
kommener Unkenntnis.

Dieser einheitliche Charakter der Sprache überrascht
umsomehr, da sich die Bewohner der verschiedenen Landesteile in Temperament, in geistigen und Gemütseigenschaften
merklich von einander unterscheiden.

Die Bewohner der östlichen Hälfte, die Kartlier und
Kachetier sind im Vergleich mit denen des Westens schwerfällig, wenig unternehmungslustig und überhaupt mehr
Morgenländer als diese. Der einstige Einfluss Persiens ist
unverkennbar, aber es wäre ungerecht, ihn in allen seinen
Erscheinungen schädlich zu nennen; denn trotz allen Un-
gemachs, welches das östliche Georgien viele Jahrhunderte
hindurch von den Persern zu erleiden hatte, empfing es
von den Landsleuten des Firdusi, Sadi und Rumi doch auch
manche Kulturgabe, die ihm zum Nutzen gereichte.

Edelmann und Bauer haben viele gemeinsame Charakter-
züge, aber Lebensart und Entwickelung haben beide längst
so weit von einander entfernt, dass von einer gemeinsamen
Charakteristik beider keine Rede sein kann. Das bewegungs-
reiche Ritterleben hat den Edelmann auch körperlich mehr
entwickelt als den Bauern, welcher trotz einer bei andern
Völkern selten wahrzunehmenden Gewandtheit doch jenem
darin nachsteht. Der kartlische und kachetische Edelmann
ist fast immer von hohem Wuchs und zeichnet sich durch
edle Gesichtszüge und edeln Gliederbau aus. Er ist elegant
in Haltung und Bewegungen, ein gewandter Reiter und
Tänzer und überhaupt eine angenehme gefällige Erscheinung.
Sein Gesichtsausdruck zeigt zwar eine rege Sinnlichkeit,
jedoch ohne Gemeinheit, und die lebhaft funkelnden Augen
sind fast immer schön, freundlich und intelligent. Um den

Mund spielt meistens ein harmloses Lächeln als Ausdruck angeborenen Frohsinns und Gemütlichkeit. Bei aller Lebhaftigkeit des Geblüts, trotz der Raschheit in Rede und Bewegungen ist er zurückhaltend und anstandsvoll im Benehmen. Wie jeder Mensch mit stark entwickelter Sinnlichkeit, ist er genusssüchtig, aber auch empfänglich für das Schöne, für Poesie und Musik. Seine Redelust ist bekannt und Prinz Wachuschti sagt in seiner Beschreibung Georgiens: „Wo drei Georgier beisammen sind, langweilen sie sich niemals." Im Erzählen ist er eifrig und oft unerschöpflich, wobei er gern die Wahrheit mit Dichtung durchflicht und seine Zuhörer hinzureissen bemüht ist. Lügenhaftigkeit gehört nicht zu seinen nationalen Eigenschaften, er ist im Gegenteil viel wahrheitsliebender als andere Morgenländer, aber aus Leichtsinn lässt er sich leicht zu einer Lüge verleiten, und aus Eitelkeit schneidet er gern auf.

Der schönste Zug seines Charakters ist Gutmütigkeit, die ihn selten verlässt und selbst nach der leidenschaftlichsten Aufregung wieder bei ihm einkehrt. Zornesaufwallungen treten bei ihm meistens nur bei Zechgelagen zu Tage. In solchen Fällen vergisst er sich leicht, und es kommt vor, dass Gelage mit Streit und sogar mit Blutvergiessen enden.

Sein Stolz geht fast nie in Hochmut über, er ist mehr männliche Eitelkeit als das zähe Bewusstsein eigener Würde und eingebildeten Wertes, welches z. B. bei unseren deutschen Junkern auf so abstossende und lächerliche Weise zum Ausdruck kommt. Obgleich er seinem Adel einige Bedeutung beimisst, weiss er doch nichts von Kastengeist und denkt nicht daran, ihn als ein Aushängeschild zu benutzen. Aristokratisch gesinnt ist er überhaupt nicht und legt im Umgange mit andern eine weise Schlichtheit an den Tag.

Hier muss ich hervorheben, dass Georgien an Edelleuten und sogar an Fürsten sehr reich ist. Die Eristawen und Tawaden, welche im alten Georgien den eigentlichen Beamten- und Ritterstand bildeten, erhielten nach Vereinigung des Landes mit Russland den Fürstentitel zuerkannt, während die Asnauren, nämlich der niedere Adel, gleichfalls als solcher anerkannt wurden.

Der grössere Teil der gebildeten Klasse gehört heute noch dem Adel an, aber die geistige Führung geht allmählich zum Bürgertum über, welches besonders in der Litteratur mehr und mehr in den Vordergrund tritt. Beide Stände leben mit einander durch keinen Kastengeist getrennt im besten Einvernehmen und befehden einander höchstens in den Zeitungen, ohne dass dadurch das einträchtliche Zusammenleben gestört wird.

Die Hauptbeschäftigung des Adels bildet die Landwirtschaft, aber da der Grundbesitz meistens wenig umfangreich ist und sein Ertrag oft selbst zu einem mittelmässig bequemen Leben nicht ausreicht, suchen viele Edelleute andere Erwerbszweige, schlagen die Beamtenlaufbahn ein oder dienen im Heere, wo sie dank ihrer ritterlichen Eigenschaften oft zu höheren Rangstufen gelangen. Die Bewirtschaftung der Ländereien wird in den meisten Fällen noch auf uranfängliche Weise betrieben, und nur wenige Gutsbesitzer geben sich Mühe, die Ertragfähigkeit ihrer Güter zu heben. Zu dauernder, regelmässiger Arbeit besitzen sie wenig Neigung, und die Trägheit und Nachlässigkeit des georgischen Edelmannes sind im Lande selbst sprichwörtlich geworden. Die „georgische Wirtschaft", der Inbegriff des nationalen Schlendrians, hat schon den Ruin vieler adeliger Güter herbeigeführt oder deren Schuldenlast dermassen gesteigert, dass sie ihren Eigentümern fast gar keinen Gewinn mehr abwerfen. Seiner Mängel und Untugenden ist sich der georgische Edelmann sehr wohl bewusst, aber nur wenige bringen es fertig, durch Anstrengung, Fleiss und Sparsamkeit ihre Lage zu bessern. Die Scheu vor anstrengender Tätigkeit lastet wie ein Alb auf den meisten; denn noch lebt in ihnen der Ritter, und einer elementaren Kraft gleich, beherrscht sie die Genusssucht und der Drang zur Untätigkeit. Wie viele Beispiele

in Europa zeigen, ist der Atavismus im alten Adel ungemein
stark und tritt oft wie eine unheilbare Krankheit auf, die
zum Siechtum führt. Mehr noch als anderswo tritt diese
Erscheinung in Georgien auf, und es werden noch manche
Jahrzehnte vergehen, bis die Mehrheit des Adels die Tatkraft gewinnt, deren heute jeder bedarf, welcher im Kampf
ums Dasein bestehen und nicht untergehen will. Noch viele
werden die Scholle verlassen und in der Stadt einen Brot-
erwerb suchen müssen, was gegenwärtig schon vielfach geschieht, aber für die Betreffenden noch keine Besserung
der Lage bedeutet, da besonders der Georgier der östlichen
Landeshälfte für Handel und gewerbliche Berufe nur geringe Neigung und auch nicht die nötige Befähigung besitzt, so dass er den Armeniern gegenüber einen harten
Stand hat und bei seiner Mittellosigkeit mit diesen in keinen
ernstlichen Wettbewerb treten kann.

Bedeutend mehr Unternehmungsgeist und kaufmän-
nischen Sinn zeigen die westlichen Georgier. Diese sind
ein rühriges Volk und unterscheiden sich von ihren östlichen Stammesbrüdern auch durch andere Eigenschaften,
die ihnen jedoch keineswegs alle zum Lobe gereichen. Der
Imeretier und Mingrelier zeichnet sich zwar auch durch gesellige Tugenden aus, er ist gastfrei, freundlich und höflich,
heiter und lebenslustig, aber nicht immer aufrichtig und
weniger treuherzig als seine Landsleute in Kartlien und
Kachetien. Eigennutz, Ränkesucht, Rachgier und Verrat
traten in ihrer geschichtlichen Vergangenheit als alltägliche
Laster auf und haften in gemilderter Weise auch heute
noch an den Bewohnern Imeretiens und Mingreliens. Der
Imeretier ist ein leidenschaftlicher Sprecher, dabei intelligent,
gewandt, wissbegierig und anstellig zu jeglicher Beschäftigung,
aber auch veränderlich in seinen Neigungen, streitsüchtig,
hitzig, sinnlich und oft Schmeichler und Schauspieler. Sehr
ähnelt ihm der Mingrelier, während der Gurier sich durch
eine sanftere Gemütsart auszeichnet und mehr Ausdauer
und Beständigkeit an den Tag legt. Der Adel Mingreliens,

Guriens und Imeretiens ist wenig begütert, die überwiegende
Mehrheit weiss nichts von Wohlhabenheit, und viele würden
darben, wenn sie sich nicht durch Handel, Gewerbe oder
Dienstarbeit ihren Unterhalt verschafften. Landarm ist auch
der Bauer, der besonders in höher gelegenen Gegenden ein
schwieriges Dasein hat und aus diesem Grunde gern in die
Stadt zieht. Das Bürgertum in den westgeorgischen Städten
ist zum grössten Teil aus dem Bauernstande hervor gegangen. Fast alle Gastwirte des Landes, Kellner, Köche,
Gärtner, zahlreiche Handwerker, Fabrikarbeiter, Eisenbahn-
bedienstete, Schriftsetzer, Kleinhändler, Barbiere u. s. w. sind
Bauern aus Imeretien und Gurien. Sie zeichnen sich durch
staunenswerte Anstelligkeit und Lernfähigkeit aus und eignen
sich in höchst kurzer Zeit nicht nur allerlei Kenntnisse an,
sondern auch ein feineres Benehmen und Geschmack in
Kleidung und Gewohnheiten. Junge Leute, die vor einem
oder zwei Jahren noch hinter dem Pfluge gingen und die
gröbsten Feldarbeiten verrichteten, zeigen sich als gewandte
und höfliche Kellner oder Hausdiener und benehmen sich
im schwarzen Frack ebenso ungezwungen wie früher im
langen Bauernrock. Ihre Eleganz in Haltung und Manieren,
ihre Höflichkeit im Umgange sind manchmal staunenswert.
In dieser Hinsicht unterscheidet sich der westgeorgische
Bauer in Gurien, Imeretien und Mingrelien von dem ostgeorgischen dermassen, dass er fast einem anderen Volke
anzugehören scheint. Der letztere ist schwerfällig, hält fest
an seiner alten Lebensweise und verlässt nur in der äussersten
Not die Scholle seiner Väter. So ist er im materiellen
Sinne ein schlechter Kulturmensch, äusserst schwer für den
Fortschritt zu gewinnen und sehr wenig empfänglich für
äussere Eindrücke. Aber er steht dafür sittlich höher als
seine westlichen Stammesgenossen, bei denen die Veränderlichkeit die zweite Natur zu sein scheint. Er ist ehrlicher,
treuer und zuverlässiger als jene, und wenn er gegen jede
Neuerung einen jähen Eigenwillen zeigt, hält er auch kräftig
fest an der alten Sittenreinheit des Dorflebens und wehrt

dem Laster den Zutritt zu seiner Hütte. Sein Familienleben ist rein und keusch, Ehebrüche sind in einem kartlischen Dorfe höchst seltene Erscheinungen, und auch unter der ledigen Jugend ist unkeuscher Verkehr fast unbekannt. Allerdings wird der Umgang beider Geschlechter durch althergebrachte Gewohnheiten sowie die Wachsamkeit der Eltern sehr eingeschränkt, aber er besteht doch und gibt nur deswegen zu Verletzungen der Sittlichkeit keinen Anlass, weil das sittliche Gefühl hier noch stark genug ist. Eine Schwächung ist nur in der Nähe der Städte wahrnehmbar, wo der Bauer auch Handel treibt und erwerblustiger geworden ist. Habsüchtig im gemeinen Sinne ist der ostgeorgische Bauer überhaupt nicht, aber wie die Bauern der ganzen Welt hat er eine leidenschaftliche Sucht, sein Besitztum zu vermehren.

Weit niedriger steht die Sittlichkeit in den westlichen Landesteilen, wo selbst unter den Bauern das weibliche Geschlecht eine grosse Freiheit geniesst. Zur Zeit der Türkenherrschaft versorgten Gurien und Mingrelien viele türkische Harems mit Weibern, der Handel wurde hier im grossen betrieben, und zwar waren es oft die Väter selbst, welche ihre Töchter verschacherten. Dank ihrer Schönheit, Grazie, Intelligenz und Anstelligkeit spielten die Gurierinnen und Mingrelierinnen in den Harems gewiss eine wichtige Rolle und wurden von den Türken überhaupt sehr gesucht. Auch heute sind sie neben den Imeretierinnen die reizendsten Weiber Georgiens, aber auch gleichzeitig die leichtlebigsten, leichtsinnigsten und unsittlichsten.

Von den Bewohnern der drei westlichen Provinzen sind die Gurier ohne Zweifel die tauglichsten, zuverlässigsten und sympathischsten und gehen auch in den Kulturbestrebungen allen anderen Georgiern voran. Nächst ihnen kommen, wie schon erwähnt, die Mingrelier und Imeretier, aus denen sich mit geringer Mühe alles machen lässt, und es ist gewiss bezeichnend, dass die letzteren den georgischen Theatern fast alle Schauspieler liefern. Der imeretische Typ zeichnet sich durch unleugbare Schönheit aus. Männer und Frauen sind hoch von Wuchs, graziös und haben regelmässige Gesichtszüge, aber auch fast immer eine starke Nase. Die Stirn ist hoch, der Mund klein und die grossen, schwarzen

Georgierin.

und meistens schönen Augen sind ebenso beweglich wie die Zunge, die nie müde wird, obgleich sie viel arbeiten muss; denn der Imeretier spricht ausführlich, umständlich und höflich. Sein Äusseres ist einnehmend, sein Auftreten vor-

nehm, jedoch auch stark schauspielerisch, und man sieht es
ihm an, dass er beachtet sein will. Im allgemeinen haften an allen Georgiern in geringerem
oder höherem Masse südländische und zum Teil auch asia-
tische Eigenschaften, welche in ihnen mehr durch Klima,
Lebensweise und Umgebung entwickelt wurden, als sie anfänglich in ihrer Rasseneigenart selbst gelegen haben mögen.
Sie sind erregbar, rasch im Handeln, erschlaffen aber auch
ebenso schnell wieder und kehren gern zur Untätigkeit
zurück. Wie ihr Gemüt ist auch ihr Geist leicht erregbar,
sie denken schnell, aber meistens ohne Folgerichtigkeit und
bringen ihre Ideen selten zum vollkommenen Ausbau. Denker
im abstrakten Sinne sind sie nicht, Philosophen werden sie
niemals hervorbringen, vielleicht aber mit der Zeit tüchtige
Künstler; denn ihre künstlerische Veranlagung ist ohne
Zweifel nicht gewöhnlicher Art und bedarf nur der Entwickelung.

* *

Seit Annahme des Christentums gehört das georgische
Volk zur griechisch-katholischen Kirche, von welcher jedoch
während der letzten Jahrhunderte unter der Türkenherrschaft
eine nicht geringe Anzahl zum Islam abfielen. Diesen be-
kennen auch heute noch viele Bewohner der Gebiete von
Batum, Artwin, Achalziche und Achalkalaki. Ihre Gesamt-
zahl mag jedoch nicht mehr als 50000 betragen, so dass
also dieser geringe Bruchteil nicht in Betracht kommt. Die
Georgier sind eins der ältesten christlichen Völker der Erde,
für die Verteidigung der christlichen Lehre setzten sie im
Laufe vieler Jahrhunderte ihre kostbarsten Güter ein und
blieben trotz der Bedrängung, welche sie von seiten des
Islams erfuhren, treue Anhänger des Christentums. Fana-
tischer Glaubenseifer war ihnen jedoch jederzeit fremd, und
stets legten sie gegen Andersgläubige eine humane Duldsamkeit an den Tag. Verfolgungen erlitten von ihnen weder
Armenier noch Mohamedaner, und auch die im 17. und

18. Jahrhundert in Georgien wirkenden römisch-katholischen Missionäre genossen Schutz und Freiheit. Allerdings war die frühere georgische Litteratur nicht arm an religiösen Streitschriften, besonders gegen die Bekenner des armenisch-gregorianischen Bekenntnisses, aber dieser Meinungskampf überschritt niemals die Grenzen kirchlicher Angelegenheiten und fand im weltlichen Leben fast gar keinen Wiederhall. Übermässiger Glaubenseifer konnte im georgischen Volkscharakter niemals Wurzel fassen, und alle geschichtlichen Tatsachen zeigen im Gegenteil, dass sich die Masse des georgischen Volkes stets durch religiöse Lauheit auszeichnete. Ob diese Erscheinung auf seine heitere, wenig in sich gekehrte Gemütsart zurückzuführen ist oder in einer instinktiv pantheistischen Weltanschauung, welche bis in die letzten Jahrhunderte die Gemüter beherrschte, ihren Ursprung hatte, wage ich nicht zu entscheiden.

Zum Grübeln besass der Georgier niemals Neigung, die Geheimnisse der Welt beunruhigten ihn wenig, und eine heitere Beschaulichkeit scheint ihm stets genügt zu haben. Mehr der Aussenwelt zugewendet als in sich gekehrt war er selten gefühlsstark genug, um die Religion in ihrem inneren Wesen zu erfassen, und unzähligemale klagen in der Chronik „Kartlis Zchowreba" die Kirchenoberen, Könige und Staatsmänner über den Mangel an wirklicher Frömmigkeit bei ihren Landsleuten.

Zahlreiche heidnische Gebräuche, welche sie von ihren Altvorderen überkommen hatten, übten die Jahrhunderte hindurch eine unverwüstliche Kraft auf ihre Gemüter aus, und die sprudelnde Lebensfreude liess nur selten ihre Sinnlichkeit einschlummern. Ernsten Betrachtungen abgeneigt vernachlässigten sie auch den Totenkult, und noch heute ist der Stein das einzige Gedenkzeichen, welches sie ihren Verstorbenen widmen. Keine Blume, kein Baum schmückt einen georgischen Friedhof, und nur die sargförmigen Steine, die aber stets eine Inschrift tragen, zeigen dem Wanderer an, dass hier Tote ruhen. Die immer ausserhalb des Dorfes

liegenden Begräbnisplätze mögen allerdings in früherer Zeit
nur für die Bauern bestimmt gewesen sein; denn jede
adelige Familie besass ihre eigene Kirche, in welcher sich
ihre Familiengruft befand, aber auch hier sind nirgends
Grabmäler oder steinerne Verzierungen zu finden, welche
von einer Poetisierung des Andenkens an die Toten Zeugnis
ablegten. In allen Jahrhunderten war der glatte, kunstlose
Stein mit der eingemeisselten Inschrift das einzige Denkmal.

Die Trauerpoesie, welche uns den Schmerz um den
Verlust eines teuren Angehörigen mildert, hat das Morgenland überhaupt immer nur in geringem Masse gekannt.

Landleben,
Sitten und Gebräuche

Bei der geringen Anzahl bedeutenderer georgischer Städte ist das Dorf immer noch der eigentliche Schauplatz des nationalen Lebens um so mehr, da viele Dörfer ziemlich volkreich sind und ihre Einwohnerschaft nicht nur aus Bauern, sondern auch meistens aus adeligen Grundbesitzern und kleinen Händlern besteht, so dass also alle drei Stände in ihr vertreten sind. Da der Adel im grossen und ganzen wenig begütert ist, wohnt er über das ganze Land zerstreut und zwar mit wenigen Ausnahmen noch wie in früheren Jahrhunderten auf seinen alten Stammsitzen oder in der Nähe derselben. Die meisten Geschlechter sitzen in einer oder mehreren Ortschaften klanartig zusammen, und es kommt daher oft vor, dass alle adeligen Grundbesitzer eines Dorfes denselben Familiennamen tragen und zum grossen Teil auch miteinander verwandt sind. Einer der bedeutendsten und eigenartigsten solcher Klane ist das Dorf Kulaschi in Imeretien, welches an hundert dem Geschlechte der Mikeladse angehörige Familien beherbergt.

Grössere, getrennt liegende Gutshöfe besitzen auch die wohlhabenderen Grundbesitzer nicht, und die wenigen nach europäischen Mustern regelrecht gebauten Höfe sind nur

eine Neueinrichtung fortschrittlicher Landwirte. Ein altgeorgischer Gutshof besteht meistens nur aus dem Wohn-
hause des Besitzers, dem Küchenhause und dem unweit
davon stehenden Speicher und Kelterhause mit dem Weinkeller, während sich die Ställe irgendwo abseits befinden.
Scheunen gibt es überhaupt nicht. Vor dem Hause liegt
gewöhnlich ein nicht immer umzäunter Platz mit einigen
Bäumen, welcher den Garten ersetzt, aber selten besonders
umfangreich ist; denn der früheren Unsicherheit wegen baute
sich jeder in nächster Nähe seiner Nachbarn an, und erst
in neuerer Zeit verlassen manche das enge Dorf und bauen
ausserhalb desselben Meierhöfe.

Die Wohnhäuser der ländlichen Grundbesitzer sind oft
zweistöckig und enthalten meistens sehr geräumige Zimmer,
von denen sich besonders das Gastzimmer und der Speise-
saal durch ihren Umfang auszeichnen. An beiden Längen-
und mitunter auch an den Schmalseiten des Hauses laufen
überdachte Galerien oder Veranden hin, deren Geländer
und Säulen mit hölzernen Verzierungen im georgischen
Arabeskenstil versehen sind. Die Häuser sehen fast ohne
Ausnahme sehr einfach, aber auch freundlich aus; denn in
blendendem Weiss schimmern sowohl die Aussenwände als
auch das Holzwerk und die Säulen der langen Söller. Wenn
hier von Stil die Rede sein kann, so betrifft dies nur den
Söller, auf dessen geschmackvolle Verzierung manchmal
viel Sorgfalt verwendet wird, so dass er dem Hause immerhin ein eigenartiges Gepräge verleiht. Die Söller oder
Galerien sind offen, und nur in den feuchten Niederungen
am Schwarzen Meere verglast man sie, um gegen Regen
und Wind geschützt zu sein. Im häuslichen Leben der
Georgier haben sie eine grosse Bedeutung; denn während
der warmen Jahreszeit halten sich die Hausbewohner mehr
hier auf als in den inneren Räumen, besonders in den
Morgen- und Abendstunden, wenn hier schattige Kühle
waltet. Da die Landhäuser, wo es irgend möglich, auf Anhöhen stehen, dient der Söller auch als Aussichtspunkt, und

vielen, besonders alten Leuten und Müssiggängern ist er der
Lieblingsplatz, an welchem sie Zerstreuung und die jedem
Morgenländer so angenehme Augenweide finden. Wenn die
Gegend schön und das Bild von einer anziehenden Gebirgs-
landschaft eingerahmt ist, bietet natürlich die Aussicht von
der Galerie alles, was einen müssigen Beschauer fesseln
und zerstreuen kann. Wie die Imane vor der grünen
Moschee bei Brussa am Hange des Olymp tagelang und Tag
für Tag im Schatten der Platanen sitzen und auf die wonnige
Landschaft hinunterschauen und träumen, weilt auch der
Georgier gern auf dem luftigen Söller seines Hauses und
gibt sich stundenlang jenem mit trägem Schauen verbundenen
Träumen hin, das dem Europäer wenig bekannt ist, weil er
längst ein Opfer des Lebens und der Schnellkultur geworden
und im schweren Kampfe ums Dasein zur ruhigen Beschaulichkeit keine Zeit mehr hat.

Was mögen die Menschen auf diesen Altanen und
Galerien der oft herrlich gelegenen Landhäuser und Klöster
im Laufe der Jahrhunderte nicht alles geträumt haben!
Gewiss hat mancher heute schon vergessene georgische
Dichter hier, umgeben von einer farbenreichen Natur, viele
seiner Lieder geschrieben, und zahlreiche Geschlechter von
einsam lebenden Mönchen schauten von diesen stillen, luftigen Kanzeln ruhig und heiter dem Wechsel der Jahreszeiten zu.

Wie die Türken in der Wahl der Lage für ihre Landhäuser am Bosporus viel Schönheitssinn an den Tag legen,
zeigen auch die Georgier in dieser Hinsicht viel Geschmack
für schöne Aussichten. Es gibt in Georgien sehr zahlreiche
Landhäuser, die höchst malerisch liegen und deren landschaftliche Umgebung auf jeden Besucher einen unvergess-
lichen Eindruck macht. Ein solcher Sitz der Schönheit ist
unter anderen das Landhaus des Dichters Elias Tschawtschawadse in Ssaguramo, unweit Tiflis. Am waldigen Abhange
des Gebirges von Sedadseni gelegen, beherrscht es das
weite und grüne Tal der Aragwa bis an die Vorberge des

hohen Kaukasus, aber ehe der Blick des Beschauers in die
Ferne gelangt, kann er sich an der üppigsten Garten- und
Waldwelt ergötzen. Die Aussicht bietet hier in jeder Jahreszeit reizvolle Bilder, selbst an heissen, sonnenhellen Sommer-
tagen, wenn der wolkenleere Himmel einem öden leblosen
Meeresspiegel gleicht. Die eigentliche Farbenpracht bringt
erst der Herbst, wenn mächtige und dunkle Wolkenkolosse
das Luftmeer durchziehen, wenn alle Lichttöne stärker
werden und auch die Schatten dunklere Schleier auf Berge
und Täler legen. In dieser Zeit hat jede am Gewölk auf-
schimmernde Farbe die verschiedensten Töne, und oft genügen blau, grau und weiss, um das Luftbild zum herrlichsten
Gemälde zu machen. Nicht selten, wenn die Sonne kaum
untergegangen, sendet sie eine fächerförmige Strahlengarbe
bis zum Zenit empor wie auf jenen alten biblischen Bildern,
die uns Jehovahs Schöpfermacht vergegenwärtigen sollen.

Farbenreich ist hier auch der Winter, wenn sich die
Schneeberge wie urweltliche Marmorpyramiden vom dunkeln
Wolkenhimmel abheben und die auf- oder untergehende
Sonne das mannigfaltigste Lichtspiel entfaltet.

Ähnliche Bilder geniesst man von den Altanen vieler
anderer Landhäuser und Klöster. Herrlich ist z. B. die
Aussicht vom Balkon des Klosters Schua Mta, welches am
Ausgang der in das Alasantal mündenden Schlucht von
Gombori liegt. Hier vereinigt sich idyllische Anmut mit
wildromantischer Grossartigkeit; denn jenseits des kaum
2 Meilen breiten, einem wonnigen Garten gleichenden Tales
erhebt sich himmelhoch die Gebirgswand des Kaukasus.

Mit Schlingpflanzen sind die Söller nur selten umrankt;
denn der Georgier leidet überhaupt kein Grün an den
Wänden seines Hauses und besitzt im allgemeinen wenig
Sinn für Zierpflanzen.

Wie das Äussere zeichnet sich auch das Innere der
meisten Landhäuser durch Einfachheit aus. Die Einrichtung
der Zimmer ist heute im allgemeinen europäisch, und nur
die zahlreichen den Fussboden sowie auch teilweise die

Wände bedeckenden Teppiche erinnern den Besucher, dass
er sich im Morgenlande befindet. Der unentbehrlichste Zubehör jeder georgischen Zimmereinrichtung ist das Tachti,
ein breites Sofa ohne Lehne, welches aus einem gewöhnlichen, mit Matratze und Teppich belegten Holzgestelle besteht und genau den Ruhebetten gleicht, deren sich, wie
uns zahlreiche alte Miniaturen zeigen, die Westeuropäer im
Mittelalter bedienten. An jedem Ende des Tachti liegt ein
langes, einer Rolle gleichendes Kissen, auf welches man
den Ellbogen stützt, um bequemer sitzen zu können. An
die Wand gelehnt liegen glatte, viereckige Kissen, deren
obere Seite mit bunten Schnüren in verschiedenen Mustern
übernäht ist. Ihre Anfertigung bildet für viele Frauen
einen wichtigen Erwerbszweig und erfordert eine gewisse
Kunstfertigkeit sowie genaue Bekanntschaft mit den zwar
regellosen, aber doch von gewissen Vorstellungen nicht ab-
weichenden Arabesken und Verschlingungen.

Das Tachti ist zunächst Sofa, wird aber von vielen,
besonders ärmeren Leuten auch als Bett benutzt. In früherer
Zeit, da die Möblierung der georgischen Wohnungen noch
eine sehr spärliche war, enthielten auch die Gastzimmer
wenig mehr als mehrere sehr lange, an den Wänden auf-
gestellte Tachtis, wie man dies übrigens noch heute hier
und da sehen kann. Die Gäste sassen auf ihnen nach
morgenländischer Sitte mit untergeschobenen Beinen, wobei
sie die ihnen zum Tändeln dienende Bernsteinperlenschnur
niemals weglegten und während der Unterhaltung aus einer
Hand in die andere gleiten liessen. Die Bernsteinperlenschnur ist auch heute noch für viele ältere Leute ein un-
entbehrliches Zerstreuungsmittel oder eigentlich ein Spiel-
zeug, welches sie beim Plaudern, Träumen oder müssigen
Schauen in den Händen halten.

Noch vor wenig mehr als einem halben Jahrhundert
sah es im Hause eines georgischen Gutsbesitzers ganz anders
und viel einfacher aus als heutzutage. Schränke, hohe

Tische und Lehnstühle waren damals fast unbekannt, während heute alle Luxusgegenstände Europas vorzufinden sind.

Dass in der guten alten Zeit in jenen schlicht möblierten Räumen mit geweissten Wänden besser zu weilen war als in den heutigen tapezierten, mit Möbeln angefüllten Zimmern, möchte ich nicht bezweifeln. Der Georgier ist Gemütsmensch, der, wenn es ihm seine Mittel nur einigermassen gestatten, das Leben mit Lust und Freude geniesst, nach Vermögen und sogar über sein Vermögen Gastfreundschaft übt und auf angenehme Gesellschaft hohen Wert legt. Es ist daher wohl anzunehmen, dass es in Georgien vor fünfzig, sechzig Jahren, als die Gutsbesitzer noch ziemlich wohlhabend waren und die Sorgen des neuen Kulturlebens nicht kannten, eine gute alte Zeit gab, in welcher Dank der allgemeinen Gastfreundschaft auch die Unbemittelten ein sorgenloses Dasein führten. Gasthäuser gab es im ganzen Lande nicht; denn jedes Haus stand jedem, sogar dem Fremdling offen. Der Gast war stets willkommen, und für die Zerstreuung, welche er den Hausbewohnern bereitete, fand er eine reichliche Bewirtung und sogar Musik, Gesang und Tanz. Zahlreiche verarmte Edelleute fristeten ihr Leben, indem sie der Reihe nach ihre Verwandten und Freunde besuchten oder bei einem derselben dauernde Unterkunft fanden. Jeder wohlhabende Gutsbesitzer, dem daran lag, sein Ansehen zu wahren, hielt es für seine Pflicht, bei jeder festlichen Gelegenheit die Armen der Nachbarschaft in seinem Hause zu bewirten und fühlte sich verletzt, wenn dieselben ausblieben. Sie kamen ungeladen zu jedem Familienfeste und Schmause, speisten am gemeinsamen Gasttische und erhielten noch oft Geschenke für ihre Frauen und Kinder.

Diese unbeschränkte Gastfreundschaft entwickelte natürlich ein starkes Schmarotzertum, dem sich zahlreiche Müssiggänger hingaben, aber die damaligen Verhältnisse waren vom heutigen Kampf ums Dasein noch so weit entfernt,

dass dieser Umstand den allgemeinen Wohlstand nicht besonders beeinträchtigte. Am Schwinden des Wohlstandes war vielmehr die be-
sitzende Klasse selbst schuld, da sie mehrere Jahrzehnte
hindurch ein ununterbrochenes Schlaraffenleben führte, und
den Verlockungen der europäischen Kultur nachgehend,
einen ihre Mittel weit übersteigenden Aufwand machte.

Bei den heutigen Zuständen, welche mehr und mehr
den Ernst und alle Strenge der modernen Kultur in sich
tragen, hat die georgische Gastfreundschaft ihre frühere
Grossartigkeit eingebüsst und ist sozusagen bürgerlich geworden. Fortbestehen wird sie aber trotzdem; denn so
lange der Georgier sein frohes Gemüt bewahrt, wird er
auch gastfrei bleiben und stets gern in seinem Hause will-
kommene Gäste empfangen.

Die Bewirtung ist wie die alltägliche Hauskost ziemlich
einfach und zeichnet sich mehr durch Reichlichkeit als durch
Verschiedenheit oder besonders köstliche Zubereitung der
Speisen aus. Ein Mittagsmahl besteht selbst bei festlichen
Gelegenheiten selten aus mehr als vier oder fünf Gängen,
und zwar aus einer Fleischsuppe, Fischen, Braten und Obst.
Mehlspeisen und Gemüse scheinen den früheren Georgiern
unbekannt gewesen zu sein und wurden ohne Zweifel erst
von den Russen eingeführt. Mit Vorliebe geniesst der
Georgier seine Nationalgerichte, die übrigens in jeder Provinz verschieden sind und auch den meisten Ausländern
vorzüglich munden, obgleich manche ihrer scharfen Würzung
wegen anfänglich einen gewissen Widerwillen erregen.

Die beliebtesten Suppen sind die Tschichirtma, eine
säuerliche Hammelfleischsuppe mit Safran, die Bosbaschi,
welche gleichfalls von Hammelfleisch mit Zwiebeln, Reis
und Pfeffer zubereitet wird, die Lachssuppe und die Artala
oder Rindfleischbrühe. Lachse und Forellen werden in den
meisten Flüssen in solcher Menge gefangen, dass sie auch
bei weniger bemittelten Leuten häufig auf den Tisch kommen.
Auch an anderen Fischen ist kein Mangel, und die meisten

zeichnen sich durch Schmackhaftigkeit aus. Wie überall im Morgenlande geniesst man in Georgien ausser Rindfleisch viel Hammelfleisch, welches wie ersteres am Spiesse gebraten eine der beliebtesten Nationalspeisen bildet. Sehr stark ist in der kühleren Jahreszeit der Verbrauch von Schweinefleisch, welches hier sehr zart und schmackhaft ist. Zu den verbreitetsten Nationalspeisen gehört der Pilaw, welcher auf verschiedene Art mit Hühnern, Hammelfleisch oder gekochtem Steinobst zubereitet wird. Geflügel isst man allenthalben in Menge, weniger Wildpret, welches infolge unaufhörlicher Jagden gegen früher sehr abgenommen hat, so dass z. B. die noch vor wenigen Jahren so zahlreichen Fasanen heute zu den Leckerbissen gehören, welche sich nicht jeder leisten kann.

Im allgemeinen ist der Georgier kein starker Esser, aber ein Freund von geselligen Schmausereien und lässt nur ungern die Gelegenheit zu solchen unbenutzt vorüber gehen. Wenn sich bei einem Gutsbesitzer mehrere Gäste zum Mittagsmahl einfinden, ist der Wirt stets bemüht, diesem einen feierlichen Anstrich zu geben und durch Heiterkeit und reichliche Bewirtung die Alltagsstimmung aus dem Hause zu verscheuchen. Bei einem solchen Gastmahle spielt natürlich der Wein die Hauptrolle, und wer seinen Mann steben will, muss zum Trinken einigermassen gerüstet sein. Trinken und Singen sind die Hauptfreuden des Gelages, und damit beides in Ordnung vor sich gehe, wird beim Beginn des Mahles ein Vortrinker (Tolumbaschi oder Tamada) gewählt, dem es zunächst obliegt die Gesundheiten auszubringen. Besteht die Gesellschaft aus geistreichen Leuten, so ist sein Amt keineswegs allzu einfach, da in solchem Falle der Tolumbaschi jedem der Gäste aus dem Stegreif eine kurze, aber witzige oder wenigstens humoristische Reden halten muss. Dabei fehlt es oft nicht an Entgegnungen von seiten der Tischgenossen, die er nun auf gemütliche und zutreffende Weise zurückzuweisen hat. Ein allgemein als fähig anerkannter Tolumbaschi darf nie um

einen Witz in Verlegenheit kommen, er muss ein tüchtiger
Zecher, Sänger und vor allem ein lustiger Gesellschafter
sein. Erst wenn er alle diese Eigenschaften besitzt, kann
er auf Anerkennung rechnen, gelangt zu allgemeiner Beliebtheit und wird zu jedem besonders feierlichen Zechgelage
als unentbehrlicher Ehrengast geladen.

Der erste Toast wird immer auf das Wohl des ältesten
oder angesehensten Gastes (Frau oder Mann) ausgebracht,
während man auf die Gesundheit des Hausherrn zuletzt
trinkt. Nach jedem Toaste werden die Worte „Mrawal
dschamier" (Langes Leben!) abgesungen. Hierauf wiederholen die Sänger den Wunsch mit anderen Worten und
danken schliesslich im Namen des angesungenen Gastes mit
einem „Wmadlobeli war" (Ich danke!). Die Weisen der
Toastlieder sind verschieden, aber alle haben ein langsames
Tempo und klingen etwas schwermütig, wie die meisten
georgischen Volksweisen. Alle werden im Chor gesungen,
die kachetischen aber stimmt ein Einzelsänger an, worauf
der Chor einfällt und das Lied wiederholt. Bei jedem Fest-
mahle bildet der Gesang einen guten Teil der Unterhaltung;
denn auf die kurzen Trinklieder folgen, wenn sich das Gelage mehrere Stunden hinzieht, noch andere Lieder, die bei
Begleitung des Tari (eine Art Guitarre) entweder der Chor
oder einzelne Tischgenossen singen. Viele dieser Lieder
gehören der Kunstlyrik an, andere sind der reichen Volkspoesie entnommen und behandeln fast immer die Liebe oder
das Verlangen nach der Geliebten. Die Singweise ist schwermütig, leidenschaftlich, bringt immer die den Georgiern angeborene Sinnlichkeit zum Ausdruck, welche aber zart und
feinfühlig bleibt.

Während nach beendetem Mahle die Lieder und die
Töne des Tari weiter hallen, klingen auch noch die Gläser
oder silbernen Becher, die Gäste lachen und scherzen,
mancher gibt einen Witz zum besten, junge Männer lieb-
äugeln mit hübschen Mädchen, und keiner denkt an die
Unterbrechung dieser Lust und Heiterkeit. Oft wird noch

das Trinkhorn herumgereicht, die stärksten Zecher leeren
es aufs Wohl einer der anwesenden Schönen bis auf die
Nagelprobe, und die Fröhlichkeit steigert sich von Stunde
zu Stunde und währt oft bis in die späte Nacht hinein.
Tag und Nacht zu durchzechen, galt bei den Georgiern
wie bei den alten Germanen als keine Schande, aber der
Ernst des heutigen Lebens hat auch die heiteren Söhne des
alten Iberiens schon nüchterner gestimmt, so dass sie jetzt
seltener als früher zum Becher greifen. Wirklich grossartige Gastmähler kommen nur noch bei Hochzeiten, Namens-
festen und Kindtaufen wohlhabender Leute vor, und manche
solcher Schmäuse erinnern durch ihre Üppigkeit und Dauer
an die Gastmähler unserer deutschen Vorfahren, die doch
im Trinken und Essen sehr Bedeutendes leisteten.

Eine Hochzeit ist für den Georgier immer ein Fest,
welches mit Pracht und Geräusch begangen werden muss.
Nur in Tiflis sind die Hochzeiten zum Teil einfach geworden, während sie auf dem Lande noch die frühere
Grossartigkeit bewahrt haben. Der Aufwand, der bei
solchen Anlässen getrieben wird, übersteigt in vielen Fällen
die Mittel der Veranstalter und ist vielleicht weniger auf
die Gastfreiheit als auf die leichtsinnige Prunksucht des
georgischen Adels zurückzuführen.

Die Hochzeit findet gewöhnlich mehrere Monate, manchmal auch ein oder zwei Jahre nach der Verlobung statt.
Am Morgen des festlichen Tages begibt sich der Bräutigam
in Begleitung eines zahlreichen Gefolges in das Haus der
Braut, in welchem sich alle geladenen Gäste zusammen
finden. Das Gefolge des Bräutigams besteht aus dessen
Verwandten und Freunden und beträgt nicht selten über
hundert Mann, besonders wenn der Ehestandskandidat wohlhabend und angesehen ist. Diejenigen der Begleiter, welchen
es ihre Mittel gestatten, erscheinen in altgeorgischer Nationaltracht, in einem bis an die Knie reichenden mit Pelz ver-
brämten Sammetrocke von verschiedener Farbe, weissen,
eng anliegenden Hosen, mit einer niedrigen Pelzmütze auf

dem Kopfe und bewaffnet mit Säbel und Dolchmesser in silbernen oder vergoldeten Scheiden. Die übrigen tragen gewöhnlich lange Tscherkessenröcke, aber wie jene die zur Galakleidung gehörigen Waffen. Unter dem Oberrocke trägt ein jeder einen eng anliegenden mit Häkchen geschlossenen, meistens weissen Rock von feinem Tuch oder Seide mit Stehkragen. Nach altgeorgischer Sitte findet sich jeder Begleiter des Bräutigams zu Pferde ein, aber da das zeitgenössische Kulturleben viele Gutsbesitzersöhne dem Landleben entzieht und an die Stadt fesselt, gibt es auch in Georgien schon Männer, welche

Georgischer Bauer.

nie ein Pferd besteigen und die Fahrt im bequemen Wagen dem Reiten vorziehen. Solche Städter in schwarzen Röcken

oder Fracks oder ungeschickte Sonntagsreiter in ähnlicher
Kleidung stören natürlich das bunte und anziehende Bild,
welches ein georgischer Hochzeitstross bietet, wenn er mit
Musik und Gesang durch die Dörfer zieht.

Dem Zuge voran reitet ein Bote, welcher den Angehörigen der Braut die Ankunft des Bräutigams verkündet,
worauf sich sofort alle aufmachen, um zur Trauung bereit
zu sein. Das Ankleiden der Braut besorgt gewöhnlich eine
alte Vertraute ihrer Familie, oft ihre gewesene Amme,
welche zeitlebens ihre Freundin bleibt und im Hause ein
gewisses Ansehen geniesst. Im Zuge folgt den Brautleuten
zunächst der Ehrengast, welcher während der Trauung über
ihren Häuptern die Kronen hält. Nach beendigter Zeremonie
werden den Neuvermählten schon in der Kirche die Glückwünsche dargebracht, und mit fröhlichem Gesang und Schüsse
abfeuernd kehren alle in das Haus zurück, wobei die neuen
Eheleute an der Kirchtür unter zwei Säbeln durchgehen,
welche zwei der Gäste gekreuzt über ihre Köpfe halten.
Zu Hause findet jetzt zunächst die Überreichung der Hoch-
zeitsgeschenke statt, die wie bei uns grösstenteils aus
Schmucksachen bestehen. Dann folgt eine wiederholte Dar-
bringung der Glückwünsche und schliesslich der Hochzeits-
schmaus, dessen Vorbereitungen mehrere Tage gedauert
haben. In der warmen Jahreszeit wird das Mahl im Garten
oder Hofe in einer oder mehreren langen, mit Zweigen be-
deckten Hallen oder Lauben abgehalten, die man eigens zu
diesem Zwecke errichtet hat. Nicht selten nehmen an demselben zwei bis dreihundert Personen teil; denn ausser Verwandten und Freunden werden auch die Nachbarn ein-
geladen, und wer ungeladen kommt, wird gleichfalls willkommen geheissen. Die Speisen sind gewöhnlich einfach,
kommen aber in solcher Menge auf den Tisch, dass sie auch
für die Bewirtung der zahlreichen Armen, die sich eingefunden haben, ausreichen. An der Freude der Hausherren
sollen eben alle teilnehmen, jeder, auch der Ärmste, soll
noch nach Jahren des Schmauses und der Lustbarkeiten

gedenken. Mehr als ein Dutzend Hammel, zwei, drei Rinder
und an hundert Stück Geflügel sind geschlachtet worden,
der Garten hat hohe Körbe Gemüse geliefert und der Keller
mehrere Fässer Wein, der nun in Strömen fliesst. Mehr
als ein Dutzend Diener räumen unaufhörlich die leeren
Flaschen ab und bringen volle. Die Gläser klingen, Toaste
werden ausgerufen, und so laut tönt der Gesang aus hundert
Kehlen, dass er bis in die Nachbardörfer hallt. Der Georgier
liebt nicht die stille Freude, und wenn er sich belustigt,
tut er es mit Geräusch und legt seinen Frohsinn ohne Rück-
halt an den Tag.

Während die älteren Gäste noch zechen und singen,
schicken sich die jüngeren zum Tanze an, der gewöhnlich
mit dem nationalen „Lekuri" beginnt. Zwei Pfeifer und
ein Trommler stimmen plötzlich die eintönige, aber leidenschaftlich ungestüme Weise an, die auch die Müden und
Trägen von ihren Sitzen aufscheucht. Der Lekuri ist kein
eigentlicher Rundtanz. Gewöhnlich wird er von zwei Personen, einem Manne und einer Frau oder einem Mädchen
getanzt, wobei sie sich jedoch nie die Hände reichen, sondern getrennt die verschiedensten Kreisbewegungen ausführen. Die Hauptkunst besteht in einem äusserst schnellen
Trippeln, wobei jedoch der Oberkörper eine ruhige und
graziöse Haltung bewahren muss. Der Tänzer kommt der
Tänzerin entgegen und sobald er ihr gegenüber steht, macht
sie eine Wendung und huscht tanzend davon, wobei er ihr
folgen muss, bis er sie wieder einholt. Diesen Kreistanz
wiederholen sie mehreremale mit zunehmender Geschwindig-
keit, zu welcher sie sowohl die Zurufe und das Hände-
klatschen der Zuschauer als auch die ungestümen Pfeifen-
töne und Trommelschläge anregen. Das Bild, welches der
„Lekuri" bietet, ist reizend, und wenn sich in einem National-
tanze Temperament und Schönheitsgefühl eines Volkes
äussern, so ist dies hier wirklich der Fall; denn in den leidenschaftlichen, bald sanften, bald ungestümen, aber immer gra-
ziösen Bewegungen des Lekuri leibt und lebt der Georgier.

Seit vielen Jahrzehnten sind auch alle europäischen Tänze in Georgien schon heimisch geworden und zwar nicht nur in den Städten, sondern auch auf dem Lande, wo sie bei Klavierbegleitung getanzt werden.

Der Hochzeitsball endet fast immer erst in der Frühe, aber die eigentliche Feier ist damit noch keineswegs zu Ende und währt oft zwei bis drei Tage, worauf ein zahlreicher Tross berittener Gäste die Neuvermählten in ihr neues Heim begleiten. Voran reitet wieder ein Freudenbote, der durch Schüsse die Ankunft des jungen Paares ankündigt. Die Mutter des Mannes erwartet ihre Schwiegertochter auf der Schwelle der Haustür und legt ihr ein Stück Zucker in den Mund, denn süss soll ihr Leben im neuen Hause sein.

Zur Begrüssung der jungen Frau haben sich alle Nachbarn und Freunde eingefunden, und bei Schmaus, Becherklang, Gesang und Tanz wird das Hochzeitsfest hier zum Abschluss gebracht.

Die Ausstattung einer bemittelten Georgierin ist heute bei weitem nicht mehr so reich wie in früheren Zeiten, da die meisten Gutsbesitzer noch über bedeutende Mittel verfügten und einen von Geschlecht zu Geschlecht angesammelten Hausrat besassen. Die Braut erhielt nicht nur einen ansehnlichen Vorrat an Kleidern und Wäsche, Toilettegegenständen und Schmucksachen, sondern auch Teppiche und Kissen, ganze Zimmereinrichtungen und Stoffe, die für lange Jahre ausreichten. Das Verzeichnis aller für die Mitgift bestimmten Sachen wurde schon vorher und mit solcher Genauigkeit angelegt, dass selbst der geringfügigste Gegenstand darin nicht fehlte. Diese Liste, die oft mehrere Seiten lang war, glich gewissermassen einem Empfehlungsdokument, das besonders dort viel bedeutete, wo die Heiratsvermittlerin die Unterhandlungen führte.

In „Chanuma", einem die alten Sitten schildernden Lustspiel von Akwsenti Zagareli, verliest die Heiratsvermittlerin ein Ausstattungsverzeichnis, welches durch seine

Genauigkeit Lachen erregt; denn selbst die Stecknadeln, Haarnadeln, Zahnbürsten und Pantoffeln sind darin angegeben. Das Papier, welches das Verzeichnis enthält, ist lang wie ein Handtuch.

Ein georgischer Bericht aus dem 18. Jahrhundert enthält eine fabelhaft lange Liste aller Ausstattungsgegenstände, welche die Prinzessin Elisabet, die Tochter des kachetischen (ostgeorgischen Königs Teymuras II. 1744—1762) bei ihrer Vermählung mit dem Fürsten von Mingrelien erhielt. Eins ihrer Diademe war mit 1862 Perlen, Rubinen und Smaragden besetzt, ein anderes mit 1200 Perlen und Edelsteinen. Ausserdem wurden ihr viele Halsgeschmeide, Armspangen, Broschen, Ringe und Ohrgehänge mitgegeben. Mehrere ihrer Gewänder waren mit vielen Hunderten von Perlen und Edelsteinen besetzt. Das Bettzeug bestand aus 1000 feinen Leinenlaken, 1000 Laken von Seide und 1000 gewöhnlichen; 111 gelben, 111 roten Bettdecken, 101 solchen von Seide, 101 von indischem Stoff und 1000 Sommerbettdecken; 1011 mit Gold und Silber gestickten und 1000 seidenen Kopfkissen u. s. w. Die Kleider und die Wäsche mochten allein mehrere Wagen anfüllen, und rechnet man hierzu noch die Teppiche, Sofakissen, Vorhänge und anderen Sachen, so kann man sich eine Vorstellung machen von der langen Reihe von Wagen, welche dem Zuge dieser wirklich königlich ausgestatteten Prinzessin nach Mingrelien folgten. Ihr zum Ruhm sei jedoch auch gesagt, dass sich in ihrer Mitgift ausser einer kostbar eingebundenen Bibel auch 80 Bände theologischer und philosophischer Werke befanden, und dieser Umstand ist gewiss nicht bedeutungslos für den damaligen Kulturzustand des georgischen Volkes.

Nächst den Hochzeiten sind es die Kindtaufen, zu denen sich eine grössere Anzahl von Gästen vereinigt, die der Sitte gemäss ein ihren Mitteln entsprechendes Geschenk mit sich bringen. Gewöhnlich findet die Taufe erst mehrere Monate oder sogar ein Jahr nach der Geburt des Kindes statt. Zu Paten werden immer nur Männer gewählt, und

zwar hält man darauf, dass der eigentliche Taufvater ein
gewisses Ansehen geniesse. Auch als Amme des Kindes
wählt man eine sittlich unbescholtene Person; denn die
Nährmutter wird gewissermassen als Verwandte betrachtet,
sie bleibt meistens in der Familie und bewahrt dieser in
den häufigsten Fällen die treueste Anhänglichkeit. In vielen
Häusern wird ihr die Führung der Hauswirtschaft und die
Beaufsichtigung der Dienstboten anvertraut.

Die letzteren sind jetzt weniger zahlreich als früher,
aber in den Häusern der Gutsbesitzer findet man auch heute
noch mehr Dienstboten als Familienmitglieder, denn nach
althergebrachter Sitte gehört zur Vornehmheit eine zahlreiche
Dienerschaft. An erster Stelle steht der Koch, der gewöhnlich ein Imeretier ist und neben Geschicklichkeit in seiner
Kunst auch Anlagen zum Gelderwerb besitzt und sehr oft
nach längerer Dienstzeit eine Gastwirtschaft anlegt. Der
eigentliche Diener ist nicht selten der Vertraute des Hausherrn und der Freund der ganzen Familie, besonders wenn
er viele Jahre treu und ehrlich gedient hat und sozusagen
an das Haus angewachsen ist. Typische, alte Diener, die
ihr ganzes Leben in einem Hause verbrachten, waren noch
vor wenigen Jahrzehnten eine häufige Erscheinung, während
sie jetzt wie manche andere Charaktergestalten allmählich
verschwinden. Ausser dem Zimmerdiener und dem Koch
bevölkern jedes wohlhabendere Haus noch mehrere jüngere
Diener (Bitschi = Knaben), meistens Knaben von fünfzehn
bis zwanzig Jahren, dann eine oder mehrere Zofen (Gogo)
und manchmal noch ein Kellermeister, dem die Bewachung
des Weinkellers obliegt. Die gewöhnliche Hausbedienung
verrichten fast nur männliche Dienstboten, während die
weiblichen ausschliesslich die weiblichen Familienmitglieder
bedienen oder die Kinder beaufsichtigen. Dieser Trennung
liegen hauptsächlich sittliche Rücksichten zu Grunde, wie
es überhaupt für unschicklich gilt, Mädchen in ein fremdes
Haus, wo sich Männer befinden, in den Dienst zu geben
Nur in Imeretien und Gurien, wo die Sitten bedeutend

weniger streng sind als im östlichen Georgien, herrscht in
dieser Hinsicht grosse Freiheit und kein, auch das schönste
Mädchen, scheut sich Männer zu bedienen.

Zu den eigenartigsten Charaktergestalten eines georgischen Gutshofes gehört der Verwalter (Mourawi). Er ist
gewöhnlich ein armer oder verarmter Edelmann von geringer Bildung und nur praktischen Kenntnissen der Landwirtschaft, welche er in den meisten Fällen ziemlich schlecht,
nach althergebrachten Regeln weiterführt, ohne an Ver-
besserungen zu denken. Seinen Leistungen entspricht auch
sein Lohn, aber wenn es sein Brotherr nicht allzu genau
nimmt, was auch bei der georgischen Sorglosigkeit sehr oft
vorkommt, schlägt er sich ganz gut durch und wirtschaftet
so reichlich in seine Tasche, dass er es mit der Zeit sogar
zu einem kleinen Vermögen bringt. Der echte, typische
Mourawi ist fast immer wohl genährt und stellt auch im
Trinken seinen Mann, was ja auch ganz natürlich ist, da er
den Weinkeller verwaltet und an den Genuss des seiner
Obhut anvertrauten Rebensaftes gewöhnt ist. Seinem Herrn
gegenüber benimmt er sich meistens etwas demütig, er
schmeichelt seiner Eitelkeit und ist redlich bemüht, sich in
seiner Gunst zu erhalten, welche er selbstverständlich in
vielen Fällen sich zu nutze macht.

Die Wohnung, welche dem Mourawi eingeräumt wird,
ist fast immer sehr bescheiden, genügt aber auch seiner
gleichfalls sehr bescheidenen Lebensweise und seinen An-
sprüchen. Zwei Anzüge, einige Stück Wäsche, ein Dolchmesser, eine Feuerwaffe und ein paar Bücher sind, wenn
er unverheiratet, gewöhnlich seine gesamte bewegliche Habe.

Neben diesen schlichten Meiern hat der Kulturfort-
schritt in der letzten Zeit einen neuen Typ von Gutsver-
waltern hervorgebracht, die sich durch Bildung und land-
wirtschaftliche Kenntnisse von jenen vorteilhaft unterscheiden, aber nur auf grösseren Gütern anzutreffen sind.

Wie ich schon bemerkte, wohnen die kleineren Grundbesitzer ziemlich dicht neben einander, so dass zwischen
ihren Gehöften für einen grösseren Garten kein Raum bleibt.
Am häufigsten liegt vor dem Hause ein Rasenplatz mit
einigen Eich- oder Nussbäumen, in deren Schatten man
manchmal speist oder in den heissen Nachmittagstunden der
Ruhe pflegt. Blumengärten werden erst in der neueren
Zeit angelegt und scheinen früher gänzlich gefehlt zu haben.
Es ist mir wenigstens nicht gelungen in Beschreibungen
altgeorgischen Lebens irgend einen Beweis für ihr Dasein
zu finden, und es scheint keinem Zweifel zu unterliegen,
dass den Georgiern die Ziergärtnerei bis ins 19. Jahrhundert
so gut wie unbekannt war. Prinz Wachuschti spricht zwar
in seiner „Beschreibung Georgiens" hier und da von blumenreichen Gärten, aber eine Schilderung ihrer Beschaffenheit
gibt er nirgends. Auch der später von Bodenstedt ge-
rühmten Gärten von Tiflis erwähnt er: „Ausserhalb der
Stadt gibt es zahlreiche Obst- und Blumengärten, die voll
von Obst und Blumen sind." (Garemo Kalakisa zalkotni da
sawardeni mrawalni, kowlis chilita da kwawilita sawse).
„Sawardeni" bedeutet aber „Rosengärten", und ohne Zweifel
sind mit dieser Benennung die vorstädtischen Obst-, Wein-
und Gemüsegärten gemeint, wie sie noch heute in grosser
Anzahl vorhanden sind. Der Hauptweg ist in denselben oft
mit Rosensträuchern eingefasst. Unter diesen befinden sich
wohl auch Flieder- und Jasminsträucher, aber eigentliche
Blumenbeete gibt es in diesen Gärten nicht, und Ziersträucher
fehlen gleichfalls. Die Rose war früher die einzige Blume,
welcher man einige Pflege widmete. Sie kam jedoch nur
in einigen unveredelten Sorten vor und ist keineswegs besonders wohlriechend. Auch heute, da man in vielen Gärten
schon veredelte Stammrosen zieht, wird der georgischen
Strauchrose noch allenthalben der Hauptplatz eingeräumt.
Neben den Obstbäumen findet man in einem altgeorgischen
Garten oft noch einige Linden, Eichen und Katalpen, welche
nur ihrer Schatten spendenden Wipfel wegen hier angepflanzt

werden. Schlanke Zypressen ragen nur selten aus dem Grün der Gärten hervor, deren Schmuck bei der Anlage überhaupt wenig in Betracht kommt. Der altgeorgische Gärtner ist eben nur Wein-, Obst- und Gemüsebauer und hat ebensowenig Sinn für die Gartenkunst wie die meisten Gutsbesitzer. In dieser Hinsicht steht der Georgier anderen morgenländischen Völkern, wie z. B. den Persern und besonders den Türken weit nach, und das Verständnis für Ziergärtnerei scheint ihm noch heute gänzlich abzugehen. Wenn er einen nicht Früchte tragenden Baum pflanzt, denkt er immer an die Kühle, welche ihm dessen Schatten im heissen Sommer gewähren kann, während der Schmuck, welchen ein schöner Baum seinem Hofe oder Garten verleiht, gar nicht in Frage kommt. In dieser Hinsicht ist also der Schönheitssinn der Georgier niemals tätig gewesen und ganz urwüchsig geblieben.

Die Weingärten liegen fast immer ausserhalb des Dorfes oder wenigstens am Rande desselben und sind besonders in Kachetien sehr umfangreich. Ihre Umfriedigung bilden entweder Hecken oder aus Reisig geflochtene Zäune, an denen gewöhnlich Maulbeerbäume, manchmal auch Pappeln und Weiden stehen. Die Reben werden hier nicht in Reihen gepflanzt wie am Rhein und in anderen Weingegenden, weshalb auch der Anblick eines georgischen Weingartens weniger nüchtern ist. In Imeretien und Mingrelien findet man den Weinstock auch in grosser Anzahl in gewöhnlichen Gärten zwischen Bäumen, deren Stämme und Äste er bis in den Wipfel umrankt. Die Kultur der Reben ist allenthalben noch mangelhaft, die üppigen Gärten sehen meistens etwas verwildert aus, aber ihr Bild hat eben deswegen für den Beschauer einen hohen Reiz, wenn man sich auch dabei sagen muss, dass die Poesie nicht zum Weinbau gehört. Neben der eigentlichen Pflege der Reben widmet man in Gegenden, wo trockene Sommer vorherrschen, der Bewässerung besondere Beachtung, obgleich eine reichliche Befeuchtung des Bodens für den Weinstock nicht überall

notwendig ist. Für alles andere wie Gemüse und Getreide
ist aber die Bewässerung in ganz Ostgeorgien vielfach unentbehrlich, und da das Wasser oft nur spärlich zuströmt,
gibt seine Verteilung nicht selten Anlass zu Streitigkeiten.
Im allgemeinen steht der georgische Weinbau noch
auf einer ziemlich niedrigen Stufe und wird nach einem
sehr einfachen Verfahren betrieben. Die Lese beginnt Mitte
September und endet gewöhnlich in den letzten Oktober-
tagen, und zwar herbsten die Bauern immer früher als die
grösseren Grundbesitzer, da sie mehr auf die Menge als auf
die Güte des Weines Gewicht legen. Die Trauben werden
mit den Füssen ausgepresst, worauf die Trester während
der Gärung im Most liegen bleiben. Aus diesem Grunde
sind auch die meisten, besonders die roten Weine sehr herb
und für den Ausländer in der ersten Zeit schwer geniess-
bar. Nach beendigter Gärung wird der Wein in Holzfässer
oder Tonkrüge geleitet und kann schon nach vier bis sechs
Wochen getrunken werden, was auch meistens der Fall ist,
da der Georgier für jungen Wein eine besondere Vorliebe
hat und sein Vorrat selten bis ins nächste Jahr hinüber
reicht. Zur Aufbewahrung des Weines zieht man auch
heute noch vielfach die Tonkrüge den Fässern vor; denn
wie viele Weinbauer behaupten, hält er sich in Krügen
länger und besser. Dieselben sind oft so gross, dass sie
mehrere tausend Flaschen fassen und werden bis an den
Hals in die Erde eingegraben, weshalb der Wein sehr geringen Temperaturveränderungen ausgesetzt ist. Einen
eigentlichen Weinkeller gibt es nur selten. Seine Stelle
vertritt der „marani", ein überdachter kühler Raum ohne
Vertiefung, in dessen Boden die Krüge eingegraben stehen.
Die besten Weine erzeugt Kachetien, wo sowohl der
weisse wie der rote einen wohlverdienten Ruf haben. Beide
sind herb mit schwacher Blume, wie fast alle georgischen
Weine, aber dem Geschmack nach zeichnen sie sich durch
grosse Verschiedenheit aus, und man kann sagen, dass beinahe jedes Dorf eine besondere Sorte hervorbringt. Leichtere

und minderwertige Weine wachsen in Kartlien, Imeretien und Gurien, wo die weisse, wie Wasser helle Sorte dem Moselwein nahe kommt.

Der Obstbau wird wie der Weinbau in fast allen Gegenden, aber wie dieser mit ungleichem Erfolge betrieben. Neben den gewöhnlichen Obstarten wie Äpfel, Birnen, Pflaumen und Kirschen gedeihen fast überall auch Pfirsiche, Aprikosen, Feigen, Nüsse, Edelkastanien, Mandeln, Lotospflaumen, Maulbeeren und Haferschlehen (Prunus insititia). Dank der reichlichen Sonnenwärme wird das Obst süss und zart, aber im allgemeinen ist es gewöhnlicher Art, da man seiner Veredlung erst seit wenigen Jahrzehnten einige Sorgfalt zuwendet. Besonders betrifft dies Birnen und Äpfel, während Pflaumen überhaupt wenig gebaut werden und nur in zwei oder drei Sorten vorkommen. Dagegen ist Georgien überreich an vortrefflichen Pfirsichen, die neben den Weintrauben bis in den Winter hinein das beliebteste Tischobst bilden. In zahlreichen Dörfern nehmen die Pflanzungen der Pfirsichbäume ansehnliche Flächen ein und gewähren zur Blütezeit einen malerischen Anblick. Sehr beliebt sind in Georgien die eingemachten Früchte (muraba) verschiedener Art, besonders Kirschen und Pfirsiche, welche in jedem Haushalte zu finden sind.

Einen Teil des Obstgartens räumt man gewöhnlich dem Gemüse ein, welches überall in grosser Menge gebaut wird, da die Georgier wie alle Südländer viel Gemüse und Hülsenfrüchte geniessen. Jeder Gutsbesitzer und Bauer hat vor allem einige Gurkenbeete; denn die Gurken salzt und sauert er nicht nur ein, sondern verzehrt sie auch roh den ganzen Sommer über. Frische Gurken fehlen bei keiner Mahlzeit, und für den Bauer und armen Arbeiter sind sie der gewöhnliche Zubiss zum Brot. Zu den beliebtesten Gemüsen gehören sodann die grünen Bohnen und Melanzanen (badridschiani), eine gurkenförmige, stahlfarbige Frucht mit zartem Fleisch, die geröstet eine vorzügliche Speise abgibt. Bohnen (lobio) werden im Sommer wie im

Winter ungemein viel gegessen, umsomehr, da Linsen und Erbsen in Georgien fast unbekannt sind. Auch Möhren und Kohlrabi kennt man wenig, und Kartoffeln bauen nur wenige Bauern an, obgleich sie längst zur alltäglichen Nahrung der Stadtbevölkerung gehören. Ohne Zweifel wurde die Kartoffel erst von den Russen und den deutschen Kolonisten in Georgien eingeführt; denn Prinz Wachuschti, welcher in seiner um die Mitte des 18. Jahrhunderts abgefassten „Beschreibung Georgiens" alle Naturerzeugnisse seines Heimatlandes aufzählt, erwähnt ihrer nirgends.

Die Küchengewürzkräuter, welche in Georgien zahlreicher sind als bei uns in Deutschland, werden zum Teil nicht nur als Zutat zu Speisen verwendet, sondern auch roh gegessen, wie z. B. grüner Knoblauch, Zwiebeln, Estragon u. s. w., Kürbisse, Melonen und Wassermelonen zieht man überall in Menge, während sich mit Spargelzucht nur wenige Gärtner befassen und sogar der Kohl erst im 18. Jahrhundert eingeführt wurde.

Im allgemeinen sind die in Georgien heimischen Gemüsesorten nicht besonders zahlreich, und der starke Gebrauch von Gemüse bezieht sich mehr auf die Menge als die Verschiedenartigkeit.

In vielen Gegenden ist der Wein-, Obst- und Gemüsebau der hauptsächlichste Erwerbszweig der Grundbesitzer, die oft nicht genügend Land besitzen, um auch den Getreidebau im grossen zu betreiben und wegen Mangels an guten Weideplätzen wenig Rindvieh halten. Nur dort, wo der Wein minder gut gedeiht, ist der Getreidebau vorherrschend und wirft einen regelmässigeren, wenn auch bescheideneren Gewinn ab als der Weinbau. Der letztere hat hier viel von den Wechselfällen der Witterung und besonders von den alljährlich wiederkehrenden Hagelschlägen zu leiden, so dass auf eine reichliche Ernte immer eine mittelmässige und eine Missernte folgen. Wie am Rhein ist auch in Georgien der Wein ein ungewisses Produkt, welches zur ungestörten Entwickelung des Wohl-

standes schwache Grundlagen bietet und auch die Betriebsamkeit seiner Anbauer wenig fördert, da seine Kultur ge-
ringere Mühe und Arbeit erheischt als der Ackerbau.

Am meisten baut der Georgier Weizen, Gerste und
Mais, in höher gelegenen Gegenden auch Hafer und Roggen.
Der Weizen ist das Alpha und Omega seiner Ackerwirt-
schaft; denn er liefert ihm sein Brot und ist daher der
wichtigste Handelsartikel. Roggenbrot wird sehr wenig, und
Mais- und Hirsebrot nur in den Niederungen am Schwarzen
Meere und in Imeretien genossen, während die Gerste fast
ausschliesslich als Pferdefutter dient.

Infolge der Trockenheit und des schweren Bodens
bietet der Ackerbau erhebliche Schwierigkeiten, welchen
sein Ertrag keineswegs immer entspricht. Der Boden ist
fast überall lehmig, oft kalkhaltig und steinig und selbst
bei starker Durchfeuchtung so schwer zu pflügen, dass im
günstigsten Falle vier Paar Büffel oder Ochsen zur Fort-
bewegung des Pfluges nötig sind. Da sowohl Gutsbesitzer
als auch Bauern zum grossen Teil noch den altgeorgischen
Pflug (gutani) benutzen, der ein höchst schwerfälliges Gerät ist, bedürfen sie einer noch grösseren Zugkraft und
müssen oft bis acht Paar Zugtiere anspannen. Das Pflügen
ist unter solchen Umständen ein schweres Stück Arbeit, das
besonders die kleinen Grundbesitzer nur mit vereinten
Kräften ausführen können. Zur Bedienung des Pfluges gehören ausser den zwei eigentlichen Pflügern noch drei oder
vier Treiber, gewöhnlich Knaben, welche durch fortwähren-
des Zurufen und auch mit Schlägen die Zugtiere zum regel-
mässigen Gang antreiben. Der zu bestellende Acker wird,
wenn er brach lag, im Frühjahre gestürzt, dann im Herbst
nach dem ersten Regen umgepflügt und bald darauf mit
Weizen besät. Eine Zurichtung des Ackers durch Eggen
findet nicht statt, und die georgische Egge hat überhaupt
gar nicht die Bestimmung, den Boden zu lockern, sondern
die Saat mit einer möglichst dicken Erdschicht zu bedecken.
Sie besteht aus nichts weiter als einer schweren Stange

mit daran befestigten, langen und dicken Ruten und gleicht
einem glatten Besen, welchen sich jeder ohne Mühe und
Kosten anfertigen kann. Da der Herbst meistens trocken
ist und oft starke Winde wehen, wäre nach der Behauptung
georgischer Landwirte die Lockerung des Bodens sehr nach-
teilig, da der Wind die an der Oberfläche liegende lockere
Erde in die Furchen fegen, und die Saatkörner blosslegen
würde. Da diese Behauptung auf langer Erfahrung beruht,
lässt sich ihr schwerlich eine gewisse Richtigkeit absprechen,
wie ja auch manche andere Verrichtung ihre guten Gründe
hat, so dass selbst die in Georgien ansässigen deutschen
Kolonisten und auch russische Ansiedler manchen Gebrauch
angenommen haben, der einen mit den klimatischen Verhältnissen nicht vertrauten, europäischen Landwirt ungemein
verwundern würde.

Die Einsaat der Gerste findet meistens Ende Februar
oder Anfang März statt, während man den Mais erst im
Mai in den vorher bewässerten Boden streut. Gewöhnlich
tritt schon im Mai trockenes Wetter ein, die Erde birst,
bekommt breite, tiefe Risse und wird hart wie Stein, so
dass vor Eintritt des ersten Herbstregens an die Bestellung
der Äcker nicht zu denken ist. Der Wassermangel er-
schwert hier die Landwirtschaft ungemein, aber die Seltenheit andauernder sommerlicher Niederschläge erleichtert
auch wieder manche Feldarbeit, wie z. B. das Heuen, die
Getreideernte und das Dreschen. Der Weizen, welcher nie
besonders hoch wird, und überhaupt kümmerlicher aussieht
als in Ländern mit einem feuchteren Klima, reift im Juni
und wird ausschliesslich nur mit der Sichel geschnitten.
Da Gräser und Kräuter um diese Jahreszeit infolge der
Dürre meistens schon absterben, sind die Garben gewöhnlich schon am nächsten Tage trocken und können ein-
gefahren werden. Scheunen kennt man in Georgien gar
nicht, und bringt das Getreide ausserhalb des Dorfes oder
in der Nähe der Höfe in Schobern unter, worauf man nach
Einbringung der letzten Garben das Dreschen beginnt. Der

letztere Ausdruck ist eigentlich unrichtig, und die in
Georgien ansässigen deutschen Kolonisten bezeichnen auch
diese Verrichtung des Aushülsens der Körner mit „Rutschen",
welche Benennung dem Sinne der Sache näher kommt.
Die Dreschtenne (Kalo), ein grosser runder Platz, befindet
sich im Freien, in unmittelbarer Nähe der Getreideschober.
Hier werden am Morgen die aufgebundenen Garben ausgebreitet und dann den ganzen Tag über mit schweren
Brettern geschleift, bis das gesamte Stroh zu Spreu zer-
rieben ist. Die Dreschbretter sind von schwerem Holz und
auf der unteren Seite mit vielen spitzigen, in Löchern befestigten Steinchen versehen, die das Zerreiben des Strohes
bewerkstelligen. Jedes Reibbrett wird von einem Ochsen
oder Büffel, selten von einem Pferde gezogen, und zwar
steht der Treiber auf dem Brette, um den Druck desselben
zu erhöhen. Wie man sieht, ist dieses „Ausrutschen" des
Getreides eine langwierige Arbeit, die Bretter müssen
mehrere hundertmale im Kreise herum geschleift werden,
bis endlich das Stroh in weiche Spreu verwandelt ist. Auch
kann diese Arbeit nur bei völlig trocknem Wetter statt-
finden, aber trotz aller Mühe gilt sie für die einzig zweck-
mässige, da das kaukasische Rindvieh nur weiche Spreue
frisst und somit die grosse Menge des Weizenstrohes verloren ginge, wenn es nicht besonders zur Fütterung her-
gerichtet würde.

Zur Wirtschaftsarbeit benutzt der Georgier fast ausschliesslich nur Büffel und Ochsen, während das Pferd nur
zum Reiten oder Ziehen von Wagen dient. Mit Vorliebe
hält er Büffel, welche dank ihrer Stärke ein vortreffliches
Zugvieh abgeben und als solches in Gebirgsgegenden un-
ersetzlich sind, da sie selbst auf sehr steilen Wegen die
schwersten Lasten schleppen und im Notfalle sogar auf den
Knieen weiter klimmen, bis sie das Ziel erreichen. Der
kaukasische Büffel ist ein sanftmütiges, geduldiges Tier,
weshalb ihn auch der Georgier mit Sorgfalt pflegt und mit
mehr Schonung behandelt als die Ochsen. Der zu allen

Wirtschaftszwecken dienende Wagen heisst „uremi" (tatarisch „araba") und ist ein nach ursprünglichster Weise gebauter zweiräderiger Karren mit unbeweglicher Deichsel, an deren vorderem Ende das hölzerne Doppeljoch befestigt ist; denn sowohl Büffel als Ochsen ziehen nicht, sondern stossen gewissermassen den Wagen mit Brust und Nacken vorwärts. Der Karren ist nicht besonders schwer und auf steilen und

abchüssigen Wegen leichter verwendbar als vierräderige Wagen. Mit der uremi fährt der georgische Bauer sein Getreide ein; bringt Holz, Obst, Wein und Getreide in die Stadt und fährt sogar Weib und Kinder zu Gaste. In letzterem Falle wird der Boden mit einem Teppich und Kissen belegt und der Wagen zum Schutz gegen Sonnenschein und Regen mit einem über Reifen gespannten Stoffdach bedeckt. Die Fahrt ist natürlich die denkbar langsamste und zudem sehr beschwerlich, aber die Fuhrleute sind an solche Reisen gewöhnt und vertreiben sich die lange Zeit mit Plaudern und Singen.

Das Pferd wird, wie ich schon oben sagte, wenig zu
schweren Arbeiten benutzt, und in früheren Zeiten diente
es überhaupt nur zum Reiten. Da man im alten Georgien
wie in ganz Vorderasien keine Wagen kannte und Kamele
selten waren, war das Pferd ausser der uremi das einzige
Beförderungsmittel und diente sowohl Männern als Frauen
bei kürzeren oder längeren Reisen. Der Georgier ist ein
gewandter, kühner Reiter und leidenschaftlicher Pferde-
freund. Ohne Furcht reitet er durch reissende Gebirgs-
ströme oder auf schmalen Saumpfaden an tiefen Abgründen
hin, ohne dass ihn der Schwindel erfasst. Schon als kleiner
Knabe tummelt er sich gern zu Ross, so dass er mit der
Zeit ein echter, unermüdlicher und unerschrockener Reiters-
mann wird, wie es seine Vorfahren von Geschlecht zu Geschlecht im Laufe vieler Jahrhunderte waren. Ein tage-
langer Ritt ist für ihn weder unbequem noch beschwerlich,
und viele ziehen noch heute diese Art zu reisen jeder anderen vor. Das Dolchmesser im Gürtel, in seinen schwarzen
Radmantel gehüllt, sitzt er froh und frei im Sattel, weidet
sein Auge an den Schönheiten der Natur, summt ein
Liedchen und leert, wenn er sein Pferd irgendwo im Schatten
rasten und grasen lässt, einige Gläser Weines, den er in
einem kleinen Schlauche mit sich führt. Vorn am Sattel-
knopf hängen die Quersäcke, welche seinen Speisevorrat
enthalten: Ein Schlauch mit Wein, Käse, Brot, frischen
Gurken und Fleisch, von welchem er sich mitten im Walde
oder auf dem Felde an einem hölzernen Spiess einen köst-
lichen Braten zubereitet. Selbst Leute, welche dank ihrer
Wohlhabenheit und Erziehung an ein bequemes Leben gewöhnt sind, machen gern lange Reisen zu Pferde und geniessen mit Lust wenigstens einen oder mehrere Tage dieses
herrliche Dasein, welches ihre Vorfahren jahraus, jahrein
führten. Der Atavismus ist in jeder Hinsicht noch sehr
stark im Georgier, und wenn ihn die neuzeitige Kultur auch
noch so sehr von der Natur hinweg zieht, kehrt er doch
immer wieder zu ihr zurück wie ein Gefangener in die

Freiheit. Ross, Reiter und Reiterleben spielen auch in der georgischen Poesie eine nicht untergeordnete Rolle, und. die meisten georgischen Dichter waren auch wackere Reiter.

Mit Viehzucht beschäftigen sich die georgischen Grundbesitzer im allgemeinen nicht viel, da es in den meisten Gegenden an guten Weideplätzen mangelt oder dieselben so entfernt im Hochgebirge liegen, dass die Herden schwer zu beaufsichtigen sind und die Verpachtung des Weidelandes an Berufshirten vorteilhafter erscheint. Grosse Rinderherden findet man selten, aber in manchen Gegenden, wie z. B. in Kachetien, zeichnen sich sowohl Büffel als Ochsen durch kräftigen Wuchs und Schönheit aus. Eine eigentliche Stallfütterung kennt man hier nicht. Ausser den zwei oder drei Wintermonaten geht das Vieh das ganze Jahr hindurch bei jeder Witterung auf die Weide, die aber in vielen Fällen sehr dürftig ist und sich meistens auf Stoppel- und Brachfelder und Wälder beschränkt. Klee und andere Futterkräuter säet man gar nicht, obgleich sie im feuchten Mingrelien und Unterimeretien nicht schlecht fortkommen würden. Im Winter besteht das Viehfutter ausschliesslich aus Maisstroh, Spreue und Heu. Unter solchen Umständen ist natürlich die Milchwirtschaft wenig einträglich, und sie wird auch nur im Hochlande oder in der Nähe von Tiflis von russischen und deutschen Kolonisten betrieben, während sich die Georgier nur im kleinen damit beschäftigen.

Schafe und Schweine zieht fast jeder Grundbesitzer, aber im Unterlande selten in grösseren Herden. Eine Schafzucht im grossen ist nur im Hochlande zu finden, wo sie dank der fetten Weiden für viele Bauern den alleinigen Erwerbszweig bildet. Auf die Alm werden übrigens für die ganze Sommerszeit auch die Schafherden aus dem Unterlande getrieben, und zwar erhalten die Hirten für die Pflege der Herden keinen Geldlohn, sondern einen Teil vom gewonnenen Käse, sowie eine gewisse Anzahl Lämmer. Der georgische Schafkäse ist schmackhaft und leicht verdaulich, weshalb er auch von Reichen und Armen in Menge genossen wird. Zu den Haustieren gehören auch die Esel und Maultiere, die sehr zahlreich sind und zum Tragen von Lasten verwendet werden. Auch Ziegen kommen in grösserer Anzahl vor. Allgemein ist auch die Geflügelzucht, und Hühner, Gänse, Enten und Truthühner besitzt fast jeder Gutsbesitzer und Bauer, obgleich er ihnen meistens keine besondere Pflege widmet. Erst in den letzten Jahren, da die Eierausfuhr nach Frankreich und England zugenommen hat, fängt man an, der Geflügelzucht mehr Beachtung zuzuwenden.

Wie sich die georgische Landbevölkerung der verschiedenen Provinzen sehr von einander unterscheidet, ist auch ihre Lebensweise keineswegs überall dieselbe.

Schon das Wohnhaus zeigt diesen Unterschied an. In Kartlien steht das meistens aus Balken zusammengefügte Bauernhaus noch in vielen Dörfern einen bis anderthalb Meter tief in der Erde, die Wände sind von der Aussenseite mit Lehm beworfen und nicht einmal immer mit Kalk übertüncht. Das glatte Dach ist mit Erde bedeckt, und auch die Seitenwände und die Hinterwand werden bis an das Dach mit Erde umgeben, während nur die Vorderseite, welche immer einen überdachten Vorraum hat, offen steht. In der neueren Zeit baut allerdings auch der kartlische Bauer seine Wohnstätte schon vielfach über der Erde, aber das typische kartlische Bauernhaus ist doch immer noch jene höhlenähnliche, halb unterirdische Hütte, und manches abgelegene Dorf, in das die Kultur noch nicht gedrungen, bietet nichts weiter als eine gewisse Anzahl ordnungslos nebeneinander liegender Erdhügel. Gassen kannte das frühere kartlische Dorf nicht und ebensowenig umfriedete Höfe. In ganz Georgien, ausser im Hochgebirge, ist die Bauart der Wohnstätten nirgends so uranfänglich wie hier, und nirgends haben die Dörfer ein so elendes Aussehen.

Als Grund für die Tieflegung seiner Wohnung nennt
der kartlische Bauer das Klima, da sie ihm im Sommer
Schutz gegen die Hitze und im Winter gegen die Kälte ge-
währt. Kartlien ist allerdings infolge seiner Lage und
seiner Armut an Wäldern zur Winterszeit kalten Nordwinden
ausgesetzt, während die Sommertemperatur nicht höher
steigt als in anderen Gegenden Georgiens.

In Kachetien, sowie in Westgeorgien baut der Bauer
wirkliche Häuser und zwar in ersterer Provinz meistens
von Stein, in Imeretien, Gurien und Mingrelien auch
von Holz.

Oft besteht das georgische Bauernhaus aus mehreren
Räumen, aber in den meisten Fällen nur aus zwei oder
einer Stube. Einen Flur gibt es nur in wenigen grösseren
Häusern, während gewöhnlich die eigentliche Haustür unmittelbar in die Wohnstube führt. Die Einrichtung der
letzteren ist meistens noch ganz asiatisch und besteht aus
einer oder mehreren Pritschen, welche mit groben Teppichen
bedeckt sind und auch als Bettstellen dienen, einigen Truhen
zum Aufbewahren der Kleidungsstücke und der Wäsche
und einem niedrigen Tische, der oft sogar fehlt. Stühle
kennt der georgische Bauer noch wenig; denn das schon
beschriebene Tachti ist ihm alles und entspricht ganz seiner
Gewohnheit mit untergeschlagenen Beinen zu sitzen. Auf
demselben hält er auch gewöhnlich seine Mahlzeiten ab,
wenn er es nicht etwa vorzieht, auf einem niedrigen Schemel
zu sitzen. Das Haus des wohlhabenden Bauern enthält
ausser der Wohnstube noch eine Schlafstube und einen besonderen, nur für Gäste bestimmten Raum, dessen Pritschen
mit besseren Teppichen und gestickten Kissen belegt sind.
Zur Ausschmückung der Gaststube gehören noch Krüge,
Becher, Gläser und Teller zur Bewirtung der Gäste und
Waffen, die an der Wand hängen. Die Bettwäsche ist oft
sauber, was bei der Leibwäsche seltener zutrifft; denn von
Reinlichkeit haben die georgischen Bauern noch einen sehr
schwachen Begriff, und das Waschen gehört bei ihnen

keineswegs zu den notwendigsten Verrichtungen. Auch ihr
Ordnungssinn ist äusserst schwach, und das Aufräumen von
Hof und Behausung scheint ihnen eine überflüssige Arbeit
zu sein, die sie nicht allzu häufig und fast immer nur oberflächlich vornehmen. Ihre Wirtschaftsführung beruht auf
alten und uranfänglichen Erfahrungen, welchen sich nur
selten neue anschliessen, ohne jedoch eine besondere
Änderung herbeizuführen. Mit zäher Beharrlichkeit halten
sie fest an den von ihren Vorfahren überkommenen Ansichten und Bräuchen und bringen den Neuerungen Misstrauen und zum Teil auch Geringachtung entgegen. Des-
gleichen sind sie auch, was Nahrung und Kleidung an-
betrifft, nicht leicht für eine Änderung zu gewinnen.

Dieser fast unerschütterliche Hang am althergebrachten
ist aber nur dem Bauer in Kartlien, dem eigentlichen Herzen Georgiens, im weitesten Sinne eigen. Schwächer zeigt
er sich in Kachetien und schwindet mehr und mehr in den
westlichen Landesteilen.

In Kachetien, der Heimat des besten kaukasischen
Weines, wohnt der Bauer in Steinhäusern, die durchweg
mit Ziegeln gedeckt sind und im allgemeinen einen angenehmen Eindruck machen, obgleich die Reinlichkeit auch
hier viel zu wünschen übrig lässt. Betrachtet man ein
kachetisches Dorf aus der Ferne, so glaubt man sich in ein
westeuropäisches Land mit hoher Kultur versetzt; denn die
weissen Häuser mit roten Ziegeldächern, welche aus dem
Grün der Weingärten hervorschauen, haben fast überall ein
freundliches Aussehen und scheinen von Fleiss und Betriebsamkeit zu zeugen. Mangel an Wirtschaftlichkeit kann man
dem kachetischen Bauer auch nicht vorwerfen, er ist im
Gegenteil darauf bedacht, seine Wirtschaft zu heben, und
bearbeitet seinen Weingarten bedeutend sorgfältiger als die
meisten Gutsbesitzer, deren Gärten sich vielfach in sehr
verwahrlostem Zustande befinden. Die kachetischen Dörfer
sind zum Teil sehr gross und einige zählen 2—3000 Einwohner, so dass sie, wie z. B. das am linken Ufer der

Alasan gelegene Kwareli kleinen Städtchen gleichen. Die Furcht vor den Überfällen der Lesgier, welche bis zu ihrer Niederwerfung im Jahre 1859 jahraus jahrein ihre Raubzüge wiederholten, drängte in Kachetien stets grössere Menschenmassen an einem Wohnorte zusammen. Fast jedes Dorf schützte eine Festung, welche aus einem steinernen Blockhause und einer hohen, dasselbe in einiger Entfernung umgebenden Ringmauer bestand. Hier wurden bei nahender Gefahr die nicht kampffähigen Bewohner des Dorfes, die Habe und das Vieh untergebracht, während die Männer die Lesgier in einem Hinterhalt erwarteten. Kämpfe auf offenem Felde wurden bei der Abwehr solcher Überfälle selten gewagt.

Jahrhunderte hindurch hatte Kachetien von den raubgierigen, im unwirtlichen Hochgebirge ansässigen Lesgiern zu leiden, Jahrhunderte hindurch verwüsteten und plünderten diese das fruchtbare Land, welches selten Zeit hatte, sich ganz zu erholen, aber doch dank seiner reichen Natur nach einigen Friedensjahren wieder aufblühte, um bald von neuem verheert zu werden. Nach langem Kampfe gelang es Russland, dieses tapfere, aber wilde und räuberische Volk zu bändigen und für die Nachbarländer unschädlich zu machen. Seitdem kann der kachetische Bauer ungestört seinen Acker und Weingarten bestellen, aber die früheren Zustände haben in seinem Charakter bemerkbare Spuren hinterlassen und Eigenschaften in ihm entwickelt, welche keineswegs sympathisch berühren. Vor allem ist er habsüchtig und denkt beständig an die Vermehrung seines Besitztums. Auch fehlt ihm oft die Aufrichtigkeit, und er ist bedeutend weniger gemütlich als der Kartlier, dafür aber auch strebsamer und empfänglicher für höhere Kultur.

Die Einrichtung seines Hauses erinnert schon mehrfach an europäische Gebräuche, und elende Hütten, wie sie im benachbarten Kartlien noch so zahlreich anzutreffen sind, kennt er längst nicht mehr. Oft ist sein Haus sogar zweistöckig und würde ein trauliches Heim abgeben, wenn mehr

Reinlichkeit darin herrschte. Auch in Imeretien sorgt der Bauer im allgemeinen für eine bessere Behausung und hält sich nicht allzu streng an das Herkömmliche. Da sein Acker zur Ernährung der Familie meistens nicht ausreicht, sucht er in Städten oder fernen Dörfern Erwerb als Koch, Kellner, Diener, Handwerker, Gärtner u. s. w., spart fleissig und kehrt gewöhnlich nur zurück, um sich für seine Ersparnisse ein Stück Ackerland zu kaufen. Die städtische Lebensweise steigert natürlich seine Bedürfnisse in materieller und geistiger Hinsicht, so dass fast jeder, welcher auf seine Scholle zurückkehrt, ein gewisses Mass von Kultur mit sich bringt. Falls der imeretische Bauer nicht schon in einer Dorfschule lesen und schreiben gelernt hat, eignet er sich diese Kenntnisse gewiss bald in der Stadt an und ist eifrig bemüht, sich einige Bildung zu erwerben. Da er eitel ist und sein Sinnen überhaupt viel auf das Äussere gerichtet ist, legt er natürlich besonderen Wert auf Schmuck und Kleidung, was sich vor allen an seinen weiblichen Familienangehörigen wahrnehmen lässt. Die imeretische Bäuerin macht, sobald es ihr ihre Mittel ermöglichen, wirklich Staat und kleidet sich oft nicht nur fein, sondern auch geschmackvoll. Meistens behält sie die Nationaltracht bei, folgt aber doch der Mode und kennt viele Findigkeiten der Frauenkleidung, von denen gewöhnlich nur die Städterinnen etwas wissen.

Noch rühriger und für Neuerungen empfänglicher sind die gurischen Bauern. Die Bewohner dieser kleinen Provinz zeichnen sich überhaupt durch ihren Bildungstrieb und eine erstaunliche Fähigkeit zur Annahme einer feineren Lebensart aus.

Die heutigen wirtschaftlichen Zustände ziehen den georgischen Bauer vielfach von der Scholle weg, während noch vor fünfzig Jahren ganz andere Verhältnisse obwalteten, und der Bauer damals zu Hause noch Mittel genug fand, alle seine Bedürfnisse zu befriedigen.

„Die gewerbliche Produktion wurde in den einzelnen

Hauswirtschaften betrieben. Fast jede Bauernfamilie verfertigte selbst die Mehrzahl der Produkte, die sie zu ihrem Unterhalte brauchte, bebaute das Land, trieb Weinkultur, machte aus eigener oder angekaufter Wolle, Baumwolle, Seide, Flachs die Kleider, aus Holz verschiedene Geräte u. s. w."

Die meisten dieser Hausgewerbe sind jetzt geschwunden, und die Wandlungen der Verhältnisse bringen neue Typen von Arbeitern hervor, die bisher in Georgien nicht existiert haben.

Eine Schilderung der wirtschaftlichen Zustände des Landes, für welche mir die nötigen Kenntnisse abgehen, muss ich unterlassen und verweise den Leser auf die tüchtige Arbeit von Philipp Gogitschaischwili „Das Gewerbe in Georgien unter besonderer Berücksichtigung der primitiven Betriebsformen." (I. Ergänzungsheft der Zeitschrift für die gesamte Staatswissenschaft.) Tübingen, Verlag der H. Lauppschen Buchhandlung, 1901.

Die Frauen

Die Georgierinnen geniessen einen allgemein verbreiteten Ruhm der Schönheit. Viele Schriftsteller der Vergangenheit schildern ihre Reize, Chardin, der berühmte Reisende, ist entzückt von ihnen, wie viele andere, während neuere Reisende, wie z. B. Thielmann, welcher das ganze Land in zwei oder drei Wochen durchwanderte, witzige Bemerkungen über sie machen. Er kannte weder Land noch Leute, und doch hat er über beide viele Seiten geschrieben. Was sind überhaupt Reiseschriftsteller, die ohne Kenntnis der Landessprache alle ihre Berichte irgend einem „Gewährsmann" verdanken? Was steuern sie zur Kenntnis eines Landes bei? Möchten sie sich doch mit Naturschilderungen begnügen und die Menschen unbehelligt lassen!

Doch wie gesagt, die Georgierinnen erfreuen sich des Rufes der Schönheit. Gibbon und Byron, die wohl nie eine sahen, spenden ihnen überschwengliches Lob. Gibbon nennt sie „the model of beauty". Auch italienische Missionäre, welche im 17. und 18. Jahrhundert Georgien besuchten, sprechen in ihren Berichten mit Entzücken von ihnen. Aber viel lauter und poetischer wurden sie vom russischen Dichter Lermontow gepriesen, und Bodenstedt verbreitete ihren Schönheitsruhm auch in Deutschland.

Dass viele Georgierinnen schön und die meisten wenigstens hübsch sind, lässt sich nicht leugnen, aber es ist schwer, ihren Schönheitstyp im allgemeinen zu kennzeichnen, da dieser in den einzelnen Provinzen verschieden ist. Die Kartlierinnen und Kachetierinnen, nämlich die Be-

wohnerinnen von Ostgeorgien, haben regelmässige Gesichtszüge, fast immer schöne, nicht besonders ausdrucksvolle
schwarze Augen, üppiges, schwarzes Haar und eine oft zu

Georgierin.

lange Nase. Trotz der edeln Wölbung der Stirn und des
Kopfes sind Gesichter mit tadellosen Zügen nicht allzu
häufig, aber die meisten nicht ohne einen gewissen Reiz.
Der gewöhnliche Ausdruck ist eine einnehmende, mit Freund-

lichkeit vereinte Sanftmut, so dass man selten Gesichter findet, die nicht angenehm zu nennen wären. . Im Auge schimmert fast immer Frohsinn oder wenigstens Harmlosigkeit, welche mancher strenge Beobachter mit Einfalt bezeichnet. Bodenstedt spricht von Taubenaugen, und diese Benennung ist ziemlich zutreffend.

Der Gliederbau der Georgierin ist edel, sie hat fast immer kleine, zarte Hände und Füsse, eine schlanke Taille, ist rasch und graziös in ihren Bewegungen und überhaupt eine vornehme, angenehme Erscheinung. Starkknochig und von Kraft strotzend ist sie selten und noch seltener stark beleibt, wie z. B. die Armenierinnen und Griechinnen. Auch hohe, majestätische Gestalten, die besonders in Westgeorgien häufig vorkommen, entbehren nicht einer gewissen Zartheit der Glieder und zeigen in Gang und Bewegungen keine Schwerfälligkeit. Plumpe Weiber gibt es in Georgien überhaupt nicht, und dieses Wort kann auf die kartwelische Rasse gar nicht angewendet werden; denn selbst, wenn die Georgierin stark untersetzt ist, bleibt ihr doch eine gewisse Grazie eigen, und sie versteht es auch dann, sich manierlich zu bewegen.

Durch besondere Reize zeichnen sich die Imeretierinnen, Mingrelierinnen und Gurierinnen aus, in deren Adern nicht wenig griechisches Blut zu fliessen scheint. Sie sind die schönsten Weiber in ganz Georgien und stehen weder den Griechinnen noch den Italienerinnen nach. Die Imeretierinnen sind schlank und stattlich, ihre Gesichtsfarbe ist wie die der Mingrelierinnen etwas blass, die Nase stark und der Mund klein und reizend. Wie ihr ganzes Wesen sehr geschmeidig ist, haben auch ihre Bewegungen etwas katzenartiges an sich, und ihr Gang ist stolz, aber leicht, fast schwebend. Sehr ähneln ihnen die Mingrelierinnen, während die reizenden, zarten Gurierinnen kleiner von Statur sind und auch im allgemeinen einen weniger starken Gliederbau haben. Ihr Gesicht hat fast immer einen freundlichen, fast kindlichen Ausdruck, und der Blick der grossen, schwarzen, aber sanften Augen ist weich und offenherzig. Im allgemeinen ist die Georgierin eher schwächlich als kräftig, und ihre Muskeln sind wenig entwickelt. Schwere Handarbeit, welche den Körper stärkt und stählt, ist ihr seit vielen Jahrhunderten unbekannt. Sie war immer nur Gattin, Mutter und Hausfrau, der jedoch wenige schwere Verrichtungen oblagen; denn solche wurden und werden auch heute noch fast ausschliesslich von Männern ausgeführt. Anschauung und Sitte wiesen ihr im Hause eine geachtete Stellung an, der Mann liess ihr Rücksicht und Schonung angedeihen, und auch Fremde brachten ihr nur Achtung entgegen. Allerdings war sie zu einem zurückgezogenen Leben verpflichtet, sie trat nur wenig in die Öffentlichkeit, aber trotzdem war ihr Einfluss keineswegs geringfügig und oft sogar bedeutend.

Neben Tamar und ihrer Tochter Russudan, welche Georgien als Königinnen selbständig regierten, zeichneten sich noch zahlreiche königliche Gemahlinnen und Prinzessinnen durch ihre Teilnahme an öffentlichen Angelegenheiten aus. Ihnen folgt eine lange Reihe von Frauen aus dem höheren oder niederen Adel, die in verschiedenen Zeiten und Verhältnissen sich durch ungewöhnliche Eigenschaften hervortaten. Wie Tamar waren auch viele andere Königinnen und Prinzessinnen die Mütter der Witwen und Waisen. Wohltätigkeit und die Armenpflege wurden ihnen stets als höchstes Verdienst angerechnet, und nur wenige georgische Königinnen vernachlässigten diese im Morgenlande so hoch geschätzte Tugend. Die Wohltätigkeit Tamarens schildert der Chronist auf fast überschwengliche Weise, aber auch im Volksmunde blieb sie das unübertreffliche Vorbild einer Wohltäterin.

Nicht gering ist in der georgischen Geschichte die Zahl der Frauen, welche sich durch seltene Seelengrösse und Mut auszeichneten. Berühmt ist das Schicksal der Königin Ketewan, der Mutter des Königs Teymuras von

Ostgeorgien. Um ihr Vaterland vor dem Zorn des Schah
Abbas zu retten, begab sie sich mit ihrem Enkel als Geisel
nach Persien, wo sie eine Reihe von Jahren gefangen gehalten wurde und zuletzt, als sie dem Verlangen des

Georgierin.

Schahs, ihre Religion abzuschwören, nicht nachkam, im
Jahre 1624 unter schrecklichen Qualen den Märtyrertod erlitt.
Von der Königin Helene (17. Jahrh.) erzählt Krusinski
in seinem Buche „Tragica vert. belli pers. historia", dass,
als Schah Soliman sie aufforderte, seine Gemahlin zu werden

und den Islam anzunehmen, sie unter ihrem Kleide einen
Dolch hervorzog und ihn dem Schah entgegenhielt, indem
sie das christliche Glaubensbekenntnis hersagte.

Der Gemahlin des Prinzen Jesseh, welcher in der
ersten Hälfte des 18. Jahrhunderts lebte, schreibt derselbe
Schriftsteller eine ähnliche Todesverachtung zu. Als Jesseh
vom König Wachtang VI. eingekerkert wurde, teilte sie
freiwillig seine Gefangenschaft und liess sich durch keine
Bitten bewegen, den Kerker zu verlassen.

Männlichen Mut und Aufopferung zeigten noch viele
andere Frauen, deren Taten geschichtliche Berühmtheit er-
langten. Eine wichtige Rolle spielten sie auch in politischen
Angelegenheiten, besonders in Mingrelien und Imeretien, wo
sie jedoch auch oft die Urheberinnen schrecklicher Verbrechen und Gewalttaten waren. Überhaupt standen die
Frauen Westgeorgiens zu jeder Zeit sittlich bedeutend
niedriger als ihre Stammesschwestern im Osten. Der bekannte französische Reisende Jean Chardin, welcher Georgien
im Jahre 1672 besuchte, weiss den Mingrelierinnen und
Imeretierinnen nur schlechte Eigenschaften nachzusagen.
Die ersteren, deren Schönheit ihn entzückte, nennt er die
boshaftesten Weiber der Erde; denn sie seien stolz, hoch-
mütig, treulos, betrügerisch, grausam und schamlos. Vor
mehr als zweihundert Jahren waren die sittlichen Begriffe
in Mingrelien allerdings sehr niedrig und locker, aber der
französische Juwelenhändler trägt, wie es scheint, die
Farben etwas zu schwarz auf. Wie ich schon sagte, gab
es zu jeder Zeit in Mingrelien und Imeretien lasterhafte
Medeen in genügender Anzahl unter den Frauen derjenigen
Adelsfamilien, welche miteinander um den Vorrang im
Lande rangen, während der Medeentyp im übrigen gewiss
nur selten vorkam.

Der Charakter der heutigen Georgierinnen ist im allgemeinen sehr sympathisch, und nur wer sie wenig kennt,
kann das Gegenteil behaupten. Sie sind edelmütig, gut-
mütig, heiter, aber oft auch leichtsinnig, wankelmütig und

unbeständig. Die geachtete Stellung, welche sie in jeder
Zeit im Hause und in der Familie einnahmen, die schonungs-
volle Behandlung, welche sie von seiten der Männer genossen und auch heute geniessen, haben zur Verzärtelung
ihres Wesens nicht wenig beigetragen und in ihnen ein
Selbstbewusstsein entwickelt, welches zwar ihrer äusseren
Erscheinung ein Gepräge von Vornehmheit und Würde verleiht, aber ihre Betätigung im alltäglichen Leben beeinträchtigt.

Die Durchschnittsgeorgierin ist eine schlechte Arbeiterin,
aber dafür eine gute Gesellschafterin, und daher ist ihr
Anteil am produktiven Leben ein viel geringerer als der
der Frauen anderer Völker. Als Mutter legt sie viel Zärtlichkeit und Hingebung an den Tag, besitzt aber selten
Festigkeit genug, um eine gute Erzieherin abzugeben. Wirtschaftlichkeit ist ihr in sehr geringem Masse eigen; denn sie
scheut Mühe und Arbeit und hat eine starke Abneigung
gegen eine andauernde, regelmässige Beschäftigung. Diese
nachteilige Eigenschaft ist nicht nur in wohlhabenderen
Familien, sondern auch in der armen Volksklasse zu finden,
so dass ein georgischer Haushalt in sehr zahlreichen Fällen
viel zu wünschen übrig lässt.

Der äussere Schein ist von hohem Wert in den Augen
der meisten Georgierinnen, und dieser Umstand deckt sich
mit ihrer Putzsucht. Zu der letzteren hat sie hervorragende
natürliche Anlagen, welche sie mit Lust und Liebe ausnutzt;
und da sie auch vergnügungssüchtig und gefallsüchtig ist,
dazu Anmut, Heiterkeit und Gemütlichkeit besitzt, darf sie
zu den guten Gesellschafterinnen gezählt werden. Wo sie
erscheint, bringt sie einen Zauber mit, welcher bei Frauen
anderer Völker nicht allzu häufig zu finden ist. Aber die
Eigenschaften, welche ihr diesen Reiz verleihen und ihr auf
Bällen und bei ähnlichen Vergnügungen den Vorrang vor
anderen Frauen sichern, sind eben nur geselliger Art, und
sie tritt leicht in den Schatten, wo es gilt ein geistreiches
Gespräch zu führen und ernste Kenntnisse auf die Wag-

schalen der Unterhaltung zu legen. Ihre geistigen Fähigkeiten sind mittelmässig, und ihr Streben nach Bildung
schwach, unbeständig und von Launen abhängig. Dem
geistigen Leben ihres Volkes steht sie müssig und ziemlich
teilnahmlos gegenüber, und sehr gering ist die Zahl derjenigen Georgierinnen, die sich bis jetzt in der Litteratur
betätigt haben. Drei oder vier Dichterinnen, ebenso viele
Erzählerinnen und einige Übersetzerinnen und Jugendschrift-
stellerinnen bildeten während des 19. Jahrhunderts den
kleinen Kreis der die Feder führenden Frauen. In den
achtziger Jahren entstand zwar eine Zeitschrift mit ausschliesslich weiblichen Mitarbeitern, aber ihr Dasein war nur
von kurzer Dauer. Auch in der Musik war ihr bisheriges
Schaffen völlig belanglos, obgleich sie z. B. zum Klavier-
spiel einige Begabung zu besitzen scheinen.

Für ernste Beschäftigung hat die Gesamtheit wenig
Sinn, und erst in der letzteren Zeit scheint in dieser Hinsicht eine Änderung zum besseren einzutreten; denn edle
und ernsthaft veranlagte Frauen fangen an, gemeinnützigen
Werken Zeit und Mühe zu widmen und an der Förderung
der Volkserziehung teil zu nehmen. Aber ihre Zahl ist
gering in der grossen Schar der flatterhaften, vergnügungs-
süchtigen Schwestern, deren verderblicher Einfluss die Gesittung immer mehr zerrüttet.

Die frühere Sittenreinheit wohnt heute meistens nur
noch in den Hütten und auch nur in Ostgeorgien, während
in Gurien und manchen Gegenden Imeretiens weibliche
Tugendhaftigkeit immer seltener wird. Leichtsinn und
Sinnlichkeit erleichtern hier die Verbreitung des Lasters in
hohem Grade, und auch Trägheit und Armut leisten ihr
Vorschub, obgleich Habsucht den Georgierinnen im allgemeinen fremd ist.

Charakterfestigkeit und Beständigkeit sind ihnen, wie
ich schon sagte, in geringem Masse eigen. Meistens folgen
sie der Eingebung des Augenblicks, und wie ihre Gefühle
leicht aufwallen, schwinden sie auch. Wenn aber die

Georgierin wirklich liebt, wahrt sie dem Manne unverbrüch-
liche Treue und Anhänglichkeit. Ihre Hingebung ist da
unerschütterlich, und gern, ohne Widerstreben wird sie die
Sklavin ihres Gatten oder Geliebten. Zum Kampf fehlt ihr
die Seelenstärke, sie besitzt selten soviel Selbstbeherrschung,

um ihre Gefühle lange zu verbergen und wie z. B. die
Polin das Geheimnis ihres Herzens erst nach langem Kampf
preiszugeben.

Für Neuerungen oberflächlicher Art ist die Georgierin
sehr empfänglich, sie huldigt gern der Mode und gibt oft
ohne Zaudern alte Bräuche auf, um neue anzunehmen.
Dementsprechend legen auch immer mehr Frauen die
Nationaltracht ab und ziehen ihrer kleidsamen, typischen

Gewandung die unaufhörlich sich ändernde Modekleidung vor. Die gegenwärtige Nationaltracht ist ganz morgenländisch, und ihre Entstehung deutet auf eine Zeit, da die Frauen ein sehr zurückgezogenes Leben führten. Das Kleid ist weit und lang und beim Gehen hinderlich, besonders auf der Strasse, und der jetzt nur den Hinterkopf und den Nacken bedeckende Schleier mag anfänglich auch das Gesicht verhüllt haben. Mehrere in alten Kirchen erhaltene Wandgemälde zeigen die heutige Frauentracht in ihrer wahrscheinlichen Urform, und man darf annehmen, dass sie im 15. oder 16. Jahrhundert schon allgemein gebräuchlich war.

Die Kopfbedeckung der Georgierinnen besteht aus einem niedrigen, glatten, gestickten Samtkäppchen (Tawsakrawi), von welchem der schon erwähnte Schleier (letschaki) über die Schultern herabhängt. Das Kleid ist nur bei Mädchen und jüngeren Frauen von heller, oft auch greller Farbe, sonst immer schwarz, hat bauschige Ärmel und auf der Brust einen gestickten Einsatz. Um die Taille wird ein breites, gleichfalls gesticktes seidenes Band gewunden, dessen sehr breite Enden fast bis an die Knöchel herabhängen. An jeder Seite des Kopfes trägt die Georgierin eine gedrehte, lange Haarlocke, welche gewissermassen das Gesicht einrahmen und einen Teil der Wangen verdecken, während wieder das Käppchen die halbe Stirn verbirgt und dem Gesicht ein breites Aussehen verleiht. Die Mingrelierinnen und Imeretierinnen tragen dagegen sehr kleidsame weissseidene Kopftücher.

Im allgemeinen ist die georgische Frauentracht einfach, aber Stoff, Schnitt und Verzierungen machen sie doch prunkhaft; denn die Putzsucht der Georgierinnen war wie die anderer Erdentöchter niemals müssig und wird es wohl auch niemals werden.

Kulturleben

I.

Die Urzeit

Die entlegenere Urzeit des georgischen Volkes ist in ein undurchdringliches Dunkel gehüllt und wird es wohl immer bleiben, wenn nicht etwa die künftige Erforschung der babylonisch-assyrischen Urgeschichte einige Aufklärung bringt, denn dass die Georgier vor ihrer Einwanderung nach Hinterkaukasien in den Eufratländern sesshaft waren, scheint keinem Zweifel zu unterliegen.

Als den Urahnen des georgischen Volkes nennt die Sage den Riesen Targamos, einen Nachkommen Noahs, welcher nach dem Turmbau zu Babel und der Sprachverwirrung nach Norden an den Ararat zog und sich hier niederliess. Da seine Sippe mit der Zeit (er lebte 600 Jahre!) sehr zahlreich wurde, führte er sieben seiner Söhne nach Norden und teilte unter sie das Land, welches das heutige Georgien umfasst. Einer dieser Söhne hiess Kartlos, und dieser ist der eigentliche Stammvater der Georgier oder Kartweler, das ihm zugeteilte Land erhielt den Namen Kartli und wurde bald das Herz von ganz Georgien, der Schwerpunkt seiner Geschichte.

Auch Kartlos und seine Brüder waren Riesen und heldenmütige Kämpen. Um sich von Nebrot, dem ersten Könige der ganzen Erde unabhängig zu machen, forderten sie ihn zum Kampfe heraus und brachten seinem Heere eine schwere Niederlage bei. Hierauf sammelte er neue Scharen, wurde aber von Haos, dem achten der Brüder, erschlagen.

6*

Diesen Kampf schildert die Chronik mit folgenden Worten: „Es kam zwischen ihnen zu einer fürchterlichen Schlacht, die den Gewittern in der Luft glich. Der Staub, welcher sich unter ihren Füssen erhob, war dicht wie eine Wolke, die Blitze ihrer Waffen glichen den Blitzen des Himmels, die Stimme ihres Mundes war wie der Donner, die Steine und Pfeile, welche sie schleuderten, waren wie der Hagel, und das Blut floss reichlich, wie Ströme."

Ich führe diese Stelle aus der von König Wachtang VI. um die Mitte des achtzehnten Jahrhunderts herausgegebenen Chronik hier an, weil sie von der im allgemeinen sehr wortkargen und trockenen Schilderung der Urgeschichte, welche die Chronik enthält, auffallend absticht und wahrscheinlich das letzte Bruchstück eines alten Heldengesanges ist.

In der Vorrede zu der unter Wachtangs VI. Leitung zusammengestellten „Geschichte Georgiens" (Kartlis Zchowreba = das Leben Georgiens) sagt der Herausgeber: „Da die Geschichte Georgiens im Laufe der Zeit unter den Händen der Abschreiber verstümmelt worden war oder infolge der Verhältnisse gar nicht mehr aufgezeichnet wurde, versammelte König Wachtang gelehrte Männer, suchte alles zusammen, was an georgischen Chroniken zu finden war, sowie auch die Urkunden von Mzcheta, von Gelati, von vielen Kirchen und Edelleuten, liess alles vergleichen und berichtigen, was verstümmelt war, liess noch andere Schriften sammeln, Auszüge aus armenischen und persischen Geschichtschreibern machen und alles auf diese Weise abschreiben."

Ob sich unter diesen Quellen auch eine alte Erzählung aus dem Heldenzeitalter des georgischen Volkes befand, ob vielleicht unter den halb vermoderten Handschriften noch eine vorhanden war, welche alte Sagen oder Bruchstücke solcher enthielt, wird nicht angegeben, aber die Vermutung, dass dies der Fall war, liegt nahe.

Einige andere Stellen derselben Chronik deuten gleichfalls auf einen ähnlichen Ursprung, und es scheint keinem Zweifel zu unterliegen, dass die Georgier in ihrer Urzeit.

einen reichen Zyklus von Heldenliedern und Sagen besassen.
Die Chronik berichtet selbst, dass nach dem Tode des
Königs Farsman in Städten und Dörfern Trauersänger
sassen und seine Tapferkeit, Mildtätigkeit, Güte und Schönheit priesen. Dies soll im zweiten Jahrhundert unserer
Zeitrechnung gewesen sein, aber wahrscheinlich existierten
die Sänger und Verherrlicher der Helden ihres Volkes schon
in früheren Zeiten und schufen von Geschlecht zu Geschlecht
eine Reihe von epischen Gesängen, die alle Begebenheiten
von Bedeutung enthielten.

Kartlos, der eigentliche Stammvater der Kartweler
oder Georgier, hinterliess fünf Söhne, deren ältester,
Mzchetos, am Zusammenfluss des Kur und der Aragwa die
Stadt Mzcheta, die spätere Residenz der georgischen Könige
und Patriarchen gründete. Mzchetos war Herr über seine
Stammesangehörigen, aber bald entstand Zwietracht unter
ihnen, und es kam dazu, dass sich jeder einzelne Stamm
seinen Tawadi (Häuptling) wählte. Der Tawadi von Mzcheta
galt jedoch für den vornehmsten und ersten, ohne aber den
Titel König oder „Eristawi" (Volkshaupt) zu führen. Er
hiess vielmehr „Mamassachlissi" (Hausvater). Ihm stand es
zu, alle Streitigkeiten der übrigen Kartlosiden oder Nachkommen des Kartlos zu schlichten, denn Mzcheta hatte sich
bald vergrössert, war bedeutender als die anderen Orte geworden und wurde als Hauptstadt angesehen.

„Um diese Zeit", erzählt die Chronik, „vergassen sie
Gott ihren Schöpfer und fingen an, die Sonne, den Mond
und fünf Sterne*) anzubeten. Das Grab des Kartlos war
die Hauptstätte ihrer Schwüre."

Diese Zeit verlegt die Chronik in das sechzehnte Jahrhundert vor Chr. Geb. Wir finden hier nicht den Keim des
georgischen Staatswesens, sondern schon den Umriss seiner
späteren Gestaltung, während über die ursprüngliche Familie
und das anfängliche Gemeinwesen in der ganzen Chronik
kein Wort enthalten ist.

*) Die armenische Chronik nennt sieben Sterne.

Die Gottheit, von der die Georgier abfielen, mag der altpersische, in den Inschriften der Achämeniden genannte Achuramazda gewesen sein, der auch im Awesta so genannt wird. Der Sternendienst und die Verehrung der Sonne und des Mondes, die jetzt eingeführt wurden, bedeuten wohl schon die Zaroastrische Lichtreligion, in welchem Falle jedoch die Zeitangabe der georgischen Chronik um mehrere Jahrhunderte zu früh wäre.

Weiter erzählt sie einen Einfall der Chasaren und die Eroberung des Landes durch Alexander den Grossen, welcher vor seinem Abzuge einen gewissen Azon als Statthalter in Mzcheta einsetzte. Da dieser die Georgier schwer bedrückte, empörten sie sich unter Führung des Pharnawas, dessen Vater vor dem Einfall der Mazedonier Mamassachlissi von Mzcheta gewesen war. Pharnawas vertrieb die Fremden und wurde König. Er ernannte acht Eristawen (Verweser einer Provinz) und einen Spaspet oder Oberbefehlshaber, der immer in der Nähe des Königs weilte und über den Eristawen stand. Dem letzteren waren wieder die Spassalaren oder Führer von tausend Mann untergestellt. Alle diese Mannen erhielten Sold vom König und den Eristawen. „So beschaffen war die von Pharnawas nach dem Vorbilde des persischen Königreiches hergestellte Einrichtung."

Es ist nun fraglich, ob sich dieselbe aus georgischen Zuständen entwickelte oder ob sie wirklich eine persische Entlehnung war, nämlich eine Wiederholung des assyrischen Satragentums mit einer Art Vizekönig an der Spitze. Das Verhältnis, in welchem das damalige Georgien zum Perserreiche stand, ist völlig dunkel für uns, aber dass es bedeutend war, lässt sich an den Einwirkungen ermessen, welche die persische Welt auf den Religionskult der Georgier ausübte.

Die Einführung des Königtums erfolgte nach den mehr als unsicheren Angaben der Chronik im Jahre 302 vor Chr. Geb., und falls diese Überlieferung auf Tatsachen beruht, entstand also die monarchische Regierung in Georgien nicht nach der Eroberung des Landes, sondern bei einer Befreiung desselben von der Fremdenherrschaft. Pharnawas, welcher als erster „König" genannt wird, war in den Augen des Volkes gewiss nicht viel mehr als sein Vorfahre, nämlich Mamassachlissi (Hausvater oder Ältester), und nur weil nach Vertreibung der Fremden zur erfolgreicheren Verteidigung des Landes eine festere Verwaltung nötig wurde, wuchsen seine Macht und sein Ansehen eben durch die neue Organisation der Schutzmittel gegen äussere Feinde.

Jetzt mag sich auch das Lehenswesen mehr und mehr entwickelt haben, aber seine Keime sind ohne Zweifel in noch entlegenerer Zeit zu suchen. Jedenfalls besass Georgien schon vor und zu Beginn unserer Zeitrechnung eine Kultur, welche es dem Urzustande entwachsen erscheinen lässt. Der Überlieferung nach soll Ardan, einer der Nachkommen des Nebrot, der noch vor Alexander von Mazedonien lebte, die Kunst, von Steinen und Mörtel Häuser zu bauen, eingeführt haben, und Strabo berichtet, dass man in Iberien (Ostgeorgien) Ziegelhäuser baute. Gewiss hatte Georgien schon mehrere Jahrhunderte vor Annahme des Christentums ein durch Satzungen geregeltes und auf gesellschaftlicher Gliederung fussendes staatliches Leben. Der Apparat desselben war eine Lehnsverfassung, welche tatsächlich mehr oder weniger verändert bis zur Vereinigung Georgiens mit Russland im Jahre 1801 bestand.

Der Sage nach waren die Nachkommen des Stammvaters die ersten Mtawaren oder Fürsten. Diese bildeten den ursprünglichen höheren Adel, an welchen sich bald die Eristawen, der höhere Amtsadel, anreihten. Die Eristawen (eri = Volk, tawi = Haupt, Volkshaupt), wurden in gewissen Landesteilen vom Könige eingesetzt. Sie hatten für die Steuereintreibung, das Gerichtswesen und den Heerbann der Provinz zu sorgen und wurden unter den Mtawaren oder anderen hervorragenden Männern gewählt.

Der niedere Adel bestand aus den Asnauren, welche Landbesitz haben und im Kriegsfalle einen Tross bewaffneter

Männer stellen mussten. Da es jedoch in der georgischen
Sprache für Adel keine Benennung gibt, scheint wohl der
Abstand zwischen Mtawaren und Asnauren immer bedeutend
gewesen zu sein und eine Vermischung beider Klassen in
einem Begriffe nicht stattgefunden zu haben.

Zwischen dem Adel und den leibeigenen Bauern standen
die Msachuren (Diener), deren jeder Mtawar und Asnaur
wie auch der König eine entsprechende Anzahl besass. Es
waren dies ohne Zweifel Bauern, welche im persönlichen
Dienst ihres Herrn verschiedene häusliche Verrichtungen
ausübten, seine Leibwache bildeten und, wie es scheint,
auch Schreiber und Gutsverwalter waren. Da die meisten
Ämter in Georgien mit der Zeit erblich wurden, ist anzunehmen, dass sich auch die Msachuren allmählich zu
einem auf erblichen Rechten fussenden Stande entwickelten.
In späteren Jahrhunderten scheinen sie alle niederen Ämter
bekleidet zu haben, indem sie für die adligen Inhaber der
höheren Verwaltungsämter die Schriftführung besorgten.

Sehr wenig zahlreich war der Bürgerstand, welchem
zum grössten Teile eingewanderte Armenier angehörten.
Die Bürger hiessen Mokalaké (Städter) von kalaki (Stadt),
womit Tiflis, die einzige wirkliche Stadt des Landes, bezeichnet wurde. Später entwickelte sich noch ein spär-
licher, gleichfalls halb armenischer Bürgerstand in Gori und
an einigen anderen Orten, erlangte jedoch niemals eine
wahrnehmbare Bedeutung.

Die Bauern, „Glechi", welche die gesamte Acker-
bestellung als Fron verrichteten, waren leibeigen und konnten
verkauft, verschenkt und frei erklärt werden. Obgleich
das Gesetz, wie es scheint, nur ihr Leben schützte und sie
im übrigen der Willkür ihrer Herren überlassen waren,
unterschieden sie sich doch von den eigentlichen Sklaven
(Aque), welche als Kriegsgefangene in den Besitz eines
Grundherrn gelangten. Dass der Verkauf von Leibeigenen
und Sklaven von Zeit zu Zeit stattfand, bezeugen zahlreiche
alte Urkunden, aber als gesetzlich anerkannte Institution

hat der Sklavenhandel in Georgien niemals bestanden, und die Kirche bedrohte sogar jeden, welcher Sklaven veräusserte, mit dem Kirchenbann. Trotzdem kamen Überschreitungen dieses Verbotes sehr häufig vor, und in Imeretien und Mingrelien wurde der Sklavenhandel sogar offen betrieben, ohne dass die Kirche oder die Fürsten beider Länder immer nachhaltig dagegen aufgetreten wären. Überhaupt waren in Georgien die Begriffe von Gesetzlichkeit nur allzusehr von der Kraft der jeweiligen Herrscher und ihrer Regierung abhängig.

An der Spitze des Staates stand der König (Mepe), dessen Rechte unantastbar und erblich waren. Das monarchische Prinzip bildete schon vor der geschichtlichen Zeit die Grundlage des georgischen Staatswesens und blieb es auch, nachdem das Reich in mehrere Kleinstaaten zerfallen war, deren jeder sein eigenes Oberhaupt besass. Der König ernannte alle höheren und sogar die niederen Beamten, und ihm stand die Entscheidung in allen wichtigeren Angelegenheiten zu. Auch war er der eigentliche Oberbefehlshaber des Heeres, welches, wie Prinz Wachuschti berichtet, anfänglich aus Söldnern, später aber aus dem Aufgebot aller Fürsten und Edelleute bestand. Ein stehendes Heer gab es nur selten, und die Verteidigung des Landes war somit Sache des Adels, welcher im Kriegsfalle aus seinen Msachuren und Leibeigenen einen Tross formierte und diesen an den vorher bestimmten Vereinigungsort führte. Die Heeresfolge war unbedingte Pflicht eines jeden Mtawaren und Asnauren, und nur selten geschah es, dass sich ihr jemand entzog. Jedenfalls darf man aber annehmen, dass die Zahl der zu stellenden Truppen, sowie ihre Bewaffnung von den Edelleuten selbst abhing, so dass jeder gewissermassen das Recht besass, nach eigenem Gutdünken über seine waffenfähigen Leibeigenen zu verfügen. Da nun der König auch wie jeder Edelmann seine eigenen Untertanen besass, aus welchen sich seine Leibwache und sein Tross zusammensetzte, so erscheint der georgische Adelsstaat als ein aus einer Menge grosser und kleiner Herrschaften zusammengefügtes Gebilde, dessen festes Bindeglied zunächst das Lehnsverhältnis war, in welchem alle Grundbesitzer zum Könige, dem obersten Lehnsherrn, standen. Als solcher wurde er in Wirklichkeit immer angesehen, obgleich sich die Ausübung des königlichen Belehnungsrechtes nur durch wenige, urkundlich verbürgte Tatsachen nachweisen lässt. Dagegen soll im Altertum, wie Prinz Wachuschti erzählt, die Verleihung eines durch den Tod seines Inhabers frei gewordenen Lehens und Amtslehens ganz vom Gutdünken des Königs abgehangen haben. „Wenn zu jener Zeit ein Eristawi, Mtawar, Hofoffizier, Asnaur oder Edelmann starb, wurde dem Könige sein Ross und sein Sohn vorgeführt, und er verlieh die Würde demjenigen, welchen er für fähig hielt, manchmal auch dem Sohne, wenn derselbe würdig oder imstande war, diesem Amte vorzustehen. Jetzt betrifft dies nur noch die Beamten, denn die Titel der Edelleute gehen auf den Sohn oder die Familienmitglieder über.“

Wahrscheinlich gewann die Erblichkeit der Lehen sehr früh allgemeine Rechtskraft, da sich sonst die Macht des Adels nicht so früh hätte entwickeln können.

Dem Könige zur Seite stand der Katholikos, das geistliche Oberhaupt des Landes, welcher dasselbe Ansehen und dieselben Rechte genoss wie jener. In der Verwaltung des Landes nahm er ungefähr dieselbe Stellung ein wie der Primas in Polen. Er vollzog die Krönung, beförderte des Königs Befehle an die Beamten und war sein Ratgeber in allen wichtigen Angelegenheiten. Unter seiner Obhut und Gerichtsbarkeit standen die Witwen, Waisen und alle, welche einer Hilfeleistung bedurften.

Die Verwaltung des Landes war unter verschiedene Oberbeamten geteilt, deren jeder eine gewisse Anzahl von Unterbeamten zur Verfügung hatte, aber im allgemeinen war der Verwaltungsapparat sehr einfach, und der Bureaukratismus, der in Byzanz so üppig blühte, hat in Georgien niemals Wurzel fassen können. Wahrscheinlich wurde der

grösste Teil der Geschäfte mündlich erledigt, und wo eine
schriftliche Verfügung und Bestimmung nötig war, fasste
man solche sehr kurz, wie aus zahlreichen erhaltenen Erlassen u. s. w. zu ersehen ist. Einer systematischen Viel-
schreiberei war der Georgier trotz seiner angeborenen Redseligkeit stets abgeneigt, aber auch die gesamte staatliche
Organisation machte eine solche überflüssig; denn allem Anschein nach besass jeder bedeutendere Grundherr in seinen
Ländereien das Recht einer beschränkten Gerichtsbarkeit
und örtlichen Verwaltung. Die Einmischung in dieselbe
und endgültige Entscheidung. wichtiger. Streitsachen behielt
sich jedoch der König vor.

Erst in den späteren Jahrhunderten, besonders im
17. und 18., wächst das Beamtentum in Ostgeorgien, und
auch die Erblichkeit der Ämter wird nicht mehr streng ein-
gehalten. Die Könige, die damals selbst nur persische Statthalter waren, setzten Kreishauptleute (Mourawen) und andere
Bezirksverwalter ein, so dass die Verwaltung der Feudalherren oder Eristawen einigermassen eingeschränkt wurde.

Die Macht der georgischen Könige war nur im 12. und
13. Jahrhundert völlig selbständig. während in der übrigen
Zeit stets ein Schatten von den beiden Nachbarreichen
Persien und Byzanz auf sie fiel. Byzanz, welches in den
ersten Jahrhunderten der christlichen Zeitrechnung über
ganz Westgeorgien herrschte, bewahrte sich auch nach dem
Abfall dieser Provinzen an den georgischen Staat eine Art
Suprematie, und georgische Könige trugen lange Zeit hindurch den Titel eines Kuropalaten, der erst mit dem Niedergang des oströmischen Reiches seine Bedeutung verlor.
Eine ähnliche Oberherrschaft übten die Perser von Osten
her aus, die sich desto fester gestaltete, je mehr die Zerrissenheit und Schwäche der ostgeorgischen Landesteile
zunahm.

Die Grundlage des georgischen Staates bildeten anfänglich nur die Provinzen Kartlien und Kachetien, da die
westlichen Gebiete Mingrelien, Gurien mit Tao, Samzche

und Imeretien unter oströmischen Einfluss gerieten, bis im 10. Jahrhundert allmählich die Vereinigung aller georgischen Länder begann. Im 12. Jahrhundert unter David, dem Wiederhersteller, überschritt der Staat weit die georgischen Sprachgrenzen und umfasste bis zum Einfall der Mongolen im 13. Jahrhundert auch Aphasien am Schwarzen Meere und im Osten das ganze Gebiet bis an den Kaspisee.

Der sprachliche und kulturelle Einfluss der Georgier auf die kleineren Nachbarvölker war infolge der häufigen Verschiebungen ihrer Machtsphäre niemals beständig und daher nicht überall nachhaltig. Von Dauer war er nur auf die am Südabhange des Kaukasus wohnenden Osseten und auf die südlich von Tiflis, im sogenannten Sanchetien ansässigen Armenier, während andere Bergvölker, wie auch die Aphasen allzu früh unter den Einfluss des Islam gerieten und dadurch der georgischen Kultur entzogen wurden.

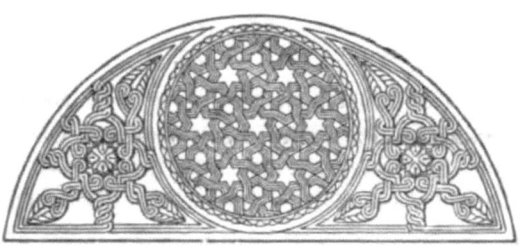

Einführung des Christentums und der griechisch-byzantinischen Kultur

E s ist schwer zu sagen, in welchem Zustande sich die georgische Kultur befand, als König Mirian im 4. Jahrhundert den christlichen Glauben annahm. Die Berichte der griechischen und lateinischen Schriftsteller enthalten wenig oder fast gar nichts über das häusliche Leben und die Sitten der Georgier ihrer Zeit und beruhen nur selten auf eigener Anschauung, sondern vielmehr auf den Berichten anderer. Dagegen sind ihre Angaben über die Natur des Landes ziemlich zahlreich, und was Hippokrates und Strabo über Kolchis (Mingrelien) und Iberien (Ostgeorgien) erzählen, trifft im ganzen auch heute zu. Strabo berichtet, dass Iberien reich an Städten war und diese aus kunstvoll errichteten Häusern mit Ziegeldächern, öffentlichen Gebäuden und Marktplätzen bestanden. Das ist aber auch alles, was er uns mitteilt, und es wäre gewagt, nach dieser kurzen Andeutung ein Bild der damaligen Kultur herzustellen.

Ebenfalls karg und mangelhaft sind die der georgischen Chronik zu Grunde liegenden Überlieferungen, so dass auch die letzten Jahrhunderte der heidnischen Epoche Georgiens nur in ihren Umrissen erfassbar sind und das öffentliche und häusliche Leben seiner Bewohner für uns unbekannt bleibt.

Reicher und ausführlicher wird der Stoff der Bekehrungsgeschichte des georgischen Volkes. Die Legenden, aus welchen er besteht, sind allerdings erst bedeutend später aufgezeichnet worden, aber da die verschiedenen Fassungen im wesentlichen wenig voneinander abweichen, scheinen sie trotz der anfänglich nur mündlichen Überlieferung keine erheblichen Veränderungen erfahren zu haben. Zudem ist es auch gar nicht ausgeschlossen, dass schon in den ersten, auf die Annahme des Christentums folgenden Jahrhunderten schriftliche Schilderungen der Bekehrungsgeschichte abgefasst wurden. Die von E. Takaischwili nach einer im Kloster von Schatberdi aufgefundenen Handschrift im Jahre 1890 herausgegebene „Bekehrung von Kartli" (Mokzewa Kartlisa) soll, wie er in der Einleitung ausführt, allerdings erst im 9. Jahrhundert entstanden sein, aber höchst wahrscheinlich rühren einige Teile aus früheren Jahrhunderten her. Auch der Katholikos Arsen, welcher im 10. Jahrhundert ein „Leben der georgischen Heiligen" verfasste und in demselben gleichfalls die Bekehrungsgeschichte erzählt, sagt, dass er neben mündlichen auch schriftlichen Stoff benutzt habe.

Wie dieser uns heute vorliegt, ist er eher reichlich als spärlich zu nennen, und die schöne und poesiereiche Legende von der heiligen Nino, der Bekehrerin Georgiens, ist so ausführlich gehalten, dass sich das Bild jener Ereignisse aus dem Dunkel der sie umgebenden Zeit wie ein heller Lichtschein abhebt.

Allerdings wurde die Legende von den aufzeichnenden Mönchen mit zahlreichen dogmatischen Ausschmückungen versehen, die zum schlichten, naiven Ton der eigentlichen Erzählung gar nicht passen, aber der Urstoff lässt sich trotzdem herausfinden, und er bildet das erste schöne Epos des poesiereichen georgischen Volkes.

Die Verkünderin des Evangeliums in Georgien war die heilige Nino. Aus Kappadozien gebürtig und in Jerusalem, wo ihr Mutterbruder Patriarch war, erzogen, kam sie zur Regierungszeit des Königs Mirian nach Georgien und bewirkte im Jahre 317 (nach Prinz Wachuschti) dieses Herrschers und seiner nächsten Umgebung Übertritt zum Christentum. Baronius verlegt dieses Ereignis in das Jahr 327, nach Brosset soll es 328 und nach dem schon erwähnten Werke „Mokzewa Kartlisa" erst im Jahre 332 stattgefunden haben. Die Geschichte der die Bekehrung begleitenden Ereignisse beruht fast gänzlich auf den Schilderungen der Salome von Udscharma, einer armenischen Prinzessin, welche Mirians Schwiegertochter gewesen sein soll und das Leben der heil. Nino nach deren eigener Mitteilung niederschrieb.

Wie sie berichtet, war die damalige Staatsreligion ein Götzendienst, ein in der Verehrung weniger Sinnbilder bestehender Glaube, der dem Lichtkult und dem jüdischen Jahvekult feindlich gegenüber stand[*]). Auch dem „Gotte der Chaldäer Strudshan" war der georgische Gott Armas feind, und trotz allen Dunkels, welches ihn selbst und seine Nebengötter umgibt, scheint er den damaligen heimischen Volksglauben in sich verkörpert zu haben[**]). Ausser diesem hatte aber auch die Lichtreligion sehr viele Anhänger und gerade sie war es, welche der Verbreitung der christlichen Lehre die grössten Hindernisse in den Weg legte und nach der oberflächlichen Christianisierung des Landes noch mehrere Jahrhunderte hindurch in den Gemütern fortlebte. Aus dem Armaskult hat sich, wie es scheint, wenig in die christ-

---

[*]) Die Juden werden zum erstenmal im 4. Jahrhundert erwähnt. Sie wohnten damals ausser in Mzcheta auch in der Stadt Urbnissi. Ob sie schon zur Zeit des babylonischen Exils oder vielleicht erst nach der Zerstörung Jerusalems durch Titus nach Georgien einwanderten, ist schwerlich festzustellen. Sie leben auch heute noch in der Zahl mehrerer tausend in verschiedenen georgischen Städten und Dörfern, haben die georgische Sprache angenommen, aber ihren Urtyp und ihre scharf geschnittenen Gesichtszüge fast rein bewahrt.

[**]) Nach der Auffassung des Dichters Elias Tschawtschawadse lag dem Armaskult ein uralter Ahnenkult zu Grunde, welcher der Verehrung zweier Nationalhelden Aram und Aso galt.

liche Zeit hinüber gerettet, aber mächtig blieb die Lichtreligion, weil sie vielleicht der Fantasie des georgischen
Volkes in hohem Grade zusagte und auch von Zeit zu Zeit
von den Persern wieder befestigt und wie ein Bollwerk
verteidigt wurde.

Ob die Georgier zur Zeit der Annahme des Christentums schon eigene Schriftzeichen besessen haben, lässt sich
mangels an Urkunden nicht nachweisen. Wie die Chronik
„Kartlis Zchowreba" erzählt, soll König Pharnawas im
dritten Jahrhundert v. Chr. Geb. dieselben eingeführt haben,
wobei ihm, wie der georgische Forscher Alexander
Chachanaschwili darzulegen bestrebt ist, die damals bei den
Persern in Gebrauch gewesene Zendschrift als Grundlage
diente. Nach den Berichten armenischer Geschichtsschreiber
soll Masrop Mastoz, welchem die Armenier die Urheber-
schaft ihrer Schrift zuschreiben, auch der Erfinder der
georgischen gewesen sein, so dass also ihre Einführung erst
im fünften Jahrhundert nach Chr. Geb. stattgefunden hätte.

Übrigens besitzen die Georgier zweierlei Schriftzeichen,
die bürgerlichen (mchedruli) und die kirchlichen (chuzuri),
über deren Erstentstehung immer noch gestritten wird. Die
ältesten erhaltenen Schriftdenkmäler, zwei in Urbnissi und
Ksani aufgefundene Evangelienübertragungen, sollen nach
den Ausführungen des Geschichtsforschers Dimitri Bakradse
aus dem sechsten Jahrhundert stammen, aber falls die in der
Schatberdier Handschrift enthaltenen Erzählungen der Salome
von Udscharma, des Erzbischofs Jakob und eines gewissen
Abiatur wirklich zur Lebzeit der Bekehrerin Georgiens
niedergeschrieben wurden, wären sie als die ältesten mut-
masslichen Urkunden zu betrachten, obgleich ihre Uraufzeichnung nicht erhalten blieb.

Die erste und für uns im Dunkel der Vorzeit einzig
erkennbare Grundlage für die Entwickelung einer geistigen
Kultur in Georgien ist das Christentum, welches für dieses
Land zunächst eine zeitweilige Abwendung von Persien
und einen engeren Anschluss an die griechisch-byzantinische

Kulturwelt zur Folge hatte. Von nun an richteten die
Georgier standhaft ihre Blicke nach Westen, aber es gelang
ihnen niemals, sich dem Einflusse Persiens zu entziehen, und
dieser blieb bestehen bis zum Ende ihrer politischen Unabhängigkeit im Jahre 1801.

Wie überliefert wird, sollen nach der Bekehrung Georgiens die ersten christlichen Priester aus Antiochien gekommen sein, während sie nach der Chronik „Kartlis
Zchowreba" der Kaiser Konstantin auf Verlangen des Königs
Mirian aus Byzanz geschickt hätte.

In Wirklichkeit stand die georgische Kirche bis zum
Jahre 545 unter dem Patriarchen von Antiochien, und es
ist daher nicht unwahrscheinlich, dass der erste kirchliche
Einfluss kein ausschliesslich griechischer, sondern zum guten
Teil auch ein syrischer war. Ephräm, der im fünften
Jahrhundert, als sich das Christentum in Georgien zu entwickeln begann, allerdings längst nicht mehr lebte, dann
Rabbula und Isaak, der Grosse, welche beide im fünften
Jahrhundert blühten, mögen gewiss die anfängliche Entwickelung der georgischen Kirche beeinflusst haben. Schriftliche Belege hierfür sind zwar nicht vorhanden, die älteste
Übertragung von Ephräm stammt aus dem neunten Jahrhundert, aber eine syrische Einwirkung hat im fünften Jahrhundert ohne Zweifel stattgefunden, und sie erstreckte sich
vielleicht auch auf die Bauart der Kirchen.

Die Verbreitung des Evangeliums war lange Zeit mit
hartnäckigen Kämpfen verbunden, und die Ausrottung der
Lichtreligion, mit welcher die Spuren der vorchristlichen
Vergangenheit dem Untergange geweiht wurden, stiess auf
grosse Hindernisse. Über den Kampf, welcher sich nun
zwischen der neuen und alten Kultur im Lande selbst ent-
spann, sind die Berichte der Chronik ziemlich karg, während
wiederum das Ringen der Georgier mit den Persern, welche
die zerstörten Feueraltäre aufzurichten bestrebt waren, zahlreiche Einzelheiten enthalten.

Dass die Zaroastrische Lehre in Georgien verschiedene
Umwandlungen erfahren hatte, scheint keinem Zweifel zu
unterliegen, und sicher ist, dass ihre Vorstellungen noch bis
ins späte Mittelalter die Gemüter beherrschten und selbst
gebildete Männer von ihren Einwirkungen nicht frei waren.
Sie kehren in allen grössten Teils noch heute erhaltenen
Sagen wieder, die somit auf die kosmischen Anschauungen
der alten Georgier mehr Licht werfen, als die trockenen
Schilderungen der Chronik.

Ein ängstliches Sichversenken in die Natur, dann der
Ahnenkult und der Glaube an Geister, Gespenster,
dämonische Diven und Kadschen bildeten einen wichtigen
Bestandteil jener georgischen Urreligion, die nichts Einheit-
liches an sich hatte und so vielartig war, wie die Einbildungskraft ihrer Bekenner. Dieses reichbevölkerte Pantheon
zu zerstören und die Anhänglichkeit an die Bilder und
Helden der Vorzeit zu vernichten, war nun das Haupt-
bestreben der christlichen Priester, und wenn ihnen dieses
auch erst nach mehreren Jahrhunderten gänzlich gelang, so
brachten sie es doch zu stande, dass der Zauber jener Vorwelt beträchtlich geschwächt wurde, indem sie jede Erinnerung an dieselbe aus dem neu erstandenen Schrifttum
verbannten. So geschah es, dass das Christentum und die
mit ihm eindringende griechisch-byzantinische Kultur eine
Schranke aufrichteten, hinter welcher das Altertum allmählich verschwand, um nicht einmal in der Poesie wieder
aufzuerstehen, wie dies in Persien nach dem Erscheinen
der Araber und der Einführung des Islams der Fall war.

Trotzalledem scheint die christliche Religion in den
ersten Jahrhunderten in der Masse des georgischen Volkes
einen nur sehr oberflächlichen Anhang gefunden zu haben.
Wohl aber traten auch damals schon Könige auf, die als
wirkliche Christen lebten und handelten und auf die Sittlichkeit des Volkes einen heilsamen Einfluss ausübten. So
z. B. Wachtang Gurgaslan (446—499), der, obgleich er den
grössten Teil seines Lebens auf Kriegszügen zubrachte, ein

guter Kenner der Bibel war und in seinen Ansprachen, die
er oft an sein Heer und an die Grossen des Reichs hielt,
einem begeisterten Prediger gleicht. Bibelfeste Herrscher,
die mit der Königswürde den christlichen Prediger in sich
zu vereinigen suchten, waren in Georgien zahlreich und
nicht selten trugen sie mehr zur Förderung der Sittlichkeit
bei als die Leiter der Kirche.

Derselbe König Wachtang Gurguslan gründete im Jahre
469 die Stadt Tiflis und erbaute hier vier Kirchen. Auch
soll er die Domkirche von Mzcheta, dem georgischen Patri-
archensitz, angelegt haben.

Mehrere Jahrhunderte vergingen, bis in Georgien die
Flammen der letzten Feuertempel erloschen waren und die
Geistlichkeit vom Bekehrungswerk zur Begründung einer
geistlichen Literatur übergehen konnte. Dies geschah ungefähr um das Jahr 600. Es ist wenigstens wahrscheinlich,
dass um diese Zeit die ersten Übertragungen der Evangelien
in die georgische Sprache ausgeführt wurden. Bis dahin
waren ohne Zweifel nur griechische oder vielleicht auch
syrische Kirchenbücher im Gebrauch, und alle kirchlichen
Einrichtungen wurden ohne Veränderung von den Griechen
übernommen, oder vielmehr von diesen selbst eingeführt,
da sie die georgische Kirche als ein von der griechischen
abhängiges Patriarchat verwalteten. So lange diese kräftige
und von einer hohen Kultur ausgehende Leitung währte,
musste die Georgisierung der Landeskirche auf Schwierigkeiten stossen, und sie schritt auch dann nur langsam vorwärts, nachdem ihr im Jahre 680 die sechste Kirchenversammlung zu Konstantinopel die Unabhängigkeit zugestanden
hatte.

Von jetzt an war der georgische Katholikos ein selbst-
ständiger Kirchenfürst, der, ohne eine Bestätigung aus Byzanz
einzuholen, alle Würdenträger ein- und absetzte und auch
dem Könige gegenüber eine vollkommen unabhängige Stellung behauptete. Sein Ansehen und seine Rechte waren
denen des Königs gleich, und die Beleidigung seiner Person

7*

wurde als Majestätsbeleidigung angesehen. In der Verwaltung der Kirche stand ihm eine unumschränkte Macht zu, die jedoch von tatkräftigen Herrschern nicht immer geachtet wurde, wenn die Herstellung von Zucht und Ordnung die Einmischung der königlichen Gewalt erheischte.

Demungeachtet war die georgische Kirche mit ihren tausenden von weltlichen Priestern und Mönchen, Vasallen und Hörigen, Beamten und Soldaten ein Staat im Staate, der aber niemals aus seinen Grenzen trat und alle Jahrhunderte hindurch, in das nationale Staatswesen fest eingegliedert, sein treuer, unzertrennlicher Verbündeter blieb.

Wie jeder georgische Feudalherr, war auch der Katholikos ein Grossgrundbesitzer, aber natürlich der bedeutendste von allen; denn wie Brosset nachweist, umfasste der dem Domkapitel von Mzcheta gehörige Grundbesitz etwa 237 Dörfer, die mit allen ihren Insassen unter der ausschliesslichen Verwaltung des Katholikos standen. Diese Verwaltung war unantastbar, und kein königlicher Beamter hatte das Recht, sich in dieselbe einzumischen oder die „Söhne der Kirche", wie die Vasallen und Hörigen des Domkapitels von Mzcheta genannt wurden, mit Steuern oder Abgaben zu belegen. Auch die Gerichtspflege lag in den Händen des Katholikos, der ausserdem noch zur Landesverteidigung seine eigenen Truppen stellte, die sich allerdings im Kriegsfalle mit den königlichen vereinigten.

Die weltliche Bedeutung des Katholikos war also nicht viel geringer, als die geistliche, und es ist daher nicht zu verwundern, dass zu Trägern dieser hohen Würde meistens nur Angehörige der vornehmsten Adelsgeschlechter und oft auch königliche Prinzen gewählt wurden. Nach der Teilung des Reiches zersplitterte sich übrigens auch das Machtbereich des Katholikos, da Imeretien und andere Landesteile ihre eigenen Patriarchen einsetzten.

Eine andere Bildungsquelle als Byzanz gab es für die Georgier ebenso wenig, wie für die Armenier, und der Drang, aus ihr zu schöpfen, musste um so reger werden,

je mehr das georgische Christentum an Entwicklung zunahm. Mit der Ausbreitung der kirchlichen Lehre zogen
die griechische Sprache, griechische Gelehrsamkeit und
Kunst in Georgien ein und schufen im Laufe mehrerer
Jahrhunderte den Untergrund, auf welchem später ein natio-
nal georgisches Geistesleben erwachsen konnte.

Neben den Kirchen erstanden bald auch zahlreiche
Klöster, von denen einige vielleicht schon im zweiten und
dritten Jahrhundert nach der Bekehrung des Landes Schulen
zur notdürftigen Heranbildung von Geistlichen besassen.
Eine umfangreichere Bedeutung mögen die damaligen Kloster-
schulen schwerlich gehabt haben, und wenn auch über ihre
Einrichtung genauere Nachrichten fehlen, kann man doch
annehmen, dass ihr Wirkungskreis ein sehr beschränkter
war. Schriftkundig mögen im fünften und sechsten Jahrhundert vielleicht nur der König, die höhere Geistlichkeit
und einige der Grossen des Landes gewesen sein. Wie die
„Kartlis Zchowreba" berichtet, war es im fünften Jahrhundert Sitte, dass die königlichen Prinzen bei einem Grossen
erzogen wurden, aber diese Erziehung erstreckte sich wahrscheinlich nur auf ritterliche Übungen.

Bedeutend vermehrte sich die Zahl der Klöster nach
der Ankunft der „dreizehn syrischen Väter", welche im
fünften oder sechsten Jahrhundert nach Georgien kamen
und viel zur endgiltigen Befestigung des Christentums beitrugen. Sie gründeten mehrere Klöster, die fast alle noch
heute bestehen und daher auf ein Dasein von fast anderthalb Jahrtausenden zurückschauen. Fast alle „syrischen
Väter" haben in der Urgeschichte der georgischen Kirche
sowie des Klosterwesens unvergängliche Spuren zurückgelassen. Sie sind die idealen Vorbilder gottbegeisterter,
schlichter und ganz dem geistlichen Leben gewidmeter
Mönche, und ihr Andenken lebte ungetrübt fort durch die
Jahrhunderte, umstrahlt von einer schlichten, wenn auch
mystischen Poesie. Ein ganzer Kreis von Legenden knüpft
sich an die Namen dieser Männer, deren Leben und Wirken

auf den Geist und das Wesen der Klöster jener Zeit ein
helles Licht werfen und uns jene Einsiedeleien als die Horte
wirklicher Ideale erscheinen lassen.

Denn wenn sie auch zum grossen Teil auf hohen
Bergen oder in tiefen Wäldern erstanden, war doch das
Leben ihrer Bewohner in jenen Jahrhunderten, da der
Kampf zwischen der hinsterbenden Lichtreligion und dem
Christentum noch wogte, kein müssiges, und unter schweren
Entbehrungen und Nöten setzten die Mönche das Werk der
Mission fort, zu welchem sie kein anderer Zwang, als der
ihres eigenen Glaubens und ihrer Überzeugung antrieb.
Und als dieses dann beendet war, wirkten viele von ihnen
in demselben Geiste weiter, indem sie nach Kräften für die
Mehrung des kirchlichen Schrifttums ihres Landes arbeiteten.
Der Niedergang dieser klösterlichen Ideale trat vielleicht
schon um das Jahr 1000 ein, aber der allgemeine Verfall
des georgischen Klosterwesens ging erst viel später vor
sich, nämlich im 13. Jahrhundert, als die Horden der Mongolen Georgien bis in seine Grundlagen erschütterten. Bis
dahin blühten in zahlreichen Klöstern nicht nur Schulen,
sondern auch die kirchlichen Wissenschaften. Als solche
Pflegestätten nennt Alexander Zagareli *) im achten und
neunten Jahrhundert die Klöster im Gebiete von Ssamzche,
sowie die der Residenzen des Königs und des Katholikos,
während schon früher die georgischen Klöster in Jerusalem,
auf dem Sinai, in Byzanz und Syrien sich durch Übersetzungen und Vervielfältigungen kirchlicher Schriften betätigt hatten. Vom zehnten bis ins zwölfte Jahrhundert nimmt
die Zahl der an der Vermehrung der religiösen Literatur
schaffenden Klöster noch beträchtlich zu. In Georgien sind
es die von Tbeti, Chachuli, Ssafara, Apisa, Gelati, Martwili,
Ikalto, Gremi u. s. w. und im Auslande die auf dem Athos,
in Jerusalem, auf dem Sinai und an anderen Orten.

---

*) Mitteilungen über Denkmäler des georgischen Schrifttums,
St. Petersburg 1889 (russisch).

Der Einfluss der Klöster war also viele Jahrhunderte hindurch höchst segensreich für die Festigung der ersten Kulturgrundlagen, aber er war lange Zeit nur einseitig, und die Bildung, welche die Mönche und überhaupt die Geistlichkeit förderten, kam bis ins elfte Jahrhundert im grossen und ganzen nur der Kirche zu gute. Eine nachhaltigere allgemeinere Verbreitung der Bildung ist bis dahin nicht wahrzunehmen, und eben so langsam, wie der Ausbau des georgischen Reiches, ging auch die Entwicklung der Kultur von statten. Die Gründe hiervon lagen zum guten Teil in den politischen Zuständen. Byzanz und Persien stritten bis ins siebente Jahrhundert um den Besitz Georgiens, und nachdem Kaiser Heraklius im Jahre 627 auf dem Ruinenfelde von Niniveh die Macht der Sassaniden gebrochen hatte, traten bald darauf die nach Kaukasien vordringenden Araber an die Stelle der Perser. Ihre Herrschaft, welche allerdings nicht immer das ganze Land umfasste, währte ungefähr 400 Jahre und endete erst nach der Einnahme Jerusalems durch die Kreuzfahrer, als König David, der Wiederhersteller, im Jahre 1100 die letzte arabische Besatzung aus Tiflis vertrieb.

Die Einwirkungen der Araber auf die Hebung der georgischen Kultur mögen bedeutend gewesen sein. Ohne Zweifel trugen sie zur Belebung des Handelsverkehrs bei, und indem sie feinere Stoffe und Luxusgegenstände nach Georgien einführten, förderten sie die Verfeinerung der Lebensweise. Zwei wichtige Handelsstrassen führten von Bagdad zwar nicht nach Georgien, aber sie mündeten in seiner Nähe, in Trapezunt und am Kaspisee[*]), so dass also die Einfuhr arabischer Waren keinem Zweifel unterliegt. Auch die Seidenraupenzucht und die Seidenweberei scheinen die Georgier von den Arabern erlernt zu haben. Die Einführung der Verskunst wird ihnen gleichfalls zugeschrieben,

[*]) Kulturgeschichte des Orients unter den Chalifen von Alfred von Kremer. Wien 1877.

und wahrscheinlich ist es, dass sie über Heil-, Stern- und
Länderkunde einige Kenntnisse in Georgien verbreiteten.
Niko Chisanaschwili (Urbneli), der Verfasser eines vorzüglichen Werkes über König David, den Wiederhersteller
(Mepe Dawiti Aghmaschenebeli, Tiflis 1894, georgisch),
misst dem Einfluss der Araber auf die georgische Kultur
eine, wie mich dünkt, allzu weitgehende Bedeutung bei.
Jedenfalls kann sich dieser bis zu einer geistigen Vormund-
schaft schwerlich erhoben haben; denn zur Zeit der Araber-
herrschaft stand das georgische Volk noch im Zeichen des
kirchlichen Emporganges, und das nationale Leben wurde
von der nur Byzanz zugewandten Geistlichkeit geleitet.
Die einzigen Pflegestätten der Bildung waren die Kloster-
schulen, aus denen noch keine allgemein gebildeten Männer,
sondern nur Geistliche oder kirchliche Schriftgelehrte hervorgingen. Als das Bedürfnis nach umfangreicheren Kenntnissen zunahm, erwarben sich begabtere junge Leute solche
in den Schulen zu Byzanz, Antiochien und Athen, aber auch
für sie war die Wissenschaft der Wissenschaften die Theo-
logie, und sie kehrten in die Heimat zurück, um hier als
Priester zu wirken oder als Übersetzer für die Erweiterung
der heimischen kirchlichen Literatur zu arbeiten. Eine mehr
weltliche Bildung findet erst im zwölften Jahrhundert Eingang, als unter dem aufgeklärten David, dem Wiederhersteller, die arabische Wissenschaft im georgischen Geistesleben zu einiger Geltung kam.

. . Bis dahin trägt auch das Schrifttum ein ausschliesslich
kirchlich-religiöses Gepräge. Seine Grundlage in literarischer
und sprachlicher Hinsicht bilden die Übersetzungen der
Evangelien, deren älteste, noch handschriftlich erhaltene im
sechsten Jahrhundert entstanden sein sollen, während nach
der „Kartlis Zchowreba" schon zu Anfang des fünften Jahrhunderts für den König Artschil eine Übersetzung der
Apostelgeschichte und der Evangelisten ausgeführt wurde.

. Die erste Übersetzung der Bibel entstand in der
zweiten Hälfte des zehnten Jahrhunderts, und obgleich die-

selbe heute in unvollständigen Abschriften vorliegt, sucht doch Alexander Zagareli nachzuweisen, dass sie vollzählig war.

Noch vor dem Jahre 1000 erschienen zahlreiche Übertragungen von dogmatischen und liturgischen Schriften, Erbauungsbüchern und Lebensbeschreibungen der Heiligen. Der letzteren sind sehr viele, und wie es scheint, wurden auch die von Georgiern geschriebenen nach griechischen Quellen verfasst. „Sie bildeten schon in der ersten Zeit nach Einführung des Christentums die Lieblingslektüre der Georgier und wurden in so grosser Anzahl zusammengestellt und abgeschrieben, dass ihnen kein anderer Zweig des altgeorgischen Schrifttums an Reichtum der Denkmäler gleichkommt." *)

Die meisten Synaxarien entstanden erst mehrere Jahrhunderte nach dem Tode des betreffenden Heiligen, so dass ihr geschichtlicher Wert im allgemeinen gering ist. Auch wurden sie, wie Alexander Chachanow ausführt, zum grossen Teil nach schematischen Mustern geschrieben, wobei zwei, drei Tatsachen den einzigen geschichtlichen Untergrund bilden. Diesen Heiligenleben reihen sich später Mönchsleben an, und sie werden mit längeren Unterbrechungen bis ins 17. Jahrhundert fortgesetzt. Die Kritiklosigkeit, welche Karl Krumbacher an der byzantinischen Hagiographie rügt, tritt in der georgischen vielleicht noch mehr zu Tage und schwindet auch in späterer Zeit noch nicht aus den Lebensbeschreibungen solcher Personen, welche nahe Zeitgenossen ihrer Verfasser waren.

Die wichtigsten Hagiographien sind die der heiligen Nino, welche in mehreren Abfassungen vorliegt, die des heiligen Abo und des heiligen Georg, welcher von den Georgiern als der höchste Schutzpatron verehrt wird.

Auch über das Leben und Wirken der georgischen Kirchenväter und Kirchenlehrer existieren Schilderungen,

---

*) Alex. Chachanow, Skizzen über georgische Literaturgeschichte.

die jedoch gleichfalls von den obengenannten Mängeln nicht
frei sind. Die Zahl dieser Männer ist bedeutend, und wenn
sich auch nicht alle durch Gelehrsamkeit und fleissige Vermehrung des Schrifttums auszeichneten, war doch ihr
Lebenswandel und ihr Einfluss für die Verbreitung der
christlichen Lehre bedeutsam, und ihr Andenken wird immer
fortbestehen in der Geschichte der georgischen Kirche und
der ursprünglichen Kulturentwicklung des Landes. Alle
gehörten der Klostergeistlichkeit an und wohnten zum Teil
in abgelegenen Einsiedeleien auf hohen Bergen oder in
Wäldern, wo nur selten der Lärm des Lebens hindrang.
Das Mönchtum war für die georgische Kirche die eigentliche
Stütze, Schutzwehr und Erhalterin, während die weltliche
Geistlichkeit nur wenig beitrug zur Förderung der Bildung,
und auch stets an solcher hinter den Mönchen weit zurück
stand.

Dass viele georgische Klöster im Laufe der Zeit wirk-
liche Pflanz- und Pflegestätten der Bildung waren, ist eine
unumstössliche Tatsache. Auch mag es nur der Drang nach
Wissen gewesen sein, der georgische Mönche bewog in die
Ferne zu ziehen und in der Diaspora der griechischen Kultur
Klöster zu gründen, in welchen ein grosser Teil von Übersetzungen griechischer Werke das Licht der Welt erblickte.
Die bedeutendsten derselben waren das Kreuzkloster in
Jerusalem, das auf dem Sinai und schliesslich das georgische
Kloster (Iwiron) auf dem Athos. An diese fernen Orte
wanderten Jahrhunderte hindurch georgische Mönche und
arbeiteten hier in der Stille, aber versorgt mit allen damals
zu Gebote stehenden Hilfsmitteln, für die heimatliche Kirche
als Übersetzer oder Abschreiber.

Im Kreuzkloster zu Jerusalem fand Alexander Zagareli,
welcher dasselbe im Jahre 1883 besuchte, noch gegen
150 georgische Handschriften, ausschliesslich theologischen
Inhalts. Weniger zahlreich sind die, welche auf dem Sinai
die Jahrhunderte überdauert haben, aber auch hier wurde
einst emsig geschafft, und die zwischen syrischen, abessi-

nischen, arabischen und armenischen in einem feuchten
Keller aufbewahrten georgischen Handschriften zeugen
dafür, dass jene schlichten Mönche der fernen Vorzeit kein
blosser Wandertrieb aus dem naturschönen Iberien in diese
felsige Wüste führte. Das berühmteste und wichtigste war
jedoch das Kloster auf dem Athos, welches seit seiner
Gründung im 10. Jahrhundert lange Zeit hindurch gewissermassen die Hochschule für die georgische Geitlichkeit blieb.
Hier genossen viele der hervorragendsten georgischen
Kirchenlehrer ihre weitere Ausbildung, und viele religions-
wissenschaftliche Arbeiten von Bedeutung wurden hier
ausgeführt.

Gleichzeitig widmeten sich auch die in der Heimat
verbliebenen Mönche der Übertragung oder auch der Vervielfältigung schon übertragener kirchlicher Bücher. An
den Schlusssätzen der meisten erhaltenen Handschriften ist
nicht nur der Name des Abschreibers, sondern auch der des
Klosters angegeben, welchem er zugehörte. Auf diese Weise
lässt sich in allen georgischen Provinzen eine stattliche Reihe
von Klöstern aufzählen, deren Bewohner die damals schon
hochgeschätzte und für ein frommes Werk geltende Kunst
des Abschreibens ausübten. Fast immer bittet der Kopist
den Leser seiner in seinem Gebete zu gedenken, wie z. B.
„Ihr, die ihr mein Buch benutzet, bittet um Gnade für
mich, denn die Arbeit bleibt, aber der Arbeiter geht von
dannen.“

Schon in den ältesten georgischen Handschriften zeigen
sich Anfänge der Miniaturkunst, die je nach dem Orte, wo
die Abschrift entstand, egyptische, byzantinische und auch
persische und arabische Motive enthalten. „In den georgischen Miniaturen finden sich besonders Pflanzenverzierungen,
Guirlanden, Zweige, Blumen und Blätter, nämlich Verzierungen, welche der georgischen Malerei und Baukunst eigen
sind.“ (Chachanow).

Die bedeutendsten und fruchtbarsten Kirchenschrift-
steller von der Einführung des Christentums bis ins zwölfte

Jahrhundert waren der heilige Euphemios und sein jüngerer
Vetter Georg Mtazmindeli (vom heiligen Berge = Hagion
Oros) deren ersterer im Jahre 1028 starb, während der
letztere im Jahre 1014 geboren wurde. Beide zeichneten
sich auch durch ihren christlichen Lebenswandel aus, erwarben sich auf langen und weiten Wanderungen reiche
Kenntnisse und Erfahrungen und standen ohne Zweifel auf
der höchsten Bildungsstufe ihrer Zeit als Festiger jener
Kulturströmung, welche das georgische Volk innerlich
stärken und gegen den Anprall des Islam stählen sollte.
Unter vielen anderen waren sie die tatkräftigsten Bahnbrecher griechischer Religionswissenschaft und gleichzeitig
die ersten georgischen Schriftsteller, die einen dauernden
und weitgehenden Einfluss ausübten.

Dem heiligen Euphemios werden ungefähr fünfzig
Übersetzungen griechischer Werke zugeschrieben, darunter
viele Heiligenleben, lyturgische und dogmatische Schriften.
Fast ebenso gross ist die Zahl der Übertragungen, mit
welchen Georg Mtazmindeli die kirchliche Literatur seines
Vaterlandes bereicherte. Das Wirken dieses Mannes galt
jedoch nicht nur der Kirche im engeren Sinne, sondern
überhaupt der Förderung der Kultur, und die festen ethischen
Grundsätze, für deren Verbreitung er rastlos tätig war,
scheinen viel zum späteren Emporgang des georgischen
Volkes beigetragen zu haben.

Neben der streng theologischen Wissenschaft wurde
im zehnten, elften und zwölften Jahrhundert auch Geschichte
und Philosophie nach griechischen Quellen getrieben. Die
letztere kann aber nichts weiter als eine streng auf den
kirchlichen Dogmen aufgebaute Moralphilosophie gewesen
sein, an deren Ausarbeitung sich die georgischen Kirchenlehrer, der heilige Johannes, Euphemios und Georg Mtazmindeli durch ihre Predigten beteiligten. Die damals schon
übersetzten Schriften des Johannes von Damaskos mögen
dieser Kirchenphilosophie eine feste Richtung gegeben haben,
wie überhaupt die georgische Kirche eine treue Tochter

der byzantinischen blieb. Daher ist auch von einem eigentlich griechischen Einfluss auf Georgien keine Rede. Derselbe hatte jederzeit eine echt byzantinische Prägung, und eine Abweichung ist im Laufe der Jahrhunderte [nicht wahrzunehmen. Die Autoritäten, auf welche sich die byzantinische Kirche stützte, waren auch für die Georgier die alleinig anerkannten, sie blieben die Grundsäulen, an welche sich der weitere Ausbau der georgischen Kirche fest anlehnte, und kein georgischer Schriftgelehrter unternahm es, den Forschungen der ersten grossen Kirchenväter eigene hinzuzufügen. Johannes Chrysostomos, Basilios der Grosse, Gregor von Nazianz, Johannes von Damaskos und der heilige Ephräm waren die Leuchten, welche Jahrhunderte lang in den georgischen Klöstern unaufhörlich und unverändert dasselbe Licht verbreiteten. In gleicher Weise hielten sich die Georgier jener Zeit stets fest an die Beschlüsse der griechischen Kirchenversammlungen und nahmen in keiner Weise teil an den religiösen und geistigen Bewegungen, die ab und zu im oströmischen Reiche die Gemüter bewegten. Selbst polemische Schriften sind wenige und fast nur als Übersetzungen vorhanden.

Man darf annehmen, dass ungefähr um das Ende des 11. Jahrhunderts der Ausbau der georgischen Kirche und der christlichen Kultur so weit vorgeschritten war, dass im nationalen Leben schon feste Grundlagen existierten, welche nun einen sicheren Emporgang desselben ermöglichten.

Über die wirtschaftlichen Zustände des Landes in den letzten Jahrhunderten vor der Thronbesteigung David des Wiederherstellers besitzen wir nur wenige ungenaue Nachrichten, wogegen die Chronik über die politische Geschichte ziemlich ausführlich berichtet.

Unter Bagrat III., aus dem Hause der Bagratiden, deren erster im Jahre 575 den georgischen Thron bestieg, war Georgien mächtig und blühend, und seine ganze Regierungszeit (980—1014) hindurch erlitt die Kräftigung des Reiches keine Unterbrechung. Die Gründung des gross-

georgischen Reiches mit Apchasien, Meschien und den ostgeorgischen Landesteilen begann unter ihm, aber er war
keineswegs überall unbeschränkter Herrscher; denn die
Eristawen oder Statthalter, welche dem Hochadel angehörten,
besassen in ihren Gebieten eine Macht, die von Selbständigkeit nicht weit entfernt war.

Der Schwerpunkt des Staates und des nationalen
Kulturlebens lag jetzt im Westen, in Imeretien, Mingrelien
und Meschien, nämlich in den Landesteilen, welche dem
Einfluss der byzantinischen Kultur zugänglicher waren. Hier
war auch die Residenz des Königs in Kutais, in welchem
damals griechische Baumeister die prächtige Domkirche,
den grossartigsten und kunstreichsten Bau des mittelalterlichen Georgiens aufführten, für dessen Ausschmückung
Bagrat III. und sein Sohn und Nachfolger Bagrat IV. grosse
Summen verwandten. Byzanz lieferte nicht nur die Baumeister, sondern auch die Maler, woraus sich schliessen
lässt, dass die Künste in Georgien noch auf einer niedrigen
Stufe standen. Auch die Heiligenbilder wurden, wie es
scheint, vielfach aus der oströmischen Hauptstadt bezogen.
Wenigstens ist in den erhaltenen Urkunden über die Herstellung von Bildern durch heimische Künstler nichts zu
finden. während von der Einführung solcher aus Konstantinopel oft die Rede ist.

Wie aus der Chronik und auch aus den Berichten
byzantinischer Schriftsteller hervorgeht, herrschte im 11. Jahrhundert, besonders in Westgeorgien, eine rege Bautätigkeit.
Nicht nur zahlreiche Burgen, Kirchen und Klöster wurden
aufgeführt, sondern auch Städte angelegt, wie Achalkalaki
und Achalziche. Burgen besassen fast alle bedeutenderen
Feudalherren, aber wie an zahlreichen, noch heute nicht
völlig zerfallenen Ruinen zu ersehen ist, waren es schwer-
fällige Baue ohne jeglichen Stil, in denen sich wahrscheinlich auch die innere Einrichtung durch grosse Einfachheit
auszeichnete.

Eine an Kunst erinnernde Zivilbauart scheint also ge-.

fehlt zu haben, und der byzantinische Einfluss fand in dieser
Hinsicht in Georgien einen unfruchtbaren Boden; denn in
diesem Lande der Ritter und Ackerbauer, welches fast nur
Dörfer und beinahe gar keine Städte enthielt, wurde bei
der Errichtung menschlicher Behausungen höchstens die
Sicherheit, und auch diese nur dort in Betracht gezogen,
wo die Natur selbst zu Hilfe kam. Daher entstanden auch
die meisten Burgen auf mehr oder weniger schwer zugänglichen Bergen und in Gegenden, wo Bausteine leicht zu
beschaffen waren. In den Niederungen am Schwarzen
Meere, wo diese fehlten, begnügte man sich mit leichten
Holzbauten, und feste Schlösser gehörten zu den seltenen
Ausnahmen.

Anders stand es um die Kirchenbaukunst. Der Geist
der Zeit und auch die von Byzanz kommende Anregung
riefen auf diesem Gebiete eine wirkliche Kunst hervor und
drängten die Menschen, wenigstens an gewissen Orten,
solche Baue zu schaffen, die ihr eigenes religiöses Gefühl
befriedigen und als Denkmäler ihrer Frömmigkeit die Jahrhunderte überdauern konnten.

Das Ergebnis des byzantinischen Einflusses, welches
im 11. Jahrhundert, nämlich vor dem Eintritt der nationalen
Glanzzeit Georgiens, zu Tage tritt, ist bedeutend, und ohne
Übertreibung kann man die georgische Kultur bis zu jener
Zeit als eine Tochter der byzantinischen bezeichnen.

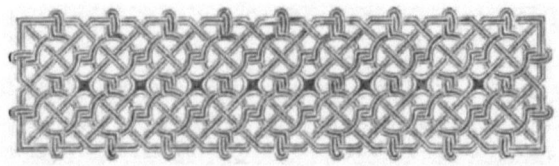

III.

Festigung des Reiches und der nationalen Kultur

D er bisherige Entwicklungsgang des georgischen Volkes hatte seit der Annahme des Christentums fast un- unterbrochen dieselbe byzantinisch-christliche Richtung bewahrt, und andere Einflüsse sind nur in geringem Masse wahrzunehmen. Ohne Zweifel waren auch armenische Ein- wirkungen nach Georgien gelangt, die infolge des nachbar- lichen Verkehrs vielleicht an den Südgrenzen des Landes belangreich waren, aber bei dem gegenwärtigen Stande der Forschungen lassen sie sich nur durch wenige Tatsachen nachweisen. Bedeutend erscheint der Einfluss der Araber, aber eine engere Beziehung zum geistigen Leben mag er erst gegen Ende des elften und zu Anfang des zwölften Jahrhunderts erreicht haben.

Die Georgier teilen ihr altes Schrifttum gewöhnlich in zwei Abschnitte, deren ersterer sich vom siebenten bis zum dreizehnten Jahrhundert, nämlich bis zur Regierungszeit der Königin Tamar erstreckt. Diese Einteilung ist jedoch einiger- massen willkürlich und nur auf den Umstand zu begründen, dass nachweisbar im 13. Jahrhundert die weltliche Poesie ihren Anfang nahm, während die geistige und kulturelle Strömung, welche jenen Umschwung in der georgischen Literatur vorbereitete, gewiss schon im elften Jahrhundert eingesetzt hatte.

Gewiss waren die Grundlagen dazu schon unter David, dem Wiederhersteller, zu Anfang des zwölften Jahrhunderts vorhanden, und es ist mehr als wahrscheinlich, dass schon in dieser Zeit die lyrische Dichtkunst blühte, da das Erscheinen eines so formvollendeten und von hohem Kunstsinn des Verfassers zeugenden Werkes wie „Der Mann im Tigerfelle" von Rustaweli (im 13. Jahrhundert) ohne Vorgänger gar nicht zu denken ist.

David III., welcher das durch die Türken, Byzantiner und Araber zerrissene Reich vereinigte, erweiterte und befestigte, war vielleicht der aufgeklärteste und tatkräftigste von allen georgischen Königen. In seinem Handeln, Wirken und Streben liegt ein sicheres Zielbewusstsein, ein tiefer, sittlicher Ernst und eine in jenen Zeiten seltene Duldsamkeit gegen Andersgläubige.

Liest man über ihn den Bericht des mohamedanischen Schriftstellers El Aini, so denkt man unwillkürlich an den grossen Hohenstaufen Friedrich II. Wie dieser den von Sizilien nach Apulien übergesiedelten Arabern seiner Zeit und seiner Umgebung zum Trotz völlige Religionsfreiheit zugestand, gewährte auch David den mohamedanischen Bewohnern von Tiflis die freieste Ausübung ihrer religiösen Gebräuche und behandelte sie rücksichtsvoll und mit der grössten Schonung, ohne jemals ihre Sitten und Sprache anzutasten. Wie El Aini erzählt, „besuchte David mit seinem Sohne Dimitri jeden Tag die Hauptmoschee, wo er das Gebet für den Herrscher und das Lesen des Korans anhörte. Er beschenkte den Chatib und die Muezzins, baute Herbergen für die Fremden, Häuser für die Prediger, Sufis und Dichter, und setzte ihnen Gehälter aus. Er achtete die Mahomedaner mehr, als sie die mahomedanischen Fürsten geachtet hatten.

Eine gleiche Duldsamkeit legte er den Armeniern gegenüber an den Tag. „Dieser Fürst", sagt der armenische Geschichtsschreiber Wartau, „hegte keine Abneigung gegen die Gebete und die Kirche der Armenier, und oft legte er sein Haupt in unsere Hände und bat um unsern Segen."

Dieser Philosoph auf dem Throne, der gleichzeitig ein weitschauender Politiker, tüchtiger Feldherr und umsichtiger Haushalter war, regierte Georgien 36 Jahre lang und verlieh ihm neben dem Glanz der Macht auch den des Wohlstandes und der Kultur.

Als er im Jahre 1089 den Thron bestieg, glich das Land einer Wüste; denn unter seinem schwachen Vorgänger Georg II. hatten es die Türken erobert und verwüstet, grosse Massen seiner Bewohner niedergemetzelt und ihrer Habe beraubt. Das Volk war entmutigt, niedergeschlagen und zur Verteidigung unfähig. Da erschien David, und er war, wie der Chronist sagt, „wie die Morgenröte einer besseren Zeit."

Mit kräftiger Hand ergriff er die Zügel der Regierung und führte Zucht und Ordnung ein. Zuerst stellte er das Ansehen der Kirche wieder her, indem er unwürdige Geistliche ihrer Ämter entsetzte, was kein leichtes war, da die meisten angesehenen Adelsfamilien angehörten. Aber diese Säuberung war für die Gesundung des Staates von der höchsten Wichtigkeit; denn nach den Worten der Chronik „waren die heiligen Kirchen Räuberhöhlen geworden . . . habsüchtige Männer verwalteten die Bistümer, und dieses Recht hatten sie nicht durch Verdienste, sondern eher durch Erbschaft erlangt. Ihnen glichen die Geistlichen, welche sie einsetzten. Sie begingen Vergehen und Verbrechen aller Art."

Unter seiner Regierung erstarkte Georgien wie nie zuvor, und Ordnung und Gesittung walteten im Lande. „Jedes unkeusche Lied, jedes wüste Gelage war aus dem königlichen Heere gebannt." Niemand wagte die Gesetze zu übertreten und sich zu empören. Und allen ging der König mit gutem Beispiel voran. „Er gönnte seinen Augen keinen Schlaf und seinem Körper keine Ruhe. Er fröhnte weder Vergnügen noch fleischlichen Lüsten und verlangte weder nach Getränken noch üppigen Mählern, weder nach Gesang noch Gelagen."

Gern las er, und auf seinen Feldzügen führte er stets
mehrere mit Büchern beladene Maultiere mit sich. Auch
nach dem Abendessen pflegte er zu lesen und selbst auf
der Jagd vor Beginn des Treibens.

Über den Zustand der georgischen Kultur zu David,
des Wiederherstellers, Zeit haben sich nur karge Berichte
erhalten, aber sie zeugen von umfangreicher, geistiger Arbeit, die nicht wie früher nur der Kirche nützte.

Schon der Umstand, dass wenigstens in einigen Schulen
die arabische Sprache gelehrt wurde, beweist, dass die
Bildung allgemeinere Zwecke verfolgte und aus dem engen
Kreise kirchlicher Fächer herausgetreten war. Nach dem
Zeugnis späterer Schriftsteller sollen in dieser Zeit allein in
Ostgeorgien drei höhere Schulen bestanden haben, deren
Leitung in den Händen ausgezeichneter Männer lag. So
lehrte in Gremi (Kachetien) der „wahre Philosoph" (Tschesch-
mariti pilosopi) Johannes Tschirtschimeli, genannt Petrizi,
welcher in Athen studiert hatte und sich auch als religiöser
Dichter, Sprachlehrer und Übersetzer des Aristoteles und
anderer griechischer Schriftsteller hervor tat. Die Schule
von Ikalto in Kachetien gründete und leitete Arsen, der
Hausgeistliche des Königs, welcher vom Katholikos Anton,
einem im 18. Jahrhundert lebenden Schriftsteller, als begabter Philosoph, Theologe und Lehrer der Redekunst gepriesen wird. Er verfasste die Beschlüsse der von David,
dem Wiederhersteller, einberufenen Kirchenversammlung,
sowie eine „Geschichte des Abfalles der Armenier von der
rechtgläubigen Kirche".

Zu den hervorragenden Männern des zwölften Jahrhunderts gehört noch Johannes Taritschidse, welcher unter
anderem die Dialektik des Aristoteles übersetzte.

Wie es scheint, nahm das Studium der Philosophie im
damaligen Georgien einen wichtigen Platz ein, aber wie in
Byzanz wurde dasselbe von Aristoteles und Plato beherrscht
und bewegte sich nur im Kreise um diese beiden. Von
einer selbständigen Auslegung beider ist jedoch keine Spur

zu finden. „Ihrem (der Georgier) philosophischen Denken
fehlt die Selbständigkeit. Daher verehren sie Plato und
Aristoteles und sind ihnen sklavisch ergeben, als wäre es
eine Todsünde, ihnen zu widersprechen," sagt ganz richtig
Niko Chisanaschwili (Urbneli) in seiner gehaltvollen Ab-
handlung „Dawiti Aghmaschenebeli" (David, der Wiederhersteller).

Wichtig und zwar nicht nur in kirchlicher, sondern
auch in ethischer Hinsicht sind die Beschlüsse der von
König David einberufenen und beeinflussten Kirchenversammlung, welche unter dem Namen „Dseglis-Zera (Säulenaufschrift) als das älteste Denkmal georgischer Gesetzgebung
bekannt sind. Zunächst betreffen dieselben die Missbräuche
der Geistlichkeit, die unrechtliche Besetzung geistlicher
Ämter, die Klosterordnung, und richten sich scharf gegen
die Verschmelzung des Lehnwesens mit der Kirche, in
welcher bis dahin zahlreiche Feudalherren nachhaltige
Stütze zur Erweiterung ihrer Macht und ihres Einflusses
gesucht und gefunden hatten. Sodann regeln sie die Ehe-
verhältnisse und enthalten auch Bestimmungen, die zum
Teil in das bürgerliche Leben eingreifen.

Wie David, der Wiederhersteller, nicht nur als auf-
merksamer Beobachter mitten im Leben seiner Zeit stand,
sondern diesem auch seine Grundsätze anzupassen bemüht
war, sehen wir ihn gleichfalls in der Literatur und Kunst
persönlich mitwirken.

Die von ihm vielleicht schon im Alter verfassten „Buss-
lieder" sind „durchdrungen von tiefem Gefühl und religiöser
Begeisterung" (Al. Chachanow), Demut, Reue und dem Bewusstsein eigener Nichtigkeit. Es sind religiöse Lieder, die
ganz und völlig seinen asketischen Charakter, dem mystischen
Zuge seiner Weltanschauung und dem Geist der besten
seiner Zeitgenossen entsprachen. Auch sein „Testament"
atmet gleichen Sinn und gleiche Denkart, auch hier zeigt
er sich als demütiger, reuiger Sünder und weist mit Trauer
hin auf die Vergänglichkeit aller irdischen Dinge.

Ein tiefer, etwas mystischer Ernst liegt auf dem Georgien Davids, des Wiederherstellers, kein weltlicher Freuden-
ton klingt im Leben seiner Zeit, und doch mag die Ver-
weltlichung der geistigen Kultur schon damals begonnen
haben. Die sittlich strenge und religiöse Einschränkung des
Lebens, wie er sie erstrebte, konnte von keinem seiner
Nachfolger weiter geführt werden, sie musste scheitern am
lebhaften Geblüt und an der Sinnlichkeit seines Volkes.
Dieses verlangte zu jeder Zeit nach Lebensgenuss, und die
übermässige Lust am Leben leitete es sehr oft zu dessen
Zerrüttung, und es ist kaum anzunehmen, dass es den von
David vorgezeichneten Pfad hätte weiter verfolgen können,
wenn auch sein Nachfolger ebenso tatkräftig gewesen wäre
wie er.

Die Festigung des Reiches, welche dieser König zu
stande brachte, hob natürlich den Wohlstand, aber vielleicht
förderten ihn noch mehr seine Kriege, die doch eigentliche
Eroberungskriege waren und viel zur Bereicherung des
Landes und besonders auch des Adels beitrugen. Die Zeit-
chronik erzählt von ungeheuerer Beute, welche die Georgier in diesen Feldzügen machten. „Unser Lager oder
richtiger gesagt, das ganze Reich war angefüllt mit Gold
und Silber, mit arabischen Pferden, syrischen Mauleseln,
Zelten, Teppichen und Stickereien, prächtigem Kriegsgerät
jeder Art, Musikinstrumenten, prächtigen Trinkbechern,
Badewannen und Kochgeschirr."

. . Bei dieser Mehrung des Wohlstandes, wenn auch
vielleicht nur des Adels, musste die Lebensfreude von
selbst wieder in ihre Rechte treten und der asketische
Geist, welchen David seinen Zeitgenossen einflösste, wieder
schwinden.

Zum erstenmale stimmt jetzt ein Dichter weltliche
Lieder an, und höchst wahrscheinlich folgten seinem Bei-
spiele andere, aber ihre Werke und Namen sind verschollen.
Nur eines Dichters erwähnt die Überlieferung. Er soll
Dsagnakoreli geheissen haben und am Ufer der Aragwa-

heimisch gewesen sein, aber über den Wert und die Art seiner spurlos verschwundenen Dichtungen schweigen die Berichte.

Als eifriger Beschützer der Kirche sorgte König David auch für ihre Verherrlichung und liess unter anderen die Domkirche zu Gelati bei Kutais erbauen, in welcher er auch seinem Wunsche gemäss seine letzte Ruhestätte fand. Dieselbe gehört zu den bedeutendsten Denkmälern der mittelalterlichen Baukunst in Georgien und ist heute die reichste Sammelstätte kirchlicher Kunstwerke, welche zum guten Teil dem zwölften Jahrhundert angehören mögen. Von den Wandgemälden bis auf die goldenen Altarbilder und die in der Schatzkammer aufbewahrten Priestergewänder und die Perlenkrone der imeretischen Könige trägt alles hier ein stark byzantinisches Gepräge und zeigt, wie besonders das westliche Georgien von Byzanz beeinflusst wurde. Das hier zu König Davids Zeit errichtete Kloster erwuchs bald zu einer bedeutenden Pflegestätte der Wissenschaft, weshalb es in der Chronik als ein neues Athen gepriesen wird.

Auch für die wirtschaftliche Hebung seines Landes sorgte David. Unbewohnte Landstrecken besiedelte er mit Kiptschaken, und um den Handel zu beleben, veranlasste er den ersten Zuzug armenischer Kolonisten, welche sich zum grössten Teil in Tiflis niederliessen und für viele Jahrhunderte die alleinigen Kaufleute und Gewerbetreibenden des Landes wurden. Von nun an treten im nationalen Leben der Georgier auch armenische Einwirkungen in Tätigkeit, aber bei der nahen Verwandtschaft beider Kulturen heben sie sich nicht immer deutlich genug vom Gesamtbilde ab, um ihrer Tragweite nach beurteilt werden zu können. Dr. Marr, ein tüchtiger Forscher der georgisch-armenischen Vergangenheit, der beide Völker stammverwandt nennt, verficht die Ansicht, dass ihre gegenseitige Beeinflussung auch in den ersten Jahrhunderten nach Annahme des Christentums eine sehr rege war und eigentlich niemals aufhörte. Diese Ansicht scheint allerdings in manchen Beziehungen der Wirklichkeit zu entsprechen, aber fest steht, dass sich die Georgier von den Armeniern in fast allen bildsamen menschlichen Eigenschaften immer mehr entfernten, bis sie einander nicht nur völlig unähnlich, sondern fremd wurden.

Das Leben David, des Wiederherstellers, wie es uns in der von Wachtang VI. herausgegebenen Chronik „Kartlis Zchowreba" vorliegt, ist ausführlicher und kunstvoller geschildert als fast alle anderen Abschnitte dieses Geschichtswerkes. Die literarische Beschreibung seines Lebens und Wirkens scheint natürlich einem georgischen Schriftsteller des 18. Jahrhunderts zuzugehören, aber jedenfalls verfügte derselbe über einen reichen aus der Vergangenheit überkommenen Quellenstoff. An vielen sozusagen intimen Einzelheiten erkennt man, dass auch die Uraufzeichnung reichhaltig war, und es ist bedauernswert, dass alle über das 14. Jahrhundert zurück reichenden schriftlichen Darstellungen der georgischen Geschichte fast gänzlich verschwunden sind. Bis zur Zeit der Königin Tamar wären dieselben die einzigen Werke weltlichen Charakters, aber sie fehlen und lassen sich keineswegs durch vereinzelte Urkunden und Inschriften ersetzen. Eine Chronik, sei sie noch so plump geschrieben, ist immer ein literarisches Denkmal, während kurze, kirchliche Urkunden, Erlasse und Inschriften nur als Beweismittel zur Feststellung einzelner Tatsachen angesehen werden können. Die Lücke, die sich auch in Davids bewegter Zeit auftut, ist gross und verschleiert vor uns einen bedeutenden Teil des literarischen Schaffens jenes Jahrhunderts.

IV.

Das Zeitalter der Königin Tamar

(1184—1212.)

Die Regierungszeit dieser Königin bildet den Gipfel-
punkt in der Machtentfaltung und im Kulturauf-
schwunge Georgiens. Seit David, dem Wiederhersteller, befand sich dieses Land in einem ununterbrochenen
Emporgange, um bald nach Tamarens Tode, nach ungefähr
120 Jahre während der Blütezeit wieder zu sinken und schliesslich einem langen Siechtum zu verfallen.

Als Tamar im Jahre 1184 den Thron der Bagratiden
bestieg und das Erbe ihrer Vorfahren antrat, war der Staat
längst erstarkt, sein Umfang erstreckte sich weit über die
georgischen Sprachgrenzen hinaus, und seine Bewohner
lebten dank der geordneten Zustände, welche seit längerer
Zeit walteten, in nicht geringem Wohlstande. Allerdings
übte sie durch ihre persönlichen Eigenschaften auf ihr Volk
den günstigsten Einfluss aus, aber es hiesse die Tatsachen
und vor allem die Bedeutung ihrer Zeitgenossen verkennen,
wollte man in ihr die Haupturheberin der damaligen Grösse
ihres Vaterlandes erblicken. Diese lag vielmehr in der
Tätigkeit, Tüchtigkeit und Gesittung der damaligen Georgier,
in ihrer zu einer ausgeprägten Eigenart gereiften Kultur

und in dem seit David in ihnen entwickelten Bewusstsein eigener Kraft, Grösse und Würde.

Tamar war schön, sanftmütig und von unwiderstehlicher Weiblichkeit, und diesen Eigenschaften verdankte sie gewiss zum Teil die Erfolge, welche sie ihren Untertanen und auch ihren Feinden abrang. Die Zeitgenossen rühmen sie auf die überschwenglichste Weise, die Dichter besangen sie, und die Chronik schildert ihr Wirken folgendermassen: „Sie herrschte in ihrem Lande in solcher Ruhe, wie man sie vor ihr niemals gekannt hatte. Sie behauptete sich im Vollbesitz ihres Erblandes, ohne jemals Strenge oder Zorn zu zeigen, ohne Unruhe oder Bedrängnis für sich selbst bändigte sie trotzige und unbotmässige Männer und hielt sie in Schranken. Die anderen Züge ihres Charakters und ihrer Handlungsweise, ihre Erfolge in der Vergrösserung der Erbschaft ihrer Väter, ihre Fähigkeit zu tatkräftigen Unternehmungen, ihre Kriegstaten, bald zu Pferde, bald zu Fuss, ihre Reden, welche Ruhe, Sanftmut und Mässigung atmeten, ihre weisen Antworten, alles dies wird in ihrer Geschichte geschildert."

Sie regierte ihr Land mit Klugheit und Umsicht und liess dabei eine für jene Zeiten ganz ungewöhnliche Milde und Menschlichkeit walten. Der Adel und die Bauern waren ihr treu ergeben und anhänglich, das Heer zog mit Begeisterung in den Kampf und kehrte fast immer siegreich zurück. Alle ihre Feldzüge endeten glücklich und führten eine bedeutende Vergrösserung des georgischen Staates und Erweiternng seines politischen Einflusses herbei.

Als Tamar starb, konnte man auf jedem Hause Gedichte lesen, die ihren Namen priesen. Ihr Lob fand man als Verzierung auf Siegeln, Schwertern und Musikinstrumenten geschrieben. Jahrhunderte hindurch übte dieser Königin Name einen mächtigen Zauber aus, er klang in zahlreichen Liedern und Sagen, ihre Zeit wurde als die goldene Zeit Georgiens verherrlicht und sie selbst als der Inbegriff alles Grossen, Edeln und Erhabenen verehrt. Wie

bei den Byzantinern Konstantin I. und bei den Persern
Rustem wurde in Georgien die Königin Tamar als die Ur-
heberin aller grossen Taten und Werke, deren Ursprung
dunkel war, gefeiert. Sie war in der Meinung der Nachkommen die Verkörperung des höchsten Ruhmes Georgiens,
und doch war sie nur das Haupt einer glänzenden Reihe
von Männern, die durch die Zustände und Umstände be-
günstigt eine viel erfolgreichere Tätigkeit entfalten konnten,
als es ihren Vorfahren vergönnt gewesen war.

Die Grundlage, auf welcher zu ihrer Zeit der endgültige Ausbau der mittelalterlichen Kultur Georgiens, seiner
Grösse und Macht zu stande kam, war durch hundert-
jährige Arbeit, durch gute Verwaltung des Landes, durch
Zucht und Ordnung vorbereitet worden. Tamar war also
nur die Vollenderin des grossen Werkes, durch welches
das georgische Volk seine Kulturfähigkeit und den Wert
seiner Rasse vor der Welt bekundete.

Die Männer, welche ihre Regierung verherrlichen halfen,
waren zahlreich, und gehörten verschiedenen Ständen und
Berufen an. Drei Würdenträger der Kirche, die Bischöfe
und „Sterne der Beredsamkeit" Nikolos Gulambridse und
Anton Sagiridse und der sanftmütige, gerechte und recht-
schaffene Anton von Gelomi, der spätere Katholikos, standen
als würdige Leiter an der Spitze der Geistlichkeit, beeinflussten ohne Zweifel auch das Unterrichtswesen und waren
die nächsten Ratgeber der Königin. Eine stattliche Reihe
von tüchtigen Heerführern erhöhte und befestigte das Ansehen Georgiens nach aussen. Der Oberbefehlshaber aller
Truppen war der Armenier Sarkis Mchargrdseli. Ihm zur
Seite standen drei seiner Anverwandten, sodann David Sos-
lani, der zweite Gemahl der Königin, Asat Grigolidse,
Wartan Dadian und andere. Auch Dichter und wahrscheinlich auch Baumeister und Maler, deren Namen in keiner
Urkunde genannt werden, gehörten zur glänzenden Schar
ihrer Mitarbeiter. Die Geschichte nennt mehr als zwanzig
Männer, die alle zur Zeit Tamarens im Vordergrunde des

staatlichen Lebens standen, während sie von denen schweigt,. die an der eigentlichen Kulturarbeit teilnahmen, Kirchen und Schlösser erbauten und ausschmückten und die Dicht- kunst pflegten. Aber trotzdem ist das damalige Kulturleben Georgiens keineswegs in ein undurchdringliches Dunkel ge- hüllt, sondern tritt wenigstens in seinen Hauptzügen noch. heute aus der fernen Vergangenheit hervor. Literaturwerke, Bau- und Kunstdenkmäler, kirchliche Urkunden und schliess- lich manche Andeutungen in der Chronik liefern einen zwar unvollständigen, aber doch nicht geringen Stoff für das Ge- mälde des nationalen Lebens in jenen Jahrzehnten, welches die Georgier ihr goldenes Zeitalter nennen.

Die fremden Einflüsse, besonders der persische und byzantinische, scheinen damals nicht bedeutend gewesen zu sein, und die georgische Kultur gewann ein mehr und mehr eigenartiges Gepräge. Ihr damaliger Zustand darf daher als das möglichst reine Urbild ihrer mittelalterlichen Entfaltung. angesehen werden.

Nachweisbar stand die Bildung der höheren Geistlich- keit und eines bedeutenden Teiles des Adels auf einer hohen. Stufe, die gesellschaftlichen Beziehungen hatten eine Ver- feinerung erlangt, die in jenem Jahrhundert kaum über- schritten werden konnte, und die Sitten zeichneten sich durch verhältnismässige Milde und Menschlichkeit aus. Unter der Regierung Tamarens erhielt niemand auf ihren Befehl die Prügelstrafe. Noch mehr schreckte sie vor der Ver- fügung schwererer Strafen zurück und verzieh den Rebellen,. welche sich auf Anstiften ihres von ihr verstossenen ersten Gemahls gegen sie auflehnten. Auch die Religiosität des georgischen Volkes, welche im Laufe der Jahrhunderte viele Schwankungen erfuhr, scheint zu Tamarens Zeit eine feste, sittliche Grundlage gehabt zu haben. Bemerkenswert ist die Ansprache, mit welcher diese Königin die von ihr bald nach der Thronbesteigung einberufene Kirchenversammlung. eröffnete: „Heilige Väter, die euch Gott bestimmt hat,. unsere Führer zu sein und unsere heiligen Kirchen zu leiten,.

und die ihr verantwortlich seid für unsere Seelen, suchet
und befestiget die Gerechtigkeit; vernichtet alle Verderbnis,
indem ihr mit mir anfanget, denn es ist nicht das Vorrecht
des Thrones, mit Gott Krieg zu führen. Beachtet nicht die
Grösse des Fürsten oder die Niedrigkeit des Armen. Ihr
habet das Wort, und mir steht die Tat zu, euch die Beleh-
rung und mir die Ausführung; euch der Unterricht und mir
die Bestrafung. Vereinigen wir uns zur Verteidigung des
göttlichen Gesetzes durch unsere Wachsamkeit, damit wir
nicht zusammen büssen, ihr als Priester, ich als Herrscherin,
ihr als Haushalter, ich als Wächter!"

Derjenige Teil des georgischen Adels, welcher zu
Tamarens Zeit am nationalen Kulturleben tätigen Anteil
nahm, stand allem Anschein nach höher, als die fränkischen
Ritter, welche im Jahre 1203, also um dieselbe Zeit, auf
ihrem Kreuzzuge Byzanz eroberten und brandschatzten.
Jedenfalls besassen sie mehr Zucht und Bildung, als jene
Franken, die weder lesen noch schreiben konnten und die
ihnen als Beute zugefallenen Ländereien infolge ihrer Lieder-
lichkeit und Unbildung bald an italienische Geldleiher verloren.

Den glänzenden Mittelpunkt des gesamten Lebens
bildete der Hof der Königin, welche, wie die „Kartlis
Zchowreba" erzählt, stets von zahlreichen Fürsten und vornehmen Männern umgeben war. Dieser Hof muss prachtreich gewesen sein; denn Tamar geizte nicht mit ihren
Schätzen, sondern war ungemein freigebig und sorgte auch
für Lustbarkeiten und Zerstreuungen. Zudem war der Adel,
der in mehreren Kriegen ungeheuere Beute machte, selbst
wohlhabend und daher im stande, seiner angeborenen Prunk-
und Vergnügungssucht zu frönen. Den Zufluss an Reichtum
schildert die Chronik folgendermassen: „Die königlichen
Schatzkammern wurden überfüllt mit Gold und goldenen
Gefässen, die man wie Sand ansammelte. Edelsteine und
Perlen wurden massweise abgegeben und die kostbarsten
Goldstoffe griechischer und anderer Herkunft wie gewöhn-

liche wertlose Gewänder angehäuft. In den Schlössern verachtete man Silbergeschirr und hatte nur goldenes, mit
indischen Diamanten verziertes im Gebrauch."

Bei feierlichen Gelegenheiten veranstaltete Tamar
prächtige Feste mit Gelagen, ritterlichen Spielen und Vorstellungen von Tänzerinnen und Seiltänzern. Auch grosse
Jagden wurden oft abgehalten; denn sie selbst war eine
leidenschaftliche Jägerin, und alle ihre Ritter gaben sich
gern und oft weidmännischen Vergnügungen hin. Mit zahlreichen Falken und starker Meute zogen sie aus in die
Wälder und Felder und feierten dann ihre Rückkehr bei
üppigen Mählern mit Gesang, Musik und endlosen Jagd-
gesprächen. Wie grossartig die Jagden waren, welche Rolle
sie im Leben der Georgier spielten und wie eifrig jeder um
den Ruhm eines guten Schützen rang, zeigt eine Schilderung
in der epischen Dichtung „Der Mann im Tigerfelle" von
Schota Rustaweli, einem Zeitgenossen Tamarens. In allen
Jahrhunderten gehörte die Jagd zu den Hauptvergnügungen
der georgischen Ritter und Könige. Sehr oft hebt die
„Kartlis Zchowreba" diese nationale Leidenschaft hervor,
und auch der Missionar Lamberti, welcher in der ersten
Hälfte des 17. Jahrhunderts in Georgien weilte, spricht eingehend davon in seiner ausgezeichneten „Relatione della
Cholchide"*). So Seite 60: „Fra i più principali esercitij
de' Mengrelli si puo annumerar la caccia, poiche non vi è
ne età ne conditione alcuna, che non sia à tal mestiere
applicata." Oder: „Havendo frà di loro questo commun
proverbio, che tutta la felicità dell' huomo consista in havere
un buon cavallo, un miglior cane e un ottimo falcone."

Der grundbesitzende Adel genoss auf seinen Gütern
sogar ausschliessliches Jagdrecht: „Hanno le foreste di
caccia frà di loro divise talmente, che ciascheduno dè principali have il suo bosco, nel quale niuno può cacciare senza

*) Relatione della Cholchide del P. D. Archangelo Lamberti. In
Napoli apresso Camillo Cavalli l' anno 1654.

la di lui licenza. Sino lo stesso Principe, benche sia universal padrone non va nell altrui dominio a cacciare havendo egli con severissime leggi proibito (quali inviolabilmente s' osservano) che nelli suoi boschi niuno sia ardito cacciare."

Neben der Jagd waren verschiedene Wettspiele die Hauptzerstreuungen und zwar besonders solche, in welchen körperliche Gewandtheit und Kraft den Ausschlag gaben. Wie die Griechen und Römer waren die Georgier jederzeit leidenschaftliche Wettkämpfer und Plauderer. Ihre Ballspiele, an denen oft hunderte und tausende in zwei Parteien getrennt teilnahmen, wurden als regelrechter Sport nach gewissen Gesetzen betrieben. Dazu kamen Ringkämpfe, die noch heute auf dem Lande bei Kirchweihfesten und anderen Gelegenheiten stattfinden, Scheibenschiessen, Pferderennen und das Ballspiel zu Pferde.

Üppige Gastmähler, bei denen Musik und Gesang nicht fehlen durften, waren an der Tagesordnung. Sie wurden nicht nur zu Hause, sondern auch im Feldlager abgehalten; denn auf Feldzügen führten die georgischen Edelleute nicht nur ihr notwendiges Kochgeschirr mit, sondern auch Luxusgegenstände, prächtige Trinkgefässe und vor allem einen grossen Vorrat vorzüglichen Weines.

Alle diese Neigungen und Zerstreuungen zeigen uns auch die alten Georgier als ein lebenslustiges Volk, in dessen frohem Treiben auch die Liebe und ihre Freuden eine hervorragende Rolle einnahmen. Das milde Klima und der meistens heitere Himmel, die immer genügend, wenn nicht reichlich vorhandenen Nahrungsmittel, der gute und in Fülle gedeihende Wein und schliesslich das bewegte, an Abenteuern reiche Leben mussten notwendigerweise in den Georgiern Frohsinn und Leichtlebigkeit entwickeln, wozu ihre angeborene Sinnlichkeit und Erregbarkeit das ihrige beitrugen.

Von dem georgischen Ritterleben zur Regierungszeit der Königin Tamar kann man sich nach den Berichten der

Chronik und den Schilderungen in der Dichtung „Der Mann
im Tigerfelle" eine annähernde Vorstellung machen. Die
ersteren zeigen die Georgier als tüchtige, tapfere und glückliche Krieger, die letzteren unterrichten uns über ihre Sitten,
Hofbräuche und Umgangsweise. Die Verfeinerung der
Sitten war weit vorgeschritten, die Sprache hoch entwickelt
und zum Ausdruck poetischer Schönheiten und aller seeli-
schen Regungen fähig geworden. So entstand aus dem
Leben die weltliche Poesie, die gewiss reiche Blüten trieb
und von zahlreichen lyrischen Dichtern gepflegt wurde.
Alle Gelage wurden, wie noch heute, von Gesang begleitet,
aber keins von den Liedern, die damals in den Schlössern
der gefeierten Königin und ihrer Ritter beim Lautenspiel
und Becherklang ertönten, ist durch die Schrift erhalten
worden. Wahrscheinlich geriet die weltliche Poesie schon
in den nächsten Zeiten wieder in Missachtung, da in den
Jahrhunderten des Verfalls die Geistlichkeit wieder allein
die Führung des geistigen Lebens übernahm und eine schriftliche Verbreitung weltlicher Dichtungen mit Schwierigkeiten
verbunden war. Aber dass schon damals eine reiche lyrische
Poesie bestand, unterliegt keinem Zweifel, und den nachhaltigsten ɜeweis hierfür liefert die grosse epische Dichtung „We ᵽchwiss Tkaossani" (Der Mann im Tigerfelle) von
Schota Rustaweli.

Dieses Werk, welches noch heute trotz seiner wesentlichen Veraltung viel gelesen und von jedem Georgier mit
Stolz genannt wird, soll zur Lebzeit der Königin Tamar
entstanden sein. Verbürgte Nachrichten über seinen Verfasser fehlen, und die ersten Mitteilungen scheinen aus dem
17. Jahrhundert herzurühren. Daher wurde auch von manchen die Meinung ausgesprochen, Rustaweli habe in einem
späteren Jahrhundert gelebt, was jedoch schwerlich anzunehmen ist, da der diese Dichtung belebende Geist keineswegs der Verfallepoche angehört. Alexander Chachunasch-
wili (Chachanow), dessen Forschungen über altgeorgische
Literatur sich durch Gründlichkeit auszeichnen, tritt gleich-

falls der Ansicht bei, dass Rustaweli ein Zeitgenosse Tamarens war. Der Überlieferung nach soll der Dichter Schatzmeister dieser Königin gewesen und in Jerusalem, wohin er zur Wiederherstellung des georgischen Klosters gesandt wurde, gestorben sein.

Der „Mann im Tigerfelle"*) ist kein geschichtliches Epos, wie etwa das „Schachnameh", ihm fehlt allem Anschein nach jede geschichtliche Grundlage, aber ein „Königsbuch" ist es trotzdem und dazu eine nationale Dichtung im weitesten Sinne. In einer Einleitung fraglichen Ursprungs sagt zwar der Verfasser, er habe eine persische Erzählung gefunden und diese in Reime gesetzt. aber diese Angabe, wenn sie wirklich von Rustaweli herrührt, mag nur eine Ausflucht des Dichters gewesen sein, um seine Absicht, in einer der Hauptheldinnen die gefeierte Königin zu besingen, soviel als möglich zu verdecken. Eine persische, denselben Stoff behandelnde Dichtung gibt es übrigens gar nicht, so dass von einer Übertragung keine Rede sein kann. Annehmbarer ist die Voraussetzung, Rustaweli habe verschiedene noch heute im Volksmunde fortlebende Sagen seinem Werke zu Grunde gelegt. Dass dasselbe von späteren „Verbesserern" durch zahlreiche Zusätze verstümmelt und seine ursprüngliche einheitliche Form beeinträchtigt wurde, hat Alexander Saradschischwili in einer ausführlichen, in der georgischen Monatsschrift „Maambeh" veröffentlichten Untersuchung nachgewiesen. Aber wie dem auch sei, eins steht fest, dass nämlich diese Dichtung eine hervorragende Schöpfung des nationalen Geistes, ein wertvolles Sprachdenkmal ist und als Spiegel des georgischen Kulturlebens im dreizehnten Jahrhundert eine unvergängliche Bedeutung besitzt. .

Für den heutigen Leser, besonders für den Ausländer, bietet der Stoff des „Mannes im Tigerfelle" ein nur be-

---

*) Der Mann im Tigerfelle von Schota Rustaweli, aus dem Georgischen übersetzt von Arthur Leist. Dresden, E. Pierson's Verlag. 1889.

schränktes Interesse, die von Liebe, Sehnsucht und end-
lichem Wiederfinden handelnde Erzählung ist naiv und
märchenhaft, aber ihr Auf- und Ausbau ist kunstvoll, und
ein tiefer, ethischer Ernst durchweht sie vom Anfang bis
zum Ende. Schon an den ersten Strophen sieht man, dass
der Dichter nicht erzählt, um zu erzählen, dass er nicht
zur Kurzweil seiner Zeitgenossen dichtet, sondern seine
Leser erheben, belehren und für die edle Menschlichkeit
gewinnen will. Wie Wolfram von Eschenbach, welcher nur
einige Jahrzehnte später lebte, imponiert Rustaweli durch
die Grösse seiner Lebensauffassung. Seine Helden sind
zwar nicht immer echte Söhne ihrer Zeit, sondern vielfach
idealisiert, aber im allgemeinen lässt er sie doch nach ihrem
Geiste leben, handeln und leiden, lässt sie in Freude und
Schmerz halbe Kinder sein, aber ohne dass sie aufhören,
einem idealen, in sittlicher Vervollkommnung gipfelndem
Menschentum zuzustreben.

Der ehrenhafte Mann, der ihm als Muster vorschwebt,
ist ein Ritter sonder Furcht und Tadel, der tapfer und unerschrocken durch das Leben wandelt, dem Könige und
dem Freunde treu ergeben ist und keinen Finger breit vom
rechten Wege abweicht. Freundschaft, Nächstenliebe und
Mildtätigkeit sind ihm die höchsten Tugenden:

> „Wer seinen Freund liebt, soll ihm sein Gefühl
> Bezeigen auf dreifache Weise stets:
> Er soll oft gern in seiner Nähe sein,
> Mit ihm freiwillig teilen Hab und Gut,
> Und ihm zum Wohle nie ein Opfer scheun.“

Oder folgende Stellen aus dem Testament Awtandils,
des Haupthelden der Dichtung:

> „Gross ist mein Reichtum, wie du selber weisst.
> Gib allen Hilfsbedürftigen davon,
> Mach meine Sklaven frei, beschenke auch
> Die Witwen und die Waisen unsres Lands!
> Was du nicht selbst verwenden kannst, vermach
> Den Waisenhäusern, und den übrigen Teil

Verwend' zu Brückenbauten. Geize nicht
Und ehr' durch Wohltaten mein Andenken!"
„Ich achte den, der seines Freunds gedenkt
Und hasse jeden, der die Treue bricht."

Seine ethischen Anschauungen fasst Rustaweli in zahlreiche Sinnsprüche zusammen, die unter seinen Landsleuten
eine weite Verbreitung gefunden haben und auch beim
Landvolk zum Teil als Sprichwörter umlaufen. Seine Weltanschauung ist beschränkt und weicht wenig von der alten
biblischen ab, obgleich sich der Dichter fast niemals auf
die Bibel beruft und überhaupt nirgends einen religiösen
Ton anschlägt. Christum und die Evangelien erwähnt er
niemals, was in einer Zeit, da alle Bildung zum guten Teil
auf der Kenntnis der christlichen Lehre beruhte, sehr auffallen muss. Sein Glaube an einen alleinigen Gott ist fest
und unerschütterlich, aber alles dogmatischen Zubehörs bar,
und was man gemeinhin Religion nennt, ist bei ihm nicht
zu finden. Seine strenge Sittlichkeitslehre lehnt sich jedoch
eng an seinen Gottesglauben an oder scheint in demselben
als unzertrennlicher Bestandteil aufzugehen. Weder Kirche
noch Priester treten bei ihm als die Förderer oder Festiger
der Sittlichkeit auf, aber Gott und die Gesetze einer klaren,
einfachen Ethik sind auf jeder Seite der langen Dichtung
gegenwärtig. Als Awtandil, der Hauptheld und eigentliche
Odysseus der Erzählung, heimlich seine Heimat verlässt,
betet er:

„. . . O Gott und Herr,
Der du im Himmel und auf Erden bist,
Der du uns Wohlfahrt gibst, und Trübsal auch.
Du Unsichtbarer, Unaussprechlicher,
Herr aller Mächte, leihe mir die Kraft,
Das zu ertragen, was die Leidenschaft
Mir noch an Pein und Qual beschieden hat!
O Herr des Himmels und der Erdenwelt,
Der du der Urborn aller Liebe bist
Und unsern Herzen die Gesetze gibst,
Nach denen sich all ihr Empfinden regt,
Lass nicht die Liebe schwinden aus dem Herz
Der herrlichen, die ich verlassen muss!"

Stellt man alle Aussprüche des Dichters zusammen, welche Gott, Sittlichkeit und Menschlichkeit betreffen, so erhält man einen reinen, ursprünglichen Deismus, dem wenig von morgenländischer Mystik anhaftet und der mit seiner Klarheit und Nüchternheit fast germanisch anheimelt. Ob auf Rustawelis Anschauungen die persische Poesie einwirkte, ist schwer zu sagen. Sadi, welchem er als Moralist einigermassen ähnelt, war sein Zeitgenosse, aber da die Verbreitung literarischer Werke damals sehr langsam vor sich ging, ist kaum anzunehmen, dass Rustaweli des persischen Dichters Schriften gekannt habe. Den Grübler wird man jedoch vergeblich in ihm suchen. Er lässt die Rätsel des Daseins ein versiegeltes Buch sein und ergibt sich schweigend in das unerforschliche Schicksal, das ihm, wie dem ganzen damaligen Morgenlande vorher bestimmt erscheint.

„Der Weise glaubt, und nichts verwundert ihn."

Dieser fatalistische Zug schränkt seine Welt und Lebensanschauungen bedeutend ein und lässt ihn über den Moralisten nicht hinaus kommen. Trotzdem dürfen wir ihn als Ethiker des 13. Jahrhunderts gross nennen, und in seiner Zeit und Umgebung steht er erhaben da als Verkünder der Religion der Liebe und Menschlichkeit.

Bedeutend ist Rustaweli auch als Schilderer des ihm zeitgenössischen Lebens; denn sei es auch, dass er den Schauplatz der Erzählung nach Arabien und sogar nach Indien verlegt, so erkennt man doch allenthalben die Sitten, Gebräuche und Einrichtungen, ja sogar die Natur Georgiens, obgleich die Beschreibungen der letzteren selten und oberflächlich sind. Die Natur eines bestimmten Ortes schildert er niemals, seine Gemälde sind nur schwache Pinselstriche, aber ein allgemeines, der georgischen Natur eigenes Gepräge tritt auch aus diesen undeutlichen Zeichnungen hervor.

Schon im ersten Gesange rollt sich vor dem Leser ein Bild echt georgischen Lebens auf, und die Thronentsagung des alten Königs Rostewan zu Gunsten seiner Tochter

9*

Tinatin ist eine geschichtliche Tatsache; denn auch der
Vater Tamarens, Georg III., übertrug die Krone seiner
Tochter noch bei Lebzeiten. Vergleicht man die betreffende
Episode der Chronik mit der Dichtung, so findet man ge-
nügende Anhaltspunkte für die Behauptung, dass Rustaweli
im arabischen Könige Tarsadan Tamarens Vater und in
Tinatin die Königin selbst darstellt. Glänzend sind hier
die Schilderungen der Krönungsfeier und der darauf folgenden grossen Treibjagd, in denen auch der georgische Volkscharakter, heitere Gemütlichkeit und Lust zum Scherzen
zum Ausdruck kommen. Die zahlreichen Bilder, die sich
im Laufe der langen, aber nicht allzu verwickelten Handlung aneinanderreihen, haben immer einen georgischen
Untergrund und enthalten irgend einen Zug georgischen
Lebens.

Die Liebe nimmt eine wichtige, aber nicht die wichtigste Stelle in der Dichtung ein, und zwar hat sie hier einen
romantischen Anflug, der der morgenländischen Poesie im
allgemeinen fremd ist. Die sinnliche Überreizung, in welcher z. B. die persischen Dichter beim Besingen des Weibes
schwelgen, kommt bei Rustaweli niemals zum Ausbruch,
nirgends geht die Liebessehnsucht seiner Helden in sinnliches Verlangen über, sondern bleibt rein und züchtig wie
bei den keuschesten Romantikern. Nur einmal wird er
stark realististisch, und liest man die Seiten, auf welchen
er das Verhältnis Awtandils zur hübschen und lebensfrohen
Kaufmannsfrau Patman schildert, glaubt man eine Geschichte
von Boccaccio zu lesen. Wie der Italiener, scheut sich
auch Rustaweli nicht, dem Sinnenrausch den Tod an die
Seite zu stellen, aber er beschönigt nicht das Laster, welches er auf wenigen Seiten mit grellen Farben malt, sondern
erklärt, dass es in diesem Falle nur zur Erreichung eines
erhabenen Zweckes dient. So bleibt er folgerichtig bis
zum Ende und weicht nirgends ab von seinen sittlichen
Grundsätzen.

Der „Mann im Tigerfelle" zeigt zwar das Leben in

verschiedenen Wechselfällen, in Freude und Leid, Sehnsucht und Liebesglück, aber der Grundton der Dichtung ist
doch bange, beinahe weltschmerzlich, und in Weltschmerz
klingt sie auch aus in den Strophen:

> „Zu Ende ist nun diese Heldenmär,
> Die Harfe bebt noch, doch sie klingt nicht mehr.
> So tückisch ist das Schicksal dieser Welt,
> Und kurz die Zeit, die uns hier zugezählt,
> Obgleich sie denen lang erscheinen mag,
> Die nie gesehen einen Froudentag."

Ganz anderen Schlages sind die übrigen Dichter, welche
zur Zeit der Königin Tamar genannt werden.

Als Sprachkünstler ist Tschachruchadse, der Verfasser
eines 115 Strophen langen Lobliedes auf die Königin, der
bedeutendste. In der Zusammenstellung glänzender Eigenschaften, in der Bemeisterung der Sprache hat dieser Dichter
das möglichste erreicht, aber es ist schwer, seinen schwulstigen,
jedes Mass überschreitenden Lobpreisungen einigen Geschmack abzugewinnen, selbst wenn man sich ganz in den
Geist seiner Zeit versetzt und morgenländischer Über-
schwenglichkeit das weiteste Recht zuerkennt. Als Sprachdenkmal ist jedoch das Gedicht höchst wertvoll, während
es andererseits wieder über den Bildungsstoff der Georgier
des 13. Jahrhunderts einigen Aufschluss gibt. Homer,
Plato, Sokrates, Aristoteles, der heil. Ephräm und andere
scheint der Dichter ihrem Wert und ihrer Bedeutung nach
wohl gekannt zu haben. „Aus den Werken der antiken
Welt sammelte er die besten Gedanken, verarbeitete sie
und brachte sie der Königin zum Geschenke dar." (Plato
Josseliani).

Aus ähnlichem Stoff besteht die Ode, welche Schawteli
zur Ehrung Tamarens dichtete. Auch hier wird die ge-
feierte Königin bis zum Himmel erhoben und ihr ein reicher
Kranz geschichtlicher und ungeschichtlicher Vergleiche zu
Füssen gelegt. Wie König Teymuras berichtet, soll Schawteli
Geheimschreiber Tamarens gewesen sein und als Mönch im

Kloster Gelati bei Kutais gestorben sein. N. Marr weist
übrigens ziemlich überzeugend nach, dass Schawtelis Ode
nicht der Königin Tamar, sondern ihrem Urgrossvater
David, dem Wiederhersteller, gilt.

Wertvoller wegen ihres reichen Sagenstoffes ist die
von Moses Choneli verfasste Erzählung „Amiran-Dared-
schaniani", eine Reihe von zauberhaften Abenteuern und
Rittergeschichten, in deren Mitte Amiran, der georgische
Prometheus, steht. N. Marr und Gren leiten ihren Ursprung
aus persischen Quellen her, während Al. Chachanow für
die Ansicht eintritt, dass der grösste Teil des in der Erzählung verarbeiteten Stoffes georgischen Volkssagen entnommen sei, die sich allerdings auch unter persischem Einfluss entwickelt haben müssen, da sich hier und da deutliche Spuren der altpersischen Heldensagen zeigen.

Zur Regierungszeit Tamarens soll auch Sarkis Tmog-
weli gelebt haben, welcher von Rustaweli und späteren
Schriftstellern als der Verfasser des verloren gegangenen
Ritterromans „Dilariani" (die Geschichte des Dilar) genannt
wird. Ihm wird auch die Übertragung des um das Jahr 1042
vom persischen Dichter Dschurdschani nach einer Pehlewi-
Vorlage neubearbeiteten Romans von Wis und Ramin zugeschrieben.

Die hier genannten Werke bilden den gesamten poetischen Nachlass aus der Zeit Tamarens, und man darf annehmen, dass dies nur die Reste einer umfangreichen
Literatur sind, die bald nach ihrem Entstehen und Auf-
blühen wieder verkümmerte und von der Geistlichkeit mit
der Acht belegt wurde. Dass der Vervielfältigung weltlicher poetischer Werke und ihrer Verbreitung die grössten
Hindernisse im Wege lagen, beweist unter anderen der
Umstand, dass selbst vom „Mann im Tigerfelle" nur sehr
wenige alte Abschriften bestehen und auch von anderen
Dichtungen dieses Zeitraumes bisher nur eine geringe Anzahl von Handschriften vorgefunden wurden.

Liess doch noch im 18. Jahrhundert der Katholikos

Anton, der ein vielseitig gebildeter Mann war, mehrere
Exemplare des genannten Werkes öffentlich verbrennen!

Wie ich schon bemerkte, muss die lyrische Poesie besonders reich gewesen sein, und es ist gewiss zu bedauern,
dass alle ihre Erzeugnisse spurlos verschwunden sind. Von
den erhaltenen Dichtungen bringt nur der „Mann im Tigerfelle" eine Welt- und Lebensanschauung zum Ausdruck, und
diese ist düster, weshalb sie schwerlich als die allgemeine
Stimmung der Menschen einer so bewegten und an glücklichen Erfolgen reichen Zeit gelten kann.

Auch die materielle Kultur erreichte unter Tamar eine
hohe Entwickelung, und es unterliegt keinem Zweifel, dass
der wirtschaftliche Zustand des Landes ein blühender war
und alles bot, was die Bedürfnisse einer gebildeten, rüh-
rigen und lebenslustigen Ritterschaft befriedigen konnte.
Da die Königin selbst eine eifrige Bautätigkeit an den Tag
legte und Schlösser und Kirchen aufführen liess, mag auch
der Adel für Verbesserung und Verschönerung seiner Wohn-
sitze gesorgt haben. Nach den Berichten der Chronik und
den Schilderungen im „Mann im Tigerfelle" herrschte in
den Wohnungen der Grossen ein mit gutem Geschmack
vereinter Luxus, und auch auf den Glanz der äusseren Erscheinung, auf prächtige Kleidung und Waffen wurde be-
sonderes Gewicht gelegt. Aus der Beschreibung der Stoffe
und mancher Kleidungsstücke lässt sich schliessen, dass sie
arabischen Ursprungs waren, und wie es scheint, wurden
überhaupt alle kostbareren Luxusartikel aus Arabien und
Persien eingeführt. Mit Pferdegeschirr und Sattelzeug,
Tischgefässen, Waffen, Musikinstrumenten, Kissen und
Teppichen trieb man gleichfalls Luxus, aber über ihre Herstellung fehlt jede Nachricht. Es ist also schwer zu sagen,
wie es um die damalige georgische Gewerbetätigkeit stand.
Allem Anschein nach kamen alle wertvolleren Erzeugnisse
aus der Fremde, das Land kaufte, nur ohne selbst etwas zu
produzieren, was den Erfordernissen einer feineren Lebensweise entsprochen hätte. Daher konnte der zahlreiche ge-

orgische Adel nur nach glücklichen Kriegen an Luxus und
Pracht denken, während er sonst zu einem höchst bescheidenen, an Entbehrungen reichen Leben gezwungen war.
Aber eine solche Zeit glücklicher Kriege war die der
Königin Tamar. Sie erweiterte den Staat bis an den Kaspisee, machte die Nachbarvölker des kaukasischen Hochgebirges tributpflichtig und verhalf ihrem Neffen Alexios
Komnenos im Jahre 1204 zur Gründung des Kaiserreiches
Trapezunt, wodurch sie für ihr Reich eine Schutzmauer
gegen die Türken errichtete.

Die Verfallzeit vom 13. bis ins 17. Jahrhundert

ald nach dem Tode der Königin Tamar ging für Georgien die Zeit der Macht, der Wohlfahrt und des Ruhmes zu Ende, und schwere Schicksalsschläge treffen das unglückliche Land. Dass der bisherige Emporgang der Kultur für die Georgier die äusserste Kraftentwicklung gewesen wäre und sie dermassen erschöpft hätte, dass ein weiterer Fortschritt unmöglich wurde, lässt sich schwerlich annehmen, wohl aber mag die Ausdehnung ihrer Herrschaft ihre Verteidigungskräfte geschwächt und sie zur Abwehr der nächsten Einfälle fremder Völker, vor allem der Tataren, unfähig gemacht haben. Der Anprall dieses wilden Kriegervolkes war so wuchtig und schwer, dass er auf das ganze Land überging und das Reich in seinen Grundfesten erschütterte.

Die damaligen Zustände des Landes, die aus der vorhergehenden Periode ererbten Kulturgrundlagen und die nun einbrechende Zerrissenheit beleuchtet eine Schenkungsurkunde eines gewissen Kacha vom Jahre 1258. Derselbe erzählt, dass infolge des von den Tataren aufgelegten Tributs Geldmangel in Georgien herrschte und viele gezwungen waren, einen Teil ihrer Ländereien zu verkaufen, um die an die Eroberer zu zahlenden Abgaben aufzubringen. Kacha kaufte daher das Gut Chowle zu einem äusserst billigen Preise, musste aber, da sein Kapital nicht ausreichte, den übrigen Teil der Kaufsumme bei Juden und Armeniern gegen Zinsen aufnehmen. Besorgt um sein Seelenheil schenkte er das gekaufte Landgut dem Kloster Rkoni und verlangt, dass für ihn und seine Gattin im Laufe des Jahres eine bestimmte Anzahl Seelenmessen gelesen werde. Ausserdem sind die Mönche verpflichtet, am Ostersonntage Arme und Krüppel zu speisen. Damit keine Unterschlagungen vorkommen, überträgt er die Verwaltung der Einkünfte nicht nur dem Abt, sondern der ganzen Klostergemeinde. Der „arme Sünder", als welchen er sich selbst bezeichnet, war übrigens, wie es scheint, ein guter Landwirt und Menschenfreund; denn er ermahnt den Abt, das Gut sorgfältig zu bewirtschaften, stets einen Teil der Ernte in einem besonderen Speicher für den Fall einer Missernte aufzubewahren und die Bauern zu schonen und in keiner Weise zu bedrücken. In seinen ausführlichen Darlegungen verrät der Schenker eine nicht geringe Kenntnis der Bibel, er muss überhaupt ein wirklicher Kulturmensch gewesen sein. Seine sittlichen Grundsätze gleichen denen des Dichters Rustaweli, und es unterliegt keinem Zweifel, dass die Zeit Tamarens wirklich sittenreine und charakterfeste Menschen hervorgebracht hatte, von denen noch manche die nächsten Jahrzehnte überlebten. Ihre Reihen lichteten sich jedoch bald; denn der Druck der Mongolenherrschaft vernichtete nicht nur die materiellen Güter des Volkes, sondern zerrüttete auch die Sittlichkeit, die nationale Kultur und das geistige Leben. Schon unter Russudan, der schönen aber lasterhaften Tochter Tamarens, riss die Sittenverderbnis ein und verbreitete sich bald wie eine Seuche über den ganzen Volkskörper. Das Leben dieser Königin, die ihrer Mutter unähnlich war wie die Nacht dem Tage, bietet das abstossendste Bild von endlosen Ausschweifungen und unersättlicher Sinnenlust. Sie selbst scheute sich nicht, einen seldschukischen Prinzen zum Gemahl zu nehmen und zwang ihre schöne Tochter dasselbe zu tun.

Dimitri II. (1270—1289) gab das erste Beispiel der Vielweiberei, und ihr folgten die Grossen des Landes. Sein

lasterhafter Lebenswandel führte zum Bruch mit dem Patriarchen, und zwischen Thron und Kirche, die bisher fest an
einander gefügt waren, entstand eine Kluft, die erst unter
Georg dem Glanzreichen wieder ausgeglichen wurde.

Als dieser König im Jahre 1318 den Thron bestieg,
hatte die Sittenverderbnis einen hohen Grad erreicht, und
besonders gross war die Zuchtlosigkeit unter den Gebirgs-
völkern, wie er dies selbst in dem von ihm abgefassten
Gesetzbuche „Dseglis-Deba" (Säulenaufschrift) ausspricht:
„Allgemein wurde Rache geübt, ebenso wurden Meuchel-
morde begangen, feste Schlösser zerstört, verehelichte
Frauen entführt. Ehen ohne Grund zerrissen, die Verderbnis
herrschte in tausendfacher Gestalt; mit einem Wort, die
Gerechtigkeit wurde von unseren Untertanen in keiner
Weise geachtet."

Im Dunkel jener Zeit glänzt dieser König wirklich wie
ein Lichtstrahl, das Kulturleben Georgiens scheint von
neuem zu erwachen, und Ordnung und Wohlfahrt kehren
wieder ein.

Ihn und sein Wirken schildert die Chronik folgendermassen: „Er war sanft, edelmütig und mitleidig für Witwen
und Waisen. Georgien, welches zerstückelt und in Königreiche und Fürstentümer geteilt war, vereinigte und unter-
warf er sich vermöge seiner Klugheit und Macht wie David,
der Wiederhersteller. Er schuf Wohlfahrt und gab den
kirchlichen und bürgerlichen Einrichtungen ihren Glanz
wieder. Er baute zerstörte und verfallene Kirchen auf und
belebte ihre frühere Herrlichkeit."

Das von Georg V. unter Mitwirkung des Katholikos
und der Dorfältesten aus den Gebirgsgauen verfasste Gesetzbuch besteht aus 46 Sätzen und betrifft nur die Gebirgs-
bewohner. Es ist dies das älteste Denkmal bürgerlicher
Gesetzgebung in Georgien, wo auch noch in späteren Jahrhunderten zahlreiche Gewohnheitsrechte gesetzliche Kraft
hatten und das Urteil des Königs, des Katholikos und der
Feudalherren (auf deren Gütern) entscheidend war.

Die Blütezeit, welche Georg V. wachgerufen hatte,
war von kurzer Dauer. Wenige Jahrzehnte nach seinem
Ableben erschien der furchtbare Staatenzertrümmerer Timur
in Kaukasien, und wie ein alles verheerender Sturm rasten
seine Horden zwischen den Jahren 1387 und 1403 sechsmal
über das Land hin. Tiflis wurde zerstört, und König Bagrat V.,
welchen Timur gefangen nahm, musste mit seinem Gefolge
zum Islam übertreten, um die Freiheit wieder zu erlangen.
Als die Mongolen endlich im Jahre 1403 nach Turkestan
abzogen, glich Georgien einer Wüste. Die Domkirche von
Mzcheta und viele andere Kirchen und Burgen waren bis
auf die Grundmauern zerstört, und von Tiflis und den
meisten Dörfern blieben nur Trümmerhaufen, während die
Bevölkerung zum Teil umgekommen oder in die Gefangenschaft fortgeschleppt worden war.

Schweres Elend waltete nun lange in dem so schrecklich heimgesuchten Lande, aus dem alle bürgerliche Ordnung
entschwunden war. Das Leben seiner Bewohner galt nur
der Befriedigung der notwendigsten Leibesbedürfnisse, alle
Bildung hörte auf, und die geistige Erbschaft der Väter
geriet in Vergessenheit.

Drei Jahrhunderte vergehen in fast endlosen Kämpfen,
Not und Drangsal, und viele Geschlechter kommen und
gehen, ohne eine Spur geistigen Lebens zu hinterlassen.
Ausser der Chronik, welche die politische Geschichte jener
Zeit erzählt, hat sich nur eine allerdings nicht geringe Anzahl von Kirchenakten und Schenkungsurkunden erhalten,
die hier und da einiges über die damaligen Sitten und Zustände berichten. Dies sind fast die einzigen Schriftstücke,
welche aus diesem kulturlosen Zeitraum von 300 Jahren
übrig geblieben sind. Auch in den Klöstern, die früher die
Pflegestätten der Bildung waren, scheint nicht nur jede
literarische Arbeit, sondern sogar der notwendigste Schul-
unterricht erstorben zu sein. Die Geistlichkeit stand auf
einer sehr niedrigen Bildungsstufe, kein hervorragender
Diener der Kirche trat mehr auf, und auch die Könige

zeigten viel weniger Bildung und sittliche Grösse als ihre Vorfahren.

Um die Mitte des fünfzehnten Jahrhunderts zerfiel das Reich der Bagratiden in drei Königreiche, nämlich Kartlien, Kachetien und Imeretien und fünf Fürstentümer, und diese Trennung wurde verhängnisvoll für das weitere Schicksal des georgischen Volkes. Zuerst fiel der Eristaw (Statthalter) Bagrat von Imeretien vom Gesamtstaate ab, erklärte sich zum Könige von Imeretien und liess sich vom Katholikos von Apchasien in Kutais krönen. Unter seine Oberhoheit stellten sich als unabhängige Fürsten die Mtawaren von Mingrelien, Gurien, Apchasien, Swanetien und Samzche. So war die einheitliche königliche Macht des Hauses der Bagratiden gebrochen, und ein bedeutender Teil derselben ging auf die mächtigsten Vasallen über, welche von nun an das Schicksal des Landes mehr und mehr beeinflussten, während die königliche Gewalt in den Schatten tritt. Als Mtawaren werden jetzt in der Chronik nur noch die fünf oben genannten unabhängigen Fürsten bezeichnet. Den eigentlichen höheren Adel bilden nun die einflussreicheren Tawadi, welche die Chronik unter der Benennung „Didebuli" (die Grossen) zusammenfasst. An ihrer Spitze standen die mächtigen Eristawen oder erblichen Statthalter, welche auf ihren umfangreichen Herrschaften fast selbständig walteten und je nach den politischen Umständen den König unterstützten oder seine Gegner waren.

Schon früher war die Uneinigkeit des georgischen Adels durch fremde, einander widerstrebende Einflüsse geschürt worden, aber als nach dem Falle von Byzanz den Persern im Osmanenreiche ein mächtiger Gegner erstand, wurde der die Zersplitterung begünstigende Einfluss der beiden Nebenbuhler noch weit wuchtiger. Aus einem fast ganz Hinterkaukasien umfassenden Reiche war Georgien jetzt zu einem Pufferlande zusammengeschrumpft, welches Perser und Türken je nach Bedarf bekriegten oder unterstützten.

Nach der endgültigen Zertrümmerung des byzantinischen
Reiches schwand für Georgien die einzige christliche Kultur-
stütze, die allerdings schon im 14. und zu Anfang des
15. Jahrhunderts schwach gewesen war. Erschlafft, zerrissen lag es eingekeilt zwischen der islamitischen Welt und
verlor immer mehr die Möglichkeit sich aufzuraffen. Dazu
gebrach es auch seinen Söhnen an sittlicher Kraft und
Vaterlandsliebe. Mit dem Untergange der Einheit des
Reiches verloren sie fast ganz das Gefühl der Zusammengehörigkeit, und alle Laster, welche die Zwietracht erzeugt,
traten an die Stelle der früheren Mannestugenden. Eigennutz, Hinterlist, Treubruch, Verrat und Zuchtlosigkeit zerstörten die Lebenskräfte des Volkskörpers und untergruben
die staatliche Ordnung.

Die Geschichte dieser Jahrhunderte berichtet von fast
unaufhörlichen Kriegen und Fehden, von Schlachten und
Verwüstungen, von Mord, Brand und Raub, von immer
wiederkehrenden Einfällen der Tataren, Lesgier, Türken
und Perser und himmelschreienden Menschenschlächtereien.
Man wird müde diese bluttriefenden Schilderungen zu lesen,
dieses endlose, verwickelte Drama, das auf einer der naturschönsten Lebensbühnen dieser Welt spielt und welchem,
je mehr es fortschreitet, immer mehr der geschichtliche
Sinn abgeht, da nur noch Raubgier, Rache und wieder
Rache seine eigentlichen Triebfedern bilden.

Aus dem langen Zeitraum von mehr als 300 Jahren
ragt nicht ein einziges poetisches Denkmal hervor, welches
Zeugnis ablegte von einer geistigen Regung. Wohl mögen
bei Gelagen und festlichen Gelegenheiten wie früher beim
Lautenspiel Lieder erklungen sein, aber sie wurden übertönt
vom Waffengetöse und Schlachtenlärm und verhallten, ohne
in der Erinnerung eine Spur zurückzulassen. Nur drei alte
Handschriften sprechen dafür, dass wenigstens die schlichte,
halb kindliche Fabulierkunst einige Lebenszeichen von sich
gab und die Einbildungskraft des georgischen Volkes auch
in diesen Zeiten der Verrohung Ergötzung suchte.

„Russudania", „Algusiani" und „Sirinosiani" heissen
drei Sammlungen von märchenhaften Erzählungen, deren
Abfassung oder Übersetzung von georgischen Forschern
zwischen das 13. und 16. Jahrhundert verlegt wird.

„Russudania" besteht aus zwölf Geschichten, welche
wie Alexander Chachanow annimmt, zum grössten Teil auf
Volkssagen beruhen und ohne Zweifel von einem Georgier
verfasst wurden. Ihr Untergrund trägt ein georgisches Gepräge, und hin und wieder finden sich in denselben Schilderungen von Sitten und Gebräuchen, welche einen gewissen
Wert haben. Neben georgischem kommt in ihnen auch
mongolisches Leben zur Darstellung, was natürlich ist, da
die Mongolen im 13. und 14. Jahrhundert sehr oft und
lange in Georgien hausten und auch viele Georgier, wie
z. B. Prinz David, der Sohn der Königin Russudan, an den
Hof des Grossmoguls gingen.

Im ganzen liegt auf dem Stoff eine kindliche Einfalt,
und auch die Erzählungsweise ist die schlichte und kunstlose der alten Märchen, aber manche Stellen sind nicht
reizlos, wie z. B. die Klage der Mutter Russudans um den
Tod ihrer Tochter, die den altgeorgischen Totenklagen sehr
ähnlich ist: „O meine Tochter, die du von meiner Hand
den Tod erlittest, die du für deinen Geliebten deine Seele
opfertest und fern von ihm umgekommen bist! Wie geht
es dir in der schwarzen Erde? O meine Tochter! Dir war
es schwer, das Hemd zu tragen, wie erträgst du die Last
des Grabsteines, wie kann sich dein paradiesisches Antlitz
mit dem Grabe befreunden? O weh, wie wird die Erde
deine Perlenzähne und deine Rosenlippen entstellen! Mir
gebricht die Kraft, an dein Grab zu kommen und zu fragen,
wie es dir in der Erde ergeht. Hier konntest du keinen
Augenblick die Freuden des Gartens entbehren, und wie
kannst du jetzt im Grabe wohnen bleiben? Ich aber bin
wie ein zerbrochener Baum, der dem Abblühen nahe."

Die Dichtung „Algusiani", welche wahrscheinlich gegen
Ende des 14. oder zu Anfang des 15. Jahrhunderts entstand,

erzählt die Geschichte eines ossetischen Königs Algus, besitzt aber weder poetischen noch geschichtlichen Wert.

In dem dritten Heldenroman „Sirinosiani" zeigen sich, wie der hier schon oft genannte georgische Forscher Chachanow behauptet, deutliche Kennzeichen der altpersischen Geschichte von König Guschtasp, die ursprünglich von Dakiki bearbeitet und später von Firdusi in sein „Schahnameh" aufgenommen wurde. Die Ähnlichkeit ist allerdings sehr gering, aber dass in der georgischen Sage gleichfalls der Kampf zwischen Turan und Iran geschildert wird, ist erkennbar, und zwar scheint der georgischen Bearbeitung nicht die persische, sondern eine turanische Fassung zugrunde zu liegen. „Das in der Kultur vorgeschrittene Volk der Turaner besass vielleicht auch seine Literatur über die Helden Persiens, welche nur Firdusi mit Stillschweigen übergeht." (Al. Chachanow).

Um welche Zeit die altiranischen Heldensagen in Georgien Eingang fanden, konnte bis jetzt noch nicht ermittelt werden, und ebenso unbestimmt sind die Angaben über die erste Übersetzung des „Schanameh". Die älteste Übertragung einiger Teile desselben stammt aus dem 17. Jahrhundert, während Chachanow die Ansicht vertritt, dass die Dichtung Firdusis vielleicht schon weit früher in Georgien Verbreitung gefunden hatte, da die Dichter des 13. Jahrhunderts Rustaweli und Tschachruchadse in ihren Werken einige Helden des „Schahnameh" ohne weitere Erklärung, also in der Voraussetzung erwähnen, dass sie allen bekannt sind. Merkwürdigerweise fanden aber die Namen Firdusischer Helden wie Manotschir (Manutschar), Rustem (Rostom), Gurgin (Gurgen), Surab, Giso, Tamuras (Teymuras) u. s. w. erst im 16. und 17. Jahrhundert in Georgien Verbreitung. Sie wurden schnell beliebte Vornamen, und diese Erscheinung berechtigt zur Annahme, dass die Georgier erst um diese Zeit durch eine Übersetzung mit der Firdusischen Dichtung bekannt wurden.

Nach dem Zerfall des Reiches, welcher in der zweiten

Hälfte des 15. Jahrhunderts vor sich ging, ist von einer ein-
heitlichen Geschichte Georgiens keine Rede mehr, da von
nun an jede Provinz als kleines Staatswesen seinen eigenen
Schicksalsgang hat. Prinz Wachuschti, welcher im 18. Jahrhundert die Geschichte seines Vaterlandes von der Teilung
bis zu seiner Zeit schrieb, behandelte auch jede Provinz
besonders, wobei er nicht immer unparteiisch verfuhr, da
er als Spross der in Ostgeorgien regierenden Linie der
Bagratiden gegen die imeretische oder westgeorgische eine
begreifliche Abneigung hegte. Die Fremdenherrschaft,
welche fortan fast gar nicht mehr aufhörte, erschöpfte
nicht nur die Kräfte des Volkes, sondern auch das nationale
Leben erlitt einen höchst verderblichen Einfluss.

Im Südwesten, im alten Meschien, dem heutigen Gebiet von Achalziche, hatten sich die Türken festgesetzt,
und wenn auch diese Grenzmark bis zum Jahre 1635 nur
als türkische Lehnprovinz von einem Atabegen verwaltet
wurde, so drangen doch schon damals der Islam und mit
ihm die türkische Sprache ein und untergruben das national-
georgische Wesen. Die traurigen, ganz zerrütteten Zustände,
welche im 16. Jahrhundert hier herrschten und die sich im
allgemeinen von denen der übrigen georgischen Landesteile
wenig unterschieden, werden in der kurzen sogenannten
„Meschischen Psalterchronik" so eingehend geschildert, dass
man sich von dem damaligen Leben eine richtige Vorstellung machen kann. In vieler Hinsicht schien der Adel
noch das Faustrecht auszuüben, und Raubzüge, Überfälle
und rohe Ausschreitungen waren gewöhnliche Erscheinungen.
Dabei war die Bewaffnung und Rüstung noch ganz mittel-
alterlich. Die Ritter trugen Panzer und bedienten sich
meistens noch der Bogen und Pfeile wie ihre Vorfahren in
fernen Jahrhunderten. Feuerwaffen waren wenig im Gebrauch, aber Säbel und Dolchmesser gehörten zur Aus-
rüstung eines jeden Ritters. Die Atabegen oder Statthalter
von Meschien wurden vom Sultan unter den georgischen
Edelleuten gewählt, mussten jedoch ihre Stellung ihren

eigenen Landsleuten gegenüber oft mit Gewalt zur Anerkennung bringen, da manche der einflussreicheren Grundbesitzer gleiche Hoheitsrechte beanspruchten. Das Leben
war noch ganz ursprünglich, und seine Haupteigenschaften
waren Armut und Entbehrung. Auch die Bildung des Adels
und der Geistlichkeit mag sehr niedrig gewesen sein, denn
von einem geistigen Leben ist nirgends eine Spur wahrzunehmen. Als einen gebildeten und tugendhaften Mann
preist die Chronik den Statthalter Mse-Tschabutsch, welcher
im Jahre 1572 starb. „Er war vollkommen, ohne Charakter-
mängel, gottesfürchtig und im christlichen Glauben erzogen.
Er war ein Freund der Bücher, Sänger und Redner, hatte
eine prächtige Stimme und zeichnete sich durch Beredsamkeit aus. Die Kirche und frommen Leute achtete er. Er
konnte persisch lesen und schreiben, sprach türkisch, persisch und arabisch und war ein ausgezeichneter Ballspieler
und Reiter."

Die Sitten der Bewohner und zwar zuerst des Adels
änderten sich jetzt zusehends, die Kirche kam in Verfall,
ihre Güter nahm der Adel in Besitz, und nicht wenige, die
nach Bedeutung und Würden strebten, gingen freiwillig zum
Islam über. Im Jahre 1635 starb der letzte Atabeg von
Meschien (Saatabago oder Samzche), und von nun an wurde
das Land nur noch von Paschas verwaltet, welche der Sultan einsetzte. Allmählich wurde der Islam auch den Frauen
der Edelleute aufgezwungen, und in der Folgezeit fielen
gleichfalls die Bauern vom Christentum ab.

So ging diese Grenzprovinz, in welcher einst ein kräf-
tiges nationales Leben geblüht hatte, für Georgien verloren,
und zum grössten Teil trug der verkommene Adel selbst
Schuld an dieser Entfremdung.

Weniger schwer lastete die Nachbarschaft der Türken
auf Mingrelien und Imeretien, wo ihre Herrschaft niemals
festen Fuss fasste und weder der Islam noch die türkische
Sprache Verbreitung fanden. Angesichts der zerrütteten
Zustände, die Jahrhunderte lang hier walteten, kann der

Fortbestand beider Staaten, sowie die Erhaltung der nationalen Eigenart, der Sprache und Religion wohl kaum auf
den Widerstand der Bevölkerung zurückgeführt werden,
sondern wird eher in politischen Ursachen zu suchen sein.
Die Türken unternahmen zwar häufig Einfälle in beide
Länder, zogen sich aber immer wieder zurück, weil vielleicht die waldreichen Niederungen am Rion schwer zu behaupten waren.

Aber obgleich Imeretien und Mingrelien weniger von
äusseren Feinden zu leiden hatten, als das östliche Georgien,
erstarb doch hier alles staatliche Leben, und die roheste
Willkür und Sittenverderbnis zerfrass den Volkskörper.
Kultur und Bildung waren bald nach dem Tode der Königin
Tamar tief gesunken und blieben auf dieser niedrigen Stufe
unbeweglich bis ins 18. Jahrhundert stehen, während in
Ostgeorgien, wo persische Schahs und ihre Statthalter das
Regiment führten, wo Lesgier, Tataren und Perser mit
kurzen Unterbrechungen hausten, schon im 17. Jahrhundert
Anstrengungen zu einer Neubelebung der Kultur und des
geistigen Lebens gemacht wurden.

Die dunkelsten Seiten der byzantinischen Geschichte
sind nicht schauerlicher, als diese kein Ende nehmenden
Kriegs- und Raubzüge, die das Dasein Imeretiens im Laufe
eines halben Jahrtausends ausfüllen. Verrat, Hinterlist,
Meuchelmord und entsetzliche Rachetaten bilden die Hebel
des politischen Lebens, Ausschweifungen aller Art, Unzucht
und Roheit herrschen frei und offen und untergraben das
Familienleben. Dabei blühte der Sklavenhandel, obgleich
er verboten war. Tausende von Mädchen und Knaben
wurden von ihren eigenen Landsleuten und oft von ihren
eigenen Eltern an die Türken verkauft und nach Konstantinopel und in andere Städte des osmanischen Reiches geschleppt. Schwer seufzte der Bauer unter dem Druck des
Frondienstes und der Abgaben, welche er an seinen unbe-
schränkten Gutsherrn entrichten musste.

Chardin, welcher Mingrelien und Imeretien im Jahre

1672 besuchte, schildert die damals hier herrschenden Zustände in den düstersten Farben, wobei allerdings seine
durch viele höchst unangenehme Abenteuer und Plackereien
hervorgerufene Missstimmung mitgewirkt haben mag. Jedenfalls lässt sich in seiner Sprache und Erzählungsweise eine
starke Gereiztheit erkennen, aber verschiedene Tatsachen,
die er schwerlich erfunden haben kann, sprechen doch dafür, dass das Gesamtbild, welches er entwirft, der Wirklichkeit nahe kommt.

Seiner Schilderung nach befanden sich Imeretien und
Mingrelien zu seiner Zeit in einem elenden, fast ganz kulturlosen Zustande und entbehrten aller Einrichtungen, welche
Westeuropa schon zwei oder drei Jahrhunderte früher gekannt hatte. Kutais, damals die einzige Stadt Imeretiens,
war ein elender Flecken von 200 Häusern und besass nur
deswegen einige Bedeutung, weil der König, umgeben von
einigen Edelleuten, hier residierte. An Nahrungsmitteln war
kein Mangel im Lande, aber alles übrige, wie Kleiderstoffe,
Geschirr, Schmucksachen und bessere Waffen, wurden aus
der Türkei bezogen, woher sie griechische, türkische, italienische und vielleicht auch armenische Kaufleute an einige
Landungsplätze der mingrelischen Küste brachten. Geld
war sehr wenig vorhanden, da das nötige Metall dazu fehlte,
und beim Erwerb ausländischer Waren beschränkte man
sich zumeist auf den Tauschhandel. Die Häuser waren nicht
nur einfach, sondern selbst beim Adel höchst ärmlich ein-
gerichtet. Bessere Wohnungen mögen nur wenige besessen
haben.

Ganz ähnliche Zustände walteten im angrenzenden
Mingrelien, dessen Bewohner sich in Sitten, Gebräuchen
und Lebensweise von den Imeretiern fast gar nicht unterschieden. Charakteristisch ist die Schilderung, welche
Chardin von seinem Besuche bei der Fürstin von Mingrelien gibt:

„Sie war schöner gekleidet, als am vorhergehenden
Tage. Sie war geschmückt und gab sich Mühe, schön zu

scheinen. Sie trug ein Kleid von mit Goldfäden durch-
webtem Seidenstoff und in den Haaren Edelsteine. Ihr
Schleier war kunstvoll und eigenartig um den Kopf gewunden. Sie sass auf einem Teppich und hatte zu beiden
Seiten neun oder zehn Zofen. Ihre Ehrendamen waren,
wie man sagte, des Krieges wegen in eine Burg geschickt
worden. Der Saal war angefüllt mit halb nackten Kerlen,
die ihren Hofstaat bildeten. Bevor ich eintrat, fragte man
mich nach dem Geschenk, welches ich für die Fürstin gebracht hatte. Ich händigte es einem Diener ein und nachdem es die Fürstin besichtigt hatte, wurde ich eingelassen.

„Das Haus, welches sie bewohnte, stand in der Mitte
von fünf oder sechs anderen und war weder von einem
Zaun noch von einer Mauer umgeben. Vorn sah man eine
etwa 18 Zoll hohe Estrade, welche überdacht war. Hier
wurde ein Teppich ausgebreitet, auf welchen sich die Fürstin
niederliess, während ihre Zofen vier Schritte weiter auf
anderen Teppichen Platz nahmen. Die Kerle, welche ihr
Gefolge bildeten, setzten sich ringsherum auf den Rasen.
Es waren ihrer ungefähr fünfzig. Für die Theatinermönche
und mich standen zwei Bänke neben der Erhöhung, deren
eine uns zum Sitzen, die andere als Tisch diente. Als die
Fürstin Platz genommen hatte, breitete ihr Tischdiener vor
ihr ein langes, bemaltes Leinentuch aus und stellte auf eine
Ecke das Tafelgeschirr, welches aus zwei grossen und zwei
kleinen Flaschen, vier Schüsseln und acht Tassen von verschiedener Grösse, einer Suppenschüssel, einem Suppenlöffel
und einem Abschaumlöffel, alles von Silber, bestand. Andere
Diener legten gleichzeitig vor alle, die dort sassen, hölzerne
Bretter hin, welche als Tische dienten. Eins wurde auch
vor die Frauen gelegt. Als dies alles fertig war, brachte
man in die Mitte des Platzes zwei Kessel, einen sehr grossen,
welcher von vier Männern getragen wurde und mit gewöhn-
lichem Ghomi (Hirse) angefüllt war, und einem kleinen mit
weissem Ghomi. Wie ich schon sagte, ist dieser Ghomi ein
Teig, welchen die Mingrelier wie wir das Brot geniessen.

Zwei andere Männer brachten auf einem Brett ein ganzes, gekochtes Schwein, und vier andere jeder einen Krug Wein. Von allem setzte man der Fürstin, dann ihren Frauen, dann uns und ihrem Gefolge vor. Vor die Fürstin stellten sie noch eine Holzschüssel mit Brot und würzigen Kräutern, um den Appetit zu schärfen, und eine grosse Silberschüssel mit zwei Stück Geflügel, das eine gekocht, das andere gebraten, beide mit einer abscheulichen Sauce, die ich niemals essen konnte. Die Fürstin schickte mir einen Teil des Brotes und der Kräuter und liess mir sagen, ich möchte zum Abendessen bleiben, und sie würde einen Ochsen schlachten lassen. Das war nichts weiter als eine Höflichkeit. Bald darauf schickte sie mir zwei Stücke Geflügel und liess mich fragen, warum nach Mingrelien keine europäischen Handwerker kämen, die so gut Metall, Seide und Wolle zu verarbeiten verständen, und warum nur Mönche kämen, mit denen nichts anzufangen wäre und welche sie auch gar nicht wünschte.

„Das Mahl währte zwei Stunden. Als es zur Hälfte vorüber war, schickte mir die Fürstin einen Becher Wein und liess mir sagen, es sei dies Wein von ihrem Munde und der Becher, aus welchem sie trinke. Dreimal erzeigte sie mir diese Ehre. Sie war sehr überrascht, als sie sah, dass ich Wasser in den Wein goss, und sagte, sie tue dies niemals. Sie und ihre Frauen tranken reinen Wein und in Menge.“

Diese freundliche Bewirtung war nichts weiter als eine Komödie; denn am nächsten Tage schickte diese neue Medea oder gueuse, wie Chardin die Fürstin nennt, ihre Leute in sein Haus, um sich seiner Kostbarkeiten zu bemächtigen, was ihr jedoch nicht gelang, da er sie gut verborgen hatte.

Der italienische Missionär Archangelo Lamberti, dessen interessantes Buch „Relatione della Cholchide“ im Jahre 1654 in Rom erschien, entwirft von dem Leben der damaligen Mingrelier zwar kein erfreuliches Bild, aber seine streng sachliche Darstellung ist immerhin weniger düster,

als die des französischen Juwelenhändlers, auf dessen Kostbarkeiten es die Mingrelier abgesehen hatten. Dass das
Land arm war und der notwendigen Kultureinrichtungen
entbehrte, geht aus seinen Schilderungen auch hervor, aber
neben den schlimmen verschweigt er auch nicht die guten
Eigenschaften seiner Bewohner, deren letztere er allerdings
nur wenige nennt. Diebstahl und Raub waren so allgemein,
dass er Mingrelien als das Heimatland der Diebe und Räuber
bezeichnet. Als solche sind die Mingrelier auch heute noch
berüchtigt und gelten im allgemeinen als unzuverlässige,
schlaue und falsche Menschen.

Einen bedeutend günstigeren Eindruck machte auf
Chardin das östliche Georgien, nämlich Kartlien mit der
Hauptstadt Tiflis. Schon beim Eintritt in dasselbe, bei
Suram, erheitert sich seine Stimmung. „Diese Ebene ist
sehr schön," sagt er, „sie ist besetzt mit kleinen Wäldern,
Dörfern, Hügeln, Landhäusern und kleinen Burgen georgi-
scher Edelleute. Das ganze Land wird bebaut. Mit einem
Wort, es ist eine sehr schöne Gegend."

Seiner Versicherung nach liess das damalige Leben in
Georgien nichts zu wünschen übrig: „Man lebt in Georgien
köstlich und billig. Das Brot ist so gut wie nirgends in
der Welt, das Obst vortrefflich und verschiedenartig. Kein
europäisches Land erzeugt schönere und schmackhaftere
Birnen und Äpfel, kein Land Asiens vortrefflichere Granaten.
Vieh ist reichlich vorhanden und ist sehr gut, sowohl das
grosse als das kleine. Das Wildbret ist zahllos, es gibt davon allerlei Arten, vornehmlich Vögel. Das Wildschwein
kommt hier ebenso zahlreich vor wie in Kolchis (Mingrelien).
Das gemeine Volk nährt sich fast nur von Schweinen.
Man sieht ihrer überall auf dem Lande, aber es ist auch
wahr, dass man sich nichts besseres als dieses Schweinefleisch denken kann. Der nicht weit entfernte Kaspisee
und der Kur, welcher Georgien durchströmt, liefern so viele
Fische, dass man wirklich sagen kann, es gäbe kein Land,
wo man jeder Zeit ein besseres Mahl haben könne als hier."

Auch den Wein rühmt Chardin, aber noch mehr die
Frauen: „Ich sah in diesem Lande unter beiden Geschlechtern kein hässliches Gesicht, aber viele Engelsgesichter.
Die Natur hat hier den meisten Frauen Reize verliehen,
welche man anderswo nicht sieht. Sie anzuschauen und
nicht zu lieben, halte ich für unmöglich. Entzückendere
Gesichter und schönere Gestalten als die der Georgierinnen
kann man sich nicht vorstellen. Sie sind gross, schlank,
nicht entstellt durch Fettleibigkeit und haben eine schöne
Taille. Was sie entstellt, ist das Schminken.“

Die Männer nennt er intelligent, sagt ihnen aber auch
viel Schlimmes nach, wie Falschheit, Rachegier, Sinnlichkeit und Trunksucht, um dann wieder zuzugestehen, dass
sie Anstand und Menschlichkeit besitzen und ernst und
mässig sind.

Ihre damalige Tracht kam der altpolnischen sehr nahe
und die Ähnlichkeit mancher Kleidungsstücke der Polen und
Georgier ist auffallend. So z. B. die des mit Pelz ver-
brämten georgischen Oberrockes mit dem polnischen Kontusz,
des schwarzen Oberrockes mit der ezamarka u. s. w. Wie
es scheint, sind beide Trachten tatarischen Ursprungs.

Die Bildung der Georgier seiner Zeit nennt Chardin
erbärmlich, aber da er die Landessprache nicht kannte, mag
es ihm in dieser Hinsicht nicht leicht gewesen sein, sich
Auskunft zu verschaffen. Über georgische Literatur und
das Unterrichtswesen spricht er kein Wort, und da zudem
noch sein Aufenthalt in Tiflis von sehr kurzer Dauer war,
ist seiner Äusserung über den Bildungsstand keine Bedeutung beizulegen. Jedenfalls darf man annehmen, dass
die geistige Kultur mehr oder weniger der materiellen entsprach, und von dieser spricht Chardin mit Anerkennung.

Tiflis besass schöne öffentliche Gebäude und grosse
Bazars, Karawanserays und Kaufläden. Das königliche
Schloss enthielt grosse Säle und war von umfangreichen
Gärten umgeben. Auch in der Umgegend der Stadt gab
es mehrere Landhäuser, schöne Gärten und Parks. Die

Georgierinnen.

Zahl der Kirchen betrug vierzehn, von denen acht den
Armeniern und nur sechs den Georgiern gehörten. In der
noch heute bestehenden Domkirche fand Chardin ziemlich
frische Wandgemälde, die er als schlechtes Machwerk bezeichnet, da es ihm unmöglich war, zu erkennen, was sie
darstellen sollten.

Im übrigen ist in seinem Buche nichts über die damalige Baukunst zu finden, und er begnügt sich mit der
Versicherung, dass in Georgien die persische Bauweise die
vorherrschende sei. Dies mag für einige hervorragende
Gebäude in Tiflis und für wenige Landhäuser zutreffend
gewesen sein, während im allgemeinen wohl die einfache,
altgeorgische Bauart ihre Geltung bewahrte.

Der Einfluss der Perser, welcher schon im 15. Jahrhundert zugenommen hatte, erreichte im 17. Jahrhundert
seine weiteste Ausdehnung und trug viel zur Änderung der
Sitten bei. Der König von Kartlien und Kachetien war
nur noch ein Statthalter des Schahs von Persien, welcher
Ostgeorgien längst als eine Provinz seines Reiches betrachtete. Ohne seine Bestätigung durfte keiner der Könige
die Regierung seines Erblandes übernehmen. Sie regierten
nur im Namen des Schahs, und oft wurde die georgische
Krone solchen Prinzen verliehen, welche längere Zeit in
Persien zugebracht hatten, mit der persischen Sprache
und persischen Sitten vertraut waren und sich durch Ge-
fügigkeit des Schahs Gunst und Gnade erworben hatten.
Mehrere waren Mahomedaner, andere nahmen, um auf den
Thron zu gelangen, zum Schein den Islam an. Die Rolle,
welche diese Zwitterkönige spielten, war in den meisten
Fällen eine klägliche und zweideutige, und nur wenige hatten
den Mut, sich als treue Söhne ihres Landes zu zeigen. Der
vollkommenste Typ des Renegaten war Rostom, welcher
von 1634—1658 regierte. In einer Urkunde vom Jahre 1634
nennt er sich „Staub auf den Füssen des Schahs von
Persien", der ihn mit Geschenken und Gunstbezeugungen
aller Art überhäufte. Er war Mahomedaner und mehr

Perser als Georgier und suchte in der Verwaltung des
Landes beide Nationalitäten in gleichen Rang zu stellen.
Seinen Hof richtete er nach persischem Muster ein und
lebte fast nur seinen Vergnügungen, die gleichfalls ein ganz
persisches Gepräge trugen. Sein schwelgerisches Leben
und seine Prachtliebe, seine völlige Untätigkeit und Gleich-
giltigkeit gegen das Wohl seines Volkes verschlechterten
noch mehr dessen Sitten und brachten es dahin, dass der
zuchtlose höhere Adel nach eigener Willkür im Lande wirt-
schaftete. Obgleich er die georgischen Gebräuche und Überlieferungen nicht antastete, scheint er doch das Land nur
als persische Provinz angesehen zu haben und liess unter
anderem seine Befehle und Erlasse in zwei Sprachen (auf
der ersten Seite georgisch und auf der Rückseite persisch)
abfassen.

Ihm folgte im Jahre 1658 Wachtung V., welcher den
Wohlstand des Landes wieder zu heben und das aus-
zubessern suchte, was Rostom ruiniert hatte. Auch brachte
er, unterstützt vom Katholikos Domenti, die christliche Religion, von welcher viele abgefallen waren, wieder zu Ehren.

Zu seiner Zeit hielt sich Chardin im Jahre 1672 mehrere
Wochen in Tiflis auf und hinterliess uns in seinem Buche
die Schilderung eines Gastmahls bei Wachtang, welche über
das damalige georgische Hofleben höchst interessante Einzelheiten enthält.

„Am 16. März lud mich der Fürst zur Hochzeit seiner
Nichte ein, welche im Schlosse stattfand. Die Trauung
war beinahe beendet, als wir hinkamen. Ich hatte grosse
Lust, sie zu sehen, aber da der Saal voll Frauen war, liess
man ausser dem Fürsten, seinen nächsten Verwandten, dem
Katholikos und den Bischöfen keine anderen Männer eintreten. Der Verkehr der Frauen mit Männern ist erst seit
der Unterwerfung Georgiens unter Persien verboten, und
dieses Verbot hat nur in den Städten Geltung; denn auf
dem Lande und an Orten, wo keine Mahomedaner wohnen,

gehen die Frauen unverschleiert und verkehren ganz frei mit den Männern.

„Das Hochzeitsfest wurde auf einer Terrasse des Schlosses gefeiert, an deren Wänden Estraden hinliefen, welche zwei Fuss hoch und sechs Fuss breit waren. Die Terrasse war mit einem Stoffdache bedeckt, welches auf fünf Säulen ruhte. Das Futter bestand aus gewirktem Gold- und Silberstoff, Samt und bemalter Leinwand, die so geschickt und geschmackvoll ineinander genäht waren, dass es beim Fackelschein wie ein Gewebe von Blumen und Arabesken aussah. In der Mitte des Saales befand sich ein grosser Wasserbehälter, aber es war hier nicht kalt; denn die Menge Menschen und die Kohlenbecken wärmten dermassen, dass mir anfing heiss zu werden. Der Fussboden war mit schönen Teppichen belegt, und der ganze Raum wurde von vierzig grossen Fackeln beleuchtet. Vier, welche in der Nähe des Fürsten standen, waren von Gold, die anderen von Silber. Jeder dieser Leuchter wiegt vierzig Pfund und hat unten ungefähr 15 Zoll im Durchmesser. Der anderthalb Fuss hohe Arm trägt eine Schale, welche mit gereinigtem Talg angefüllt und mit zwei Dochten versehen ist.

„Die Gäste sassen auf den Erhöhungen, der Fürst auf einem noch höheren Platze, über welchem ein Zeltdach angebracht war. Sein Sohn und seine Brüder sassen zur Rechten, die Bischöfe zur Linken. Mir und den Kapuzinern wies der Fürst neben den Bischöfen Plätze an. Mehr als hundert Personen nahmen am Festmahl teil. Die Musikanten sassen unten. Bald, nachdem wir Platz genommen hatten, erschien, vom Katholikos geführt, der Bräutigam. Als er sich gesetzt hatte, kamen die Verwandten, beglückwünschten ihn und brachten ihm Geschenke dar. Die meisten Gäste taten das gleiche, jeder seinem Range nach. Es war dies eine Art Prozession, die eine halbe Stunde dauerte. Die Geschenke bestanden aus goldenen und silbernen Münzen, deren Gesamtwert 200 Taler nicht überstieg.

„Dann wurde das Abendessen aufgetragen. Vor den:
Gästen. breitete man Tischtücher aus, die so breit waren.
wie die Erhöhung. Hierauf wurden drei Sorten Brot gebracht, dünnes wie Papier, fingerdickes und kleines süsses.
Das Fleisch lag in grossen zugedeckten Silberschüsseln..
Diejenigen, welche die Schüsseln in den Saal brachten,.
stellten sie am Eingang auf ein Tischtuch in eine Reihe,
von wo sie andere zu den Truchsessen trugen, welche das.
Fleisch auf Teller legten und den Gästen vorsetzen liessen.
Zuerst wurden die Prinzen bedient, dann rangweise die
übrigen. Es gab drei Sorten Fleisch, welche nacheinander.
aufgetragen wurden. Das Mahl bestand aus drei Gängen,
jeder von ungefähr 60 grossen Silberschüsseln. Der erste·
war Pilaw verschiedener Art, dann süsse Speisen und Ge-
bäck und zuletzt Braten, aber dazwischen Fische, Eier und
Gemüse für die Geistlichen. Die Fischbedienung ging in
der grössten Ordnung und mit erstaunlicher Stille vor sich.
Jeder tat seine Pflicht, ohne zu sprechen. Drei an einem
Tische speisende Europäer machen mehr Lärm als die
150 Personen, welche in diesem Saale tafelten.

„Sehenswert war das Tafelgeschirr. Es bestand aus
ungefähr 120 Bechern, Tassen und Körnern, 60 Flaschen
und Krügen. Die Krüge waren fast alle von Silber, die
Flaschen von poliertem oder mit Schmelz überzogenem
Gold, die Tassen und Becher teils von poliertem oder mit
Schmelz überzogenem Gold, teils mit Edelsteinen besetzt
oder von Silber. Die Trinkhörner waren wie die kostbarsten
Tassen verziert.

„Als man anfing, die Gesundheiten auszubringen, begann das von Gesang begleitete Spiel der Instrumente.‟
Dieses „Konzert‟ gefiel Chardin nicht im geringsten,
umsomehr aber dem Fürsten und seinen Gästen, was nie-
manden, der altmorgenländischen Gesang und Musik gehört
hat, verwundern wird. Wer beide mit der europäischen
Tonkunst vergleicht, kann nur zu einem abfälligen Urteil
gelangen; denn um in morgenländischem Gesang und in

morgenländischer Musik einigen Reiz zu finden, ist es nötig, mit der Gefühlswelt der Orientalen bekannt zu sein. Auch die Kenntnis der Sprache ist nicht überflüssig, da das Lied eigentlich alles bedeutet, und das Spiel auf Instrumenten ohne Gesang im Morgenlande fast ganz unbekannt ist. Eine Tonkunst hat sich hier nicht entwickelt, wohl aber erwuchs schon in alten Zeiten aus der lyrischen Poesie die Gesangskunst, während das Lautenspiel immer nur zur verschönernden Begleitung des Gesangs diente.

Anfänge des neuen Kulturlebens im 17. Jahrhundert

Nach dem Falle Konstantinopels war für Georgien das einzige Band, welches es an die Kulturwelt knüpfte, zerrissen, und dieser Verlust trug ohne Zweifel nicht wenig bei zur Verrohung seiner Bewohner, umsomehr, da infolge dieser Absonderung auch die Bildung der Geistlichkeit sank und die Kirchenliteratur immer mehr in Verfall kam. Die georgischen Könige hatten zwar niemals die Oberhoheit des byzantinischen Basileus anerkennen wollen, aber Unterstützung hatten sie doch oft bei ihm gesucht und für ihre Landeskirche stets geistigen und auch materiellen Unterhalt gefunden. Der Basileus betrachtete die georgische Kirche trotz der ihr zugestandenen Selbständigkeit gewiss als eine Tochter der byzantinischen, und viele Kaiser liessen ihr Geschenke zukommen, welche ausser in Geld in wertwollen Kirchengeräten, Büchern, Heiligenbildern u. s. w. bestanden. Als unter Bagrat III. (980—1014) die Domkirche von Mzcheta in Verfall gekommen war und die Mittel zu ihrem Aufbau fehlten, ging der Katholikos Melchisedek nach Byzanz und bat den Kaiser um Unterstützung, die dieser auch gewährte. Was Schlumberger in seinem Werke „Nicéphore Phocas" über die Armenier sagt: „Il yavait toujours au palais Sacré quelque dynaste arménien, qui venait implorer l'appui du Basileus romain, son tres cher Père spirituel" betrifft in gleicher Weise die Georgier.

Georgische Mönche, welche in Konstantinopel oder anderen Städten des Reiches ihre Bildung vervollständigten, genossen hier allen möglichen Schutz, und während vieler Jahrhunderte konnten die Georgier unbehindert aus dem Born griechischer Wissenschaft schöpfen und sich neben theologischen auch weltliche Kenntnisse aus der damaligen Hauptstadt der Welt holen. Der Zufluss von Kultur war ein reger und fast beständiger, aber er ist in seinem ganzen Umfange bei weitem noch nicht festgestellt worden. Diese fortdauernde Einführung byzantinisch-griechischer Kulturmittel wurde auch durch den Verkehr gefördert, welchen das georgische Königshaus mit dem kaiserlichen Hofe unterhielt. Mehrere Könige wie Bagrat IV. (1018—1072), David, der Wiederhersteller, und andere heirateten byzantinische Prinzessinen, während wiederum georgische Königstöchter die Gemahlinnen byzantinischer Kaiser und Prinzen wurden. Die berühmteste von allen war Martha, die Tochter Bagrat IV., mit welcher sich Kaiser Michael VII. vermählte. Als Kaiserin trug sie den Namen Maria, war die schönste Frau ihrer Zeit, und ihre Schönheit und Anmut werden von der Prinzessin Anna Komnena mit den glühendsten Farben geschildert.[*]

Georgische Prinzen und Edelleute weilten sehr oft am byzantinischen Hofe, wo ihrer in den meisten Fällen ein guter Empfang harrte und sie sich eine bessere Bildung und feinere Lebensart aneignen konnten. Auch im Heere und in der Diplomatie waren sie zu finden, besonders unter Kaiser Romanos im zehnten Jahrhundert. „Die Armenier und allerdings sehr in zweiter Linie die Iberer beherrschten damals die weltgeschichtliche Situation. Die tapferen und klugen Söhne dieser Nationen haben wie in der Generalität, so auch im Kabinett des oströmischen Reiches die leitende Stellung erlangt und in würdigster Weise behauptet."[**]

---

[*] G. F. Hertzberg, Geschichte der Byzantiner. Berlin 1883.

[**] H. Gelzer, Abriss der byzantinischen Kaisergeschichte in Karl Krumbachers Geschichte der byzantinischen Literatur.

Das prachtreiche neue Rom, von welchem die fränkischen Ritter erzählten: „qu'ils ne pouvaient croire que si riche ville pût étre en tout le monde," übte einen gewaltigen Zauber auf alle Völker aus und lockte ohne Unterlass auch Georgier in seine Mauern.

Leidenschaftliche Wanderer scheinen die Georgier allerdings nie gewesen zu sein, aber Byzanz, Antiochien und besonders auch Jerusalem besuchten ihrer immer eine beträchtliche Anzahl, und die georgischen Klöster, welche in sehr früher Zeit zu Jerusalem, auf dem Sinai und auf dem Athos gegründet und bald wichtige Pflegestätten der georgischen Kirchenliteratur wurden, waren viele Jahrhunderte hindurch die Bindeglieder Georgiens mit der griechischen Kulturwelt.

Aber je mehr das Osmanentum nach Westen vordrang, desto schwieriger wurde der Verkehr mit Konstantinopel und hörte schliesslich fast ganz auf. Georgien war nun von der Christenheit weit getrennt und hatte mit dem Verschwinden des byzantinischen Reiches seine einzige, wenn auch oft keineswegs zuverlässige und Hilfe bringende Stütze verloren.

Mehrere Jahrhunderte rang dann das unglückliche Volk mit seinen mächtigen Bedrängern, den Persern und Türken, und erschöpfte seine besten Kräfte in diesem ungleichen Kampfe, ohne jedoch sein nationales Dasein einzubüssen. Oft schien für Georgien die letzte Stunde gekommen zu sein, aber immer wieder erholte es sich nach den schwersten Niederlagen, und seine zähe, in zweitausendjährigem Kampfe gestählte Lebenskraft erstarkte von neuem.

In den Zeiten der schwersten Not und Bedrängnis richteten jetzt die ostgeorgischen Könige von Kachetien und Kartlien ihre Blicke nach Norden, denn schon waren die Russen langsam, aber sicher bis in die nördlich vom Kaukasus gelegenen Ebenen vorgedrungen. Im Jahre 1558 wandte sich König Lewan II. von Kachetien an den Zaren Ivan IV. Wassiljewitsch um Hilfe gegen die Perser, fünfzig

Jahre später, als Schah Abbas Land und Volk zu vernichten
drohte, flehte König Alexander den Zaren Boris Feodorowitsch Godunow um Rettung an, und im Jahre 1619 sandte
König Teymuras sogar eine Gesandtschaft an den Zaren
Michael Feodorowitsch und schilderte in einem von Verzweiflung zeugenden Schreiben das Elend und die Drangsal,
in welche er und sein Volk geraten war. Michael Feodorowitsch suchte für Georgien Schonung zu erwirken, aber
obgleich sich Schah Abbas anfänglich willfährig zeigte,
nahm er doch dann Rache am georgischen Könige für
dessen gesuchte Vermittelung. Kaukasien lag damals noch
nicht in der Interessensphäre Russlands, weshalb sich dieser
Staat auch zu keinem Eingreifen in die kaukasischen Angelegenheiten bewegen liess.

Von nun an wurden die Beziehungen Georgiens zum
russischen Reiche immer reger, allmählich trat auch die
georgische Kirche der russischen näher, und das gegenseitige
Verhältnis gestaltete sich wie einst das byzantinisch-geor-
gische. Schon zu Anfang des 17. Jahrhunderts deuten alle
Anzeichen darauf hin, dass der russische Einfluss in Georgien
mit der Zeit das Schicksal des Landes entscheiden und der
der Perser und Türken vor ihm weichen werde. Das
Wachstum dieses Einflusses und der Niedergang der islamitischen Macht in Kaukasien ging zwar langsam, aber
von Schritt zu Schritt und ohne besondere Rückfälle vor
sich. Eine kulturelle Wirkung hatte aber die russische Beeinflussung lange noch nicht, und wirkliche Anzeichen einer
solchen stellen sich erst in der zweiten Hälfte des 18. Jahrhunderts ein.

Die Keime des neuen Kulturlebens sind vielmehr in
der Tätigkeit der italienischen Mönche zu suchen, welche
seit 1626 in Georgien katholische Missionen unterhielten.
Die ersten katholischen Mönche waren schon im 13. Jahrhundert hier erschienen, aber ihr Aufenthalt war nie von
Dauer und ihr Wirken ganz bedeutungslos gewesen. Erst
im 17. Jahrhundert gründeten die Theatiner in Achalziche

-eine ständige Missionsanstalt, welche bald darauf von den Kapuzinern übernommen wurde. „Gleich in jenen ersten Zeiten dehnte sich die Tätigkeit der Kapuziner auf die Stadt und die Umgegend von Achalziche aus, die damals in den Händen der Türken waren; ja, diese Stadt wurde geradezu der Ausgangspunkt für ihre georgische Mission: „Quell' ospizio era il luogo di ricapito e di studio per tutti i padri chi venivan spediti dall' Europa in Georgia, dove imparavano le lingue turca e giorgiana prima di passare più oltre" (P. Rocco III 377 f. bei Hugo Schuchardt, „Kartwelische Sprachwissenschaft" III). Die Türken leisteten der Tätigkeit der Missionäre bereitwillig Vorschub, da ihnen die endgiltige Auflösung der orientalischen Kirche in dieser georgischen Grenzprovinz sehr willkommen war. Später liessen sich Kapuziner auch in Tiflis, Gori und in Westgeorgien nieder und fanden hier gute Aufnahme und Schutz von seiten der Könige, die ihre Kenntnisse, besonders die medizinischen, zu schätzen wussten und sie in ihrer Propaganda manchmal sogar unterstützten. Diese war nicht besonders erfolgreich, worüber die Missionäre selbst in ihren Berichten klagen, aber mitunter gelang es ihnen, sogar die höchsten Würdenträger der Kirche, wie den Katholikos Anton von Kartlien und den Katholikos Melchisedek von Imeretien, dann König Wachtang VI., den Schriftsteller Sulchan Orbeliani und viele Edelleute, für den Katholizismus zu gewinnen. Wie gross die Zahl der georgischen Katholiken zur Blütezeit der Propaganda, im 18. Jahrhundert, gewesen sein mag, ist unbekannt, während sie heute wohl kaum acht bis zehntausend beträgt und noch dazu zum Teil -aus georgisierten Armeniern besteht.

Der kulturelle Einfluss der italienischen Missionäre, der sich zwar nur auf mehrere Städte beschränkte, mag wenigstens in Tiflis nicht bedeutungslos gewesen sein, und jedenfalls waren sie die ersten, welche die Georgier mit westeuropäischer Kultur und Wissenschaft bekannt machten und auch die ersten zuverlässigen Nachrichten über die kart-

welischen Länder nach Europa brachten. Die Missionäre
kamen für ihren Beruf gut vorbereitet hierher, indem sie
die georgische Sprache schon in Rom in der Congregazione
de Propaganda fide erlernten, wo um das Jahr 1630 auch
eine georgische Druckerei angelegt wurde. Zu ihrer Ausbildung gingen auch Georgier nach Rom, von welchen sich
später einige als Übersetzer und Lehrer in ihrer Heimat
betätigten. Unter den italienischen Kapuzinern befanden
sich oft Männer, die ziemlich hoch über der gewöhnlichen
mönchischen Bildung standen und neben der Propaganda
auch wissenschaftliche Zwecke verfolgten. Ihre literarische
Tätigkeit in ihrem ganzen Umfange darzustellen ist heute
unmöglich, da manche ihrer Schriften verloren gegangen
sind oder in wenig besuchten italienischen Klöstern verborgen liegen. Auch Hugo Schuchardt, dem bekannten
Sprachforscher, welcher sich eingehend mit den georgischen
Studien der Kapuziner beschäftigt hat und zu diesem Zwecke
Italien bereiste, ist es nicht gelungen, alle gesuchten Schriften
aufzufinden. Aber auch die bekannten legen von dem schriftstellerischen Wirken der italienischen Mönche hinreichendes
Zeugnis ab und zeigen sie uns als Sprachforscher und Sittenschilderer. Zu den ersten gehören St. Paolini, der im Jahre
1629 mit Hilfe eines Georgiers ein georgisch-italienisches
Wörterbuch zusammenstellte, Fr. M. Maggio, der Verfasser
einer georgischen Sprachlehre (1643), und vor allen P. Bernardo Maria da Napoli, welcher im Jahre 1673 nach Georgien
kam. „Es hat wohl im Laufe der Jahrhunderte keiner der
katholischen Missionäre der georgischen Sprache und Literatur ein grösseres Interesse entgegengebracht, als P. Bernardo; sicherlich keiner, auch wenn er nicht wie er nur
wenige Jahre in Georgien verweilte, eine so umfassende
literarische Tätigkeit nach dieser Seite hin entfaltet. P.
Bernardo verfasste in georgischer Sprache und übersetzte in
sie theologische Schriften und schrieb eine Reihe von Werken
der georgischen Nationalliteratur in Versen und Prosa ab."
(Hugo Schuchardt, „Kartwelische Sprachwissenschaft".)

Unter den Sittenschilderern zeichnete sich besonders
Archangelo Lamberti aus, über die Kirche und kirchliche
Zustände schrieb Zampi, und beide dürfen mit Bernardo als
die Väter der georgischen Forschungen angesehen werden,
welche, obgleich seit dem Erdenwallen und Wirken dieser
schlichten Mönche schon zwei Jahrhunderte verflossen sind,
sich in sprachlicher und teilweise auch in geschichtlicher
Hinsicht noch in den Anfangsstadien befinden. Der Ruhm,
diese Studien begonnen und lange Zeit fortgeführt zu haben,
kommt also den Italienern zu, und es ist zu bedauern, dass
sie dieselben im 19. Jahrhundert gänzlich aufgaben.

Im einzelnen lässt sich der Einfluss, welchen die Kapuziner auf die Wiederbelebung der georgischen Literatur
ausübten, nicht nachweisen, aber dass sie mit den Königen
und vielen gebildeten Georgiern in regem Verkehr standen
und diese zu literarischer und wissenschaftlicher Beschäftigung anregten, ist aus zahlreichen Tatsachen zu ersehen.

Bevor jedoch dieser Einfluss seinen Anfang nahm, trat
ein Dichter auf, der in sich ganz den Geist seiner Zeit verkörperte und, mit europäischer Denk- und Sinnesart unbekannt, in allen seinen Dichtungen noch den halb persisch
gebildeten Georgier zeigt. Dies war König Teymuras I.,
der erste in der ansehnlichen Reihe von Schriftstellern und
Schriftstellerinnen aus dem Hause der Bagratiden, welches
von nun an beinahe zwei Jahrhunderte lang am geistigen
Leben Georgiens tätigen Anteil nahm und zeitweilig dasselbe sogar leitete.

Teymuras I. wurde um 1588 geboren und bestieg im
Jahre 1605 den Thron von Kachetien, welchen er mit
längeren Unterbrechungen bis 1663 dreimal inne hatte. Die
Chronik sagt von ihm, dass er nur an Zerstreuungen, an
die Jagd und üppige Gastmähler dachte und sich wenig um
die Regierung kümmerte. Als Vasall Persiens war er ein
Spielball in den Händen des mächtigen und grausamen
Schah Abbas, welcher mehreremale sein Vaterland mit
Krieg überzog und verwüstete und jeden Versuch der

Georgier, ihr Joch abzuschütteln, auf die furchtbarste Weise-
ahndete. Die Lage dieses Königs war also eine höchst-
schwierige, aber er fügte sich keineswegs immer knechtisch-
in dieselbe und bot dem persischen Gewalthaber mit den-
Waffen Trotz, wenn dessen Bedrückungen unerträglich wurden.

Sein Leben war ein sehr bewegtes und unruhiges,
denn ein stürmisches Schicksal trieb ihn nicht nur in seinem
Vaterlande hin und her, sondern auch in die Fremde. Er
unternahm zwei Reisen nach Konstantinopel und Russland,
und starb 1663 in Astrabad in Persien. Von seinen reichen
Lebenserfahrungen findet sich nichts in seinen Dichtungen,
die überhaupt ein wenig persönliches Gepräge haben und
meistens verschiedene, schon früher in der persischen Poesie
auftretende Stoffe rein gegenständlich behandeln. Seine
Kenntnis der persischen Literatur scheint ziemlich gründlich
gewesen zu sein. Sie beeinflusste ihn in hohem Grade und
lieferte ihm nicht nur Stoff zu seinen Dichtungen, sondern
lehrte ihn auch zum Teil die Kunst, diesen zu bearbeiten.
Trotz alledem sind gerade diejenigen Gedichte, in denen er,
frei von der Nachahmung der Perser, seiner gelegentlichen
Stimmung folgt und seine eigenen Empfindungen zum Ausdruck bringt, die besseren. Zu diesen gehören: „Der Marter-
tod der Königin Ketewan" (seiner Mutter), „Vergleiche des
Frühlings mit dem Herbst", „Abant-Keba" (Schilderung der
Lebensfreuden in alphabetischer Reihenfolge), „Beschreibung
des Schlosses in Gremi" (Residenz des Königs in Kachetien)
und

Klagelied auf den Tod der Königin.

Entschwunden sind der Freude heitre Tage,
Das Herz drückt Sehnsucht, Leid das Auge trübt.
Nur Tränen kenn ich noch, nur Weh und Plage,
Kein Schmaus freut mich, noch was ich sonst geliebt.

In Glut gestürzt hat mich dein Tod, o Sonne,
Ich bin verwaist und allen Trostes bar.
Ins Grab entrückt ist meine Lebenswonne,
Du fandst die Seligkeit für immerdar.

Hin ist der Rosenlippen frisches Prangen,
Die Perlenzähne starr im Munde ruhn,
Der Zunge Süssigkeit ist nun vergangen.
Weh mir! Was soll vor Schmerz und Leid ich tun!

Der schwarzen Erde gabst du deine Wangen,
Dein Rosenantlitz, das gestrahlt so hehr.
Nie wird mein Herz ein andres Weib verlangen,
Was du mir warst, find' ich hier nimmermehr.

Was fehlte dir, dass du ins Grab entschwunden
Und mich gestürzt in Gram und in die Müh'
Des Betens während endlos langer Stunden?
Warum erlosch dein Strahlenglanz so früh?

Die Trauermütze ist nun meine Krone,
Ein schwarzer Stab mein Szepter, mein Gewand
Ein schwarzer Mantel, und entrückt dem Throne
Bin an die Trauerkammer ich gebannt.

Erfüllt hab ich die vorgeschrieb'ne Trauer
Und heiss gebetet um dein Seelenheil,
Geseufzt, gestöhnt mit bangem Schmerz und Schauer.
O, wofür ward mir dieses Leid zu teil!

Im Kerkerdunkel sass ich vierzig Tage,
Nicht einen Lichtstrahl sah mein Auge mehr.
Das Haupt zerschlug ich mir vor Gram und Plage.
O, komm und schau, wie mir ums Herz so schwer!

Von seinen aus dem Persischen entlehnten oder übersetzten Dichtungen ist die bedeutendste der Liebesroman
„Laila und Medschnun" von Nizami, welchen er in den
zuerst von Rustaweli angewandten vierzeiligen Strophen
„Schairi" in seine Muttersprache übertrug.

Ungeachtet seiner Mängel war Teymuras I. ein hervorragender, geistig begabter Mann, ein mutiger Feldherr, und
verkörperte in sich bis zu einem gewissen Grade den
besseren Typ des georgischen Ritters seiner Zeit, der allerdings auch schon etwas verlottert und charakterschwach
war, aber doch noch manche einnehmende Eigenschaften

besass. Sein an Ereignissen und Abenteuern reiches Leben wurde von König Artschil in einer langen Dichtung „Artschiliani" geschildert, die in ihrem ersten Teile in Form eines Zwiegespräches zwischen dem Dichter Rustaweli und Teymuras eine überschwengliche Lobpreisung des letzteren enthält.

König Artschil, dessen schriftstellerisches Wirken ziemlich bedeutend war, steht schon an der Schwelle der neuen Zeit und ist als der Bahnbrecher des im 18. Jahrhundert einsetzenden Kulturaufschwunges zu betrachten.

Erstarkung des nationalen Lebens im 18. Jahrhundert

Gegen Ende des siebzehnten Jahrhunderts erwachte im georgischen Volke der Drang nach Hebung und Nationalisierung der eigenen Kultur, welche durch die Niederschläge der damals schon sehr gesunkenen persischen stark verunglimpft worden war und ihr früheres eigenartiges Gepräge zum Teil verloren hatte. Auch die Sittlichkeit litt immer mehr unter dem Einfluss der Perser und Tataren. „Man ahmte ihre Prachtliebe, ihre Genusssucht und ihre Weise zu essen und zu trinken, sowie ihre Schwelgerei nach,“ klagt der Chronist. „Man verkaufte die Kriegsgefangenen, Ehebrüche und sogar Sodomie kamen häufig vor. Um einen Titel oder eine Besoldung zu erlangen, traten manche zum Islam über und bezogen vom Schah Gehälter.“

„Anstatt auf Stühle, setzt man sich jetzt auf Teppiche und isst mit den Fingern“, klagt Prinz Wachuschti in seiner „Beschreibung Georgiens“. Auch von der Bildung seiner Landsleute ist er wenig erbaut und sagt: „Seit einiger Zeit lernen sie nur lesen und schreiben, singen und tanzen und die Waffen gebrauchen, und halten dies für eine hohe Wissenschaft.“ Nach dem Zeugnis der katholischen Missionäre stand es mit der Bildung der damaligen georgischen Frauen besser als mit der der Männer, aber im allgemeinen mag sie wohl auch sehr mangelhaft gewesen sein.

Die Erkenntnis des äusserst niedrigen Kulturzustandes und das Verlangen nach Hebung desselben ging von den

Königen aus, denen sich bald Prinzen des königlichen Hauses und auch Würdenträger der Kirche beigesellten. Ihre Arbeit war eine harte und mühevolle; denn die Neubestellung eines so verwahrlosten Ackers wie die georgische Kultur zu Anfang des 18. Jahrhunderts erforderte die Mitwirkung einer zahlreichen Schar tüchtiger und begabter Männer, welche nicht leicht zu finden waren. Hierzu kam noch die weite Abgeschiedenheit Georgiens von der europäischen Kulturwelt und die dadurch erschwerte Beschaffung von Bildungsmitteln.

In König Artschil, welcher als erster Schriftsteller und Dichter die nationale Bewegung einleitet, äussert sich der Drang nach Fortschritt noch unklar und schwach, aber er besass ein starkes Nationalgefühl, hing fest und mit Liebe an seinem Volk und Land und begeisterte sich für beide. Geboren wurde dieser Fürst als ältester Sohn Wachtang V. im Jahre 1647, und regierte von 1664 bis 1675 sein Stammland Kachetien, welches sich zu seiner Zeit wieder erholte und Ruhe und Frieden genoss. Obgleich die Chronik von ihm sagt, er sei sehr den Vergnügungen ergeben gewesen, gesteht sie ihm doch auch ritterliche Tugenden zu und lobt die Fürsorge, welche er der Wiederherstellung der Kirche widmete. Aus seiner Abneigung gegen den Islam und das Persertum machte er keinen Hehl und spielte keine zweideutige Rolle wie manche seiner Vorgänger. Im Jahre 1675 verliess er Kachetien, um Imeretien in Besitz zu nehmen, welches er auch fünfmal, aber stets nur für kurze Zeit regierte. Für das Ränkespiel des Schah und der georgischen Grossen war dieser Fürst zu edelmütig und treuherzig, und er unterlag auch in Imeretien schliesslich seinem Gegner Alexander, worauf er im Jahre 1699 nach Russland auswanderte und sich in Moskau niederliess. Hier verblieb er bis zu seinem im Jahre 1712 erfolgten Tode. Auch in der Fremde erlosch in ihm nicht die Liebe zu seinem Vaterlande, und mehrere seiner Werke wie das schon erwähnte „Artschiliani", ein Buch über die „Sitten Georgiens" und

die Übersetzung des persischen Liebesromans „Wis und
Ram" sollen im Exil entstanden sein.

Im zweiten Teile der Dichtung „Artschiliani" lässt
Artschil den König Teymuras I. selbst reden, und dieser
erzählt seine mehr an traurigen als an erfreulichen Ereignissen reiche Lebensgeschichte. Verworfenheit und Nieder-
tracht wuchern üppig in seiner nächsten Umgebung, frei
und kühn schaltet das Laster, und nur schüchtern lugt aus
dieser Wirrnis von Schlechtigkeit dann und wann die Tugend
hervor. Dramen reihen sich an Dramen, in denen der persische Schah als Hauptheld alle anderen Schauspieler wie
Drahtpuppen bewegt.

Auch in seinen übrigen Werken spricht Artschil nur
von seinem Vaterlande, dessen Naturschönheiten er zum
erstenmale zu malen versucht. Den georgischen Sitten
widmete er eine ziemlich umfangreiche Dichtung, in welcher
er seine Betrachtungen über gute Erziehung, Bildung, länd-
liche Beschäftigungen und Zerstreuungen niederlegte.

Zwei Sinnsprüche von Artschil.

Nur der hat wahre Schaffenskraft,
Der ohne Vorbild etwas schafft.

Viel Freunde such' in jeder Lebenslage,
Jedoch um Rat nur einen einzigen frage!

König Artschil hat auch das Verdienst, die Einrichtung der ersten georgischen Druckerei veranlasst zu haben.
Wie Chachanow versichert, brachte er dieselbe durch die
Unterstützung des Grafen Fedor Golowin in Moskau oder
St. Petersburg zustande, und ein aus dieser Druckerei
im Jahre 1705 hervorgegangener Psalter soll noch vorhanden sein.

Von den schriftstellernden Zeitgenossen dieses Königs
sind Josef Tbileli, Pascho Bertadse und Gorgidschanidse zu
nennen, die sich alle drei der Schilderung der Wirklichkeit
zuwandten und wie Artschil nationale Stoffe behandelten.
Die alte, beinahe ausschliesslich aus der Einbildungskraft

schöpfende Fabulierkunst schien jetzt ihren Reiz zu verlieren und mit ihr auch die persische Poesie, welche so lange Zeit für die Georgier vorbildlich gewesen war.

Josef Tbileli, welcher am Ausgang des 17. Jahrhunderts Metropolit von Tiflis war und hier viel zur Bereicherung der bei der Zionskirche bestehenden Bibliothek beitrug, entfaltetete als Schriftsteller und Förderer der Bildung unter seinen Landsleuten eine rege Tätigkeit und soll, wie der Katholikos Anton berichtet, sich allgemeiner Beliebtheit erfreut haben. Sein Hauptwerk ist die Dichtung „Did Mourawiani" (Der Gross-Hauptmann), in welcher er die Taten und das Schicksal seines Grossvaters, des Mourawen Georg Saakadse erzählt. Dieser kühne, geistig begabte und durch Schönheit sich auszeichnende Edelmann spielte im ersten Viertel des 17. Jahrhunderts, als Schah Abbas eine tückische und grausame Politik mit Georgien trieb, eine bedeutsame Rolle und wird von seinen Landsleuten nicht mit Unrecht der georgische Alkibiades genannt. Seine abenteuerliche Lebensgeschichte ist wohl das getreueste Bild der georgischen Zustände seiner Zeit und zugleich auch der Ohnmacht seines Vaterlandes dem persischen Gewalthaber gegenüber.

Durch königliche Gunst zu hoher Würde erhoben, musste Saakadse bald die Missgunst des Adels erfahren, die ihn bei König Luarssab verdächtigte und diesen bewog, ihn aus dem Wege zu räumen. Der Anschlag gelang jedoch nicht und Saakadse, obgleich schwer gekränkt durch das Misstrauen des Königs, lieh diesem dennoch seinen Arm zum Kampfe gegen die Türken, welchen er mit seinem Schwiegervater Mugbar, dem Eristawen des Aragwagebietes, eine schwere Niederlage bereitete. Nach diesem Siege wuchs Saakadses Ansehen noch mehr, und der König besuchte ihn auf seinem Landsitze, wo er seine Schwester kennen lernte und bald in Liebe zu ihr entbrannte. Schnell fasste er den Entschluss sie zu heiraten und, obgleich sich der Adel und scheinbar auch Saakadse dagegen sträubten,

wurde die Ehe dennoch geschlossen. Diese Verschwägerung
mit dem Könige fachte den Neid des Adels von neuem an,
und mit Zustimmung des ersteren schmiedeten Saakadses
Widersacher den Plan, ihn zu einer Jagd einzuladen und
umzubringen. Rechtzeitig wurde Saakadse vor der ihn be-
drohenden Gefahr gewarnt, er brachte eiligst seine Angehörigen in Sicherheit und entfloh nach Persien, wo ihn
Schah Abbas mit offenen Armen aufnahm. Als persischer
Heerführer zeichnete er sich nun in zwei Feldzügen, in
Indien und gegen die Türken aus, und wurde hierauf mit
einem Heere nach Georgien geschickt, um im Verein mit
Kartschi-Chan an Stelle des nach Persien gelockten Luarssab,
einem Günstling des Schahs, Simon-Chan als König von
Kartlien und Kachetien einzusetzen. Diesen Auftrag führte
er auch aus, aber als Schah Abbas den unglücklichen
Luarssab meuchlerisch umbringen liess, warf Saakadse plötz-
lich die Maske ab und rief seine Landsleute zum Kampfe
gegen die persischen Bedrücker auf. Eigenhändig tötete er
Kartschi-Chan, den persischen Heerführer, vertrieb die feindlichen Horden aus dem Lande und berief Teymuras, den
König von Imeretien nach Ostgeorgien, um alle kartwelischen
Länder wieder unter einem Szepter zu vereinigen. Dieser
patriotische Plan gelang jedoch nicht, und Saakadse musste
nach einer von den Persern erlittenen Niederlage in die
Türkei flüchten, wo er bald sein Leben einbüsste. Schrecklich war die Rache des fürchterlichen Schah Abbas, als er
Saakadses Treubruch erfuhr. Dessen Sohn, welcher sich
als Geissel in Persien befand, liess er hinrichten, die Königin
Ketewan, des Teymuras Mutter, welche gleichfalls als Geissel
schon längere Zeit mit ihren Kindern in Persien schmachtete,
wurde mit glühenden Zangen zu Tode gemartert, und ihre
Söhne liess der unmenschliche Perser entmannen.

Auch Pascho Bertadse verfasste ein geschichtliches
Epos, in welchem er die Schicksale des ritterlichen Königs
Georg XI. von Kartlien (gest. 1709) erzählt. In Prosa
schrieb dagegen Parsadan Giorgidschanidse eine inhaltreiche

Chronik seiner Zeit, die in vieler Hinsicht die vom Prinzen Wachuschti bearbeitete und ziemlich lückenhafte Geschichte ergänzt. Dieselbe trägt das Gepräge des Miterlebten, enthält lebensvolle Schilderungen und berührt auch hier und da die Sitten und Gebräuche des Landes, von denen andere Geschichtschreiber bis auf Wachuschti fast ganz schweigen. Wie viele Georgier seiner und auch späterer Zeit, war Giorgidschanidse ein unruhiger Abenteurer und dazu halber Renegat, der sich im Dienste des Schahs ganz wohl fühlte, obgleich er mit Herz und Sinn Georgier blieb. Ausser der Chronik will er auch Gedichte geschrieben haben und übertrug eine persische Gesetzsammlung in seine Muttersprache. Seiner eigenen Versicherung nach war er ein Mann, der viel auf Reichtum hielt und vor allem den Verstand schätzte: „Verstand ist mehr wert als alles übrige, aber er ist eine Seltenheit. Die Herrscher suchen sehr Leute mit Verstand, die, wie man sagt, ihre Geheimnisse zu bewahren wissen und anderen nicht ihre Absichten verraten. Zur Zeit unserer Vorfahren sagte man, das Wort sei wie ein Samenkorn, welches man in die Erde vergraben muss, um es gegen Vögel und Insekten zu schützen." Seinem Sohne rät er die Armut, das schlimmste aller Übel, und die Verschwendung, die Quelle der Armut, zu verabscheuen. Aus anderen Ratschlägen geht hervor, dass Giorgidschanidse ziemlich selbstsüchtig veranlagt, sparsam und haushälterisch war. Die letzteren Eigenschaften sind heutzutage bei den Georgiern keineswegs häufig anzutreffen, während sie in früheren Zeiten gar nicht zu den Seltenheiten gehörten.

Dass nämlich der Adel im 17. und 18. Jahrhundert trotz mancher durch die politischen Zustände des Landes entstandener Laster nicht geringen wirtschaftlichen Sinn besass, ist aus verschiedenen Erscheinungen zu ersehen, und die Tatsache, dass sich Georgien nach feindlichen Einfällen und Verwüstungen immer schnell wieder erholte, spricht gewiss auch dafür.

Im allgemeinen war das Leben auch jetzt noch sehr

einfach und in vieler Hinsicht urwüchsig. Änderungen
gingen im georgischen Leben überhaupt sehr langsam vor
sich; denn da das Land abseits von allen Handelsstrassen
lag und vom levantischen Weltverkehr gar nicht berührt
wurde, fanden nur wenige Neuerungen ihren Weg hierher.
Die persische Lebensweise, die im 17. Jahrhundert manche
nationale Sitte verdrängte, mag im allgemeinen nur oberflächlich geblieben sein. Der persische Einfluss in Ostgeorgien betraf zunächst das Verwaltungswesen, höfische
und einige öffentliche und häusliche Gebräuche, die aber
wohl nur der Adel und gewiss nicht der gesamte befolgte.
Die Anhänglichkeit an die altväterlichen Sitten war keineswegs ausgestorben, sie erstarkte nach jedem Erfolge, welchen
das georgische Heer den Persern abrang und die Festigkeit,
mit welcher der Kern des Adels und das Volk der nationalen Kirche treu blieben, ˈzeigt, dass die persische Mode
nur eine Tünche war, in die sich manche zwangweise,
andere aber aus Eigennutz fügten.

Ähnlicher Art war der Einfluss, welchen die Fürsten
in Westgeorgien ausübten, ohne jedoch tiefer gehende Veränderungen hervorzubringen.

Im Wechsel der Dinge, der sich in Georgien im Laufe
vieler Jahrhunderte langsam vollzog, blieb die Kirche, ungeachtet vieler Drangsale und Schwankungen, die aus ihrem
eigenen Schosse hervorgingen, fast unveränderlich dieselbe,
und sie hörte nicht auf, in den Augen der besseren des
Volkes die Hochburg des nationalen Lebens zu sein. Wie
sehr auch das religiöse Gefühl der Georgier oft gesunken
sein mag, es traten doch immer wieder Männer auf, die bemüht waren, das Ansehen der Kirche wieder herzustellen
und diese nationale Schutzwehr wieder zu befestigen. Allerdings war es nicht immer möglich, die von Feindeshand
zerstörten Kirchen in kurzer Zeit neu aufzubauen, oft lagen
sie viele jahrzehntelang in Trümmern, aber sobald die Möglichkeit eintrat, erstanden sie von neuem, und der acht-
eckige Turm, das Wahrzeichen des georgischen Christen-

tums, ragte dem Volke zum Trost wieder in den blauen Himmel empor. Die Bauart der Kirchen scheint sich in den letzten Jahrhunderten fast gar nicht verändert zu haben, sie blieb immer schlicht, fast nüchtern und bewahrte ihre gefällige, durch keine Überladung verunglimpfte Schönheit.

Ein instinktives Schönheitsgefühl lässt sich bei den Georgiern schon in frühen Zeiten wahrnehmen, aber es entfaltete sich nur langsam und betätigte sich ausser in der Kirchenkunst und in der Tracht nur wenig und in gewissen Zeitabschnitten. Dass hierbei verschiedene Einflüsse mithalfen, liegt klar auf der Hand, schliesst aber die nationale Eigenart keineswegs aus, und diese tritt bei näherer Betrachtung und bei Vergleichen deutlich genug hervor. Eine unverwüstliche Grundlage schimmert überall durch die dünnen Schichten byzantinischer, persischer und türkischer Ablagerungen hindurch.

Viele Gebräuche, besonders diejenigen, welche Gefühlen entspringen, erhielten sich hart und fest und überdauerten wie Steindenkmäler alle Umwälzungen und Erschütterungen und eine lange Reihe von Geschlechtern. In ihnen zeigt sich immer wieder die Einkehr des georgischen Volkes in sich selbst und die Verschmelzung der Empfindungen der Einzelmenschen mit dem Gefühl der Zusammengehörigkeit. Solche Erscheinungen traten in gleicher Weise bei freudigen und schmerzlichen Ereignissen zu Tage, und die vielen, wenn auch meistens nur sehr kurzen Schilderungen der Chronik beweisen, dass stets die Teilnahme eine allgemeine war, und Schmerz oder Freude die Gemüter fast aller erschütterte.

Mit Geräusch und überschwenglichem Jubel wurden alle Siege über die äusseren Feinde gefeiert, und ebenso laut und gewaltig waren die Kundgebungen der Trauer und des Schmerzes beim Ableben eines geliebten Mitgliedes des königlichen Hauses oder anderer hervorragender Männer und Frauen.

Sehr charakteristisch für die Sitten und Gebräuche im 17. Jahrhundert ist die Schilderung, welche Giorgidschanidse von der Bestattung des Prinzen Otia im Jahre 1646 gibt. „Der Prinz starb in Gori und wurde sehr beweint und beklagt. Zwölf Tage lang durchhallten Gori die Klagen der Kartler, welche mit ihren Frauen, ihrem Gefolge und allem Zubehör ihres Ranges gekommen waren. Jeder stellte sich schluchzend der Frau und Königin vor, die vor der Zeit einer Toten glich, mit zerkratztem Gesicht, zerstreuten Haaren, aller ihrer Reize bar, in blutbefleckten Kleidern entkräftet auf der Erde sass und sich der Verzweiflung hingab. Man weinte mit ihr, dann mit ihrer (alten) Amme und der Reihe nach mit den Frauen ihres Gefolges, endlich mit dem Könige, mit den Fürsten und den Edelleuten und mit den Würdenträgern, die die Trauerfeier leiteten und am Bette, von welchem man die Decken weggenommen hatte. Sie weinten auch über die Kleider des Prinzen, über seine Perlenkrone, seine Mützenfeder, sein Schwert und seinen Dolch, seinen Helm, seinen Panzer und seine Handschuhe, sein Ross, sein Sattelzeug und schliesslich besonders über jedes seiner Abzeichen. Man wäre in einem Jahre nicht zu Ende gekommen. Der König sagte: ‚Mögen sie in einer Reihe kommen, wie Leute, die auf der Strasse hin ziehen!‘ Der Trauerzug dauerte vom Morgen bis Mittag; vom Mittagessen bis zum Abend, aber auch auf diese Weise kamen viele während der zwölf Tage nicht an die Reihe.‘ Darauf sagte der König: ‚Alle diejenigen, welche hier nicht geweint haben, werden es mit uns auf dem Wege nach Mzcheta tun.‘ Bei dem Toten befanden sich der Katholikos, die Bischöfe, Mönche und Priester und lasen Evangelien und Psalmen. Bei der Frau und Königin sah man auch Geistliche, Frauen und Jungfrauen in wollenen Gewändern, welche, von der Welt zurückgezogen, in Klöstern ein gottgefälliges Leben führten. Sie lasen dasselbe, indem sie Tränen vergossen und wirklich alle, welche sich bei der Königin befanden, weinten so sehr, dass ihre Augen fast

nichts mehr sahen. Jede Insignie wurde von 40 Geistlichen und Mönchen bewacht, welche Evangelien und
Psalmen sangen. Im ganzen waren es 800 Personen."

„Die in Trauergewänder und schwarze Stoffe ge-
kleideten Kartlier hatten Sänften anfertigen lassen, in deren
eine sie die einer Leiche ähnliche Königin setzten. Man
bedeckte sie mit einem schwarzen Mantel, und die Fürsten
mit ihren Brüdern und Söhnen trugen sie. Auch das mit
kostbaren Goldstoffen bedeckte Bett des Verstorbenen wurde
von jungen Fürstensöhnen getragen, und am 14. Tage brach
man von Gori nach Mzcheta auf. Dort wurde Prinz Otia
in eine Gruft beigesetzt, und der König begab sich am
nächsten Tage nach Tiflis. Von dort liess er für die Be-
gräbnisschmäusse eine solche Menge Rinder und Schafe,
soviel Fische, Kaviar, Salz, Kerzen und Räucherwerk
kommen, dass während seines 40 tägigen Aufenthaltes in
Mzcheta an den Tagen, an welchen Fleischspeisen erlaubt
sind, 100 Rinder und Schafe geschlachtet und an den Fast-
tagen 1000 Fische zerlegt wurden. Während dieser vierzig
Tage trug man der Frau und Königin keine gesalzene
Speise auf, und sie genoss nur Gerstenbrot. Einen Teil des
Eigentums ihres Sohnes schickte sie nach Jerusalem und
den Rest verschenkte sie an Kirchen und Klöster zur Erhaltung des Grabes. Der Domkirche von Mzcheta schenkte
sie das Dorf Darbasi in Somchetien, und das übrige vertraute sie ihrer gewesenen Amme und deren Gesellschafterin
an, wobei sie für ihren Unterhalt sorgte. Endlich riss sich
diese Fürstin mit Tränen von der Ruhestätte ihres Sohnes
los und kam nach Tiflis, wo die versammelten Bürger an
ihrer Tür erschienen und ihr jeder seinen Mitteln gemäss
ein Stück Stoff zum Bedecken der Gruft darbrachte und
sein Beileid ausdrückte. Jeden Tag kamen strassenweise
ihre Frauen zu ihr weinen und diejenigen, welche es im
stande waren, brachten Geschenke und Stoffe. Trotz der
ungeheuren Ausgaben wurde vom Volke kein Schauri (zehn
Pfennige) verlangt, und der König bestritt alle Kosten aus

seinem Schatze. 20 Jahre lang ass die Königin kein Fleisch
und trug nur schwarze Kleider."

Alle bei Begräbnissen und während der Trauerzeit
üblichen Gebräuche sind uralt und bestehen in gemilderter
Form noch heute. Ein urwüchsiger elementarer Zug erhielt sich in den Gefühlsäusserungen des georgischen Volkes
bis in die neuere Zeit und lebt auf dem Lande, besonders
in Gebirgsgegenden auch heute noch fort. Noch in unseren
Tagen spielen sich in georgischen Dörfern bei Beerdigungen
Szenen ab, wie wir sie nur in altgriechischen und
shakespeareschen Dramen oder alten Epen finden. Besonders die Weiber liessen hier stets der Allgewalt des
Schmerzes den freiesten Lauf und suchten einander in der
erniedrigendsten Kundgebung zu übertreffen. In allen diesen
Äusserungen lag gewiss viel Verstellung oder ein sittlicher
Zwang, aber auch viel Aufrichtigkeit, die dem heissen Ge-
blüt, der Gemütsart und Sinnlichkeit des georgischon Volkes
entspricht. Wer ähnliche Szenen gesehen, der wird Firdusis
Verse, in welchen er mit erschütternder Kraft den Schmerz
Theminens über den Tod ihres Sohnes Sohrab schildert,
nicht übertrieben finden:

> „Auch Sohrabs Mutter hörte, was geschehn,
> Dass ihr der Sohn geraubt sei und durch wen;
> Da ihr Gewand zerriss das schöne Weib,
> Rubinengleich erschien ihr nackter Leib;
> Die Hände rang sie, schluchzte laut vor Qual,
> In Ohnmacht sank sie ein ums andremal;
> Die Locken um die Finger rollte sie,
> Und riss sie aus, nicht Tröstung wollte sie.
> Bald, dass ihr Tränen Bluts vom Auge rinnen,
> Bald, dass sie hinstürzt mit geschwundnen Sinnen;
> Staub streut sie sich aufs Haupt in ihrem Kummer,
> Zerfleischt sich selbst die Glieder, flieht den Schlummer
> u. s. w."
>
> (Übersetzung von Ad. Fr. v. Schack.)

In Fällen der Trauer und des Schmerzes verliess die
Georgier die Zurückhaltung, die sie sonst im geselligen Ver-

kehr an den Tag legten, und auch bei Drohungen hemmten
sie ihre Leidenschaft nicht. Fast alle aus früheren Jahrhunderten auf uns überkommenen Schenkungsurkunden
und dergl. Schriftstücke enthalten Verwünschungen gegen
die Verletzer und Segenssprüche für die Befolger derselben.
Ähnliche Bekräftigungen eines Willensaktes waren allerdings im Mittelalter auch bei den abendländischen Völkern
üblich, aber bei den Georgiern blühten sie noch im
17. Jahrhundert und liessen an Kraft und Wucht nichts zu
wünschen übrig, wie der nachstehende Schluss einer aus
dem Jahre 1648 stammenden Schenkungsurkunde zeigt:
„Jeder Menschensohn, welcher nun aus irgend einem Grunde
dieses zu verletzen oder zu vernichten wagt, der Grosse,
welcher Gewalt anwendet, der Edelmann, der Bauer, der
Beamte, welcher mit Worten Anschläge macht, welcher
nur daran denkt, dieses durch seine Umtriebe zu vernichten,
wird den Zorn des anfangslosen Gottes, des Vaters, des
Sohnes, des heiligen Geistes wachrufen. Wenn er ein König
ist, der daran ändert, entblösse ihn deines Ruhmes, o König
der Könige, wenn sie eine Königin ist, entblösse sie deines
Ruhmes, o Königin der Königinnen! Was für ein Mensch
er auch sei, reisse ihn von der Erde hinweg und vernichte
ihn! Mag er gefesselt sein im Himmel und auf Erden, mag
ihn der Aussatz von Gezi befallen, die Erwürgung des
Judas, das Zittern des Kain! Möge seine Seele aus der
Hölle nicht erlöst werden! Diejenigen, welche dieses be-
stätigen und ausführen, wird Gott segnen!"

Trotz dieses urwüchsigen Tones, der hin und wieder
durchbricht, zeigt der gesellige Verkehr am Ausgang des
17. Jahrhunderts doch eine gewisse Verfeinerung, und die
Anstandsregeln, die seine Grundlage bilden, sind die wirklicher Kulturmenschen. Verletzt werden sie allerdings oft,
aber selten in friedlichem Umgange, sondern meistens nur,
wenn politischer Hader die Leidenschaften entfesselt. Überhaupt ist im Schalten und Walten der früheren Georgier
nicht selten ein schroffer Gegensatz wahrzunehmen, und

neben hoher Gesittung und Menschlichkeit tauchen Züge von einer jeder Kultur spottenden Roheit und mittelalterlichen Verknöcherung auf. Das Mittelalter lastete noch schwer auf Menschen und Zuständen, als zu Anfang des 18. Jahrhunderts König Wachtang VI. eine Neubelebung der nationalen Kultur auf fortschrittlicher Grundlage einleitete.

Diesen König schildert die Chronik als sanftmütig, mildtätig, friedliebend, arbeitsam und tatkräftig. Schon in seiner frühesten Jugend legte er eine rege Wissbegierde an den Tag und wie aus seinem Wirken zu ersehen ist, erwarb er sich eine für seine Zeit und Umgebung ungewöhnliche Bildung. Nach seinem Regierungsantritt, welcher unter keineswegs günstigen Umständen vor sich ging, machte er sich daran, sein Volk auf die Bahn des Fortschrittes zu leiten. Diese war klippenreich; denn die politischen Verhältnisse des Landes und die Abhängigkeit von Persien erschwerten seine Reformbestrebungen im höchsten Grade. Wie viele seiner Vorgänger richtete er sein Augenmerk zunächst auf die Kirche und fand, wie es scheint, unter der höheren Geistlichkeit eine ziemlich zahlreiche Partei, die dem Fortschritt geneigt war. Mit ihrer Hilfe setzte er die Wahl seines Bruders Domenti zum Patriarchen durch und fand in diesem einen aufgeklärten Mitarbeiter, der sich um die Belebung der kirchlichen und philosophischen Literatur verdient machte. Das erste wichtigere Kulturwerk des jungen Königs Wachtang war die Gründung einer Druckerei in Tiflis, welche er im Jahre 1709 zu stande brachte, und zwar liess er die Setzer aus der Walachei kommen. Das erste gedruckte Buch, der Psalter, erschien in demselben Jahre, worauf bald andere Erbauungsschriften und drei Jahre später auch die Rustawelische Dichtung „Der Mann im Tigerfelle" das Licht der Welt erblickten. Die Einführung der Buchdruckerkunst wirkte natürlich belebend auf das Unterrichtswesen und die Literatur des östlichen Georgiens, aber die handschriftliche Verbreitung alter und neuer Schriften hörte trotzdem nicht auf, und die

Abschreibekünstler scheinen noch viele jahrzehntelang
die Vervielfältigung kirchlicher und weltlicher Bücher besorgt zu haben. Eine Umwälzung brachte die Buchdruckerkunst keineswegs hervor, die meisten verhielten sich dieser
Neuerung gegenüber sehr gleichgültig, und als im Jahre 1724
nach König Wachtangs Abreise nach Moskau die Tifliser
Druckerei einging, wurde sie erst 30 Jahre später wieder
in Betrieb gesetzt. An eine anstrengende mit einiger Eile
durchzuführende Kulturarbeit dachte wohl auch damals
niemand, und ganz dem Hange morgenländischer Völker
gemäss wurde die Aufbesserung des geistigen und materiellen
Lebens mit einer gewissen Gemächlichkeit und beschau-
lichen Ruhe betrieben. Wachtang, welcher gewiss zu den
tatkräftigsten Georgiern des 18. Jahrhunderts gehörte, machte
hiervon keine Ausnahme und war noch ganz vom Schlage
jener Männer der Vorzeit, die sich Zeit nahmen und über
der Ausführung ihrer Pläne und Absichten den Genuss des
Lebens nicht vergassen. Ssechnia Tschcheidse, ein Chronist
des 18. Jahrhunderts, schildert seine Lebensweise folgendermassen: „In Frieden und Glück leitete er die öffentlichen
Angelegenheiten und verfasste sein Gesetzbuch. Mittwochs
und Freitags sass er zu Gericht und liess Kleinen und
Grossen Gerechtigkeit widerfahren. Die Sonntage und
Dienstage waren Gelagen und anderen Lustbarkeiten ge-
widmet. Nach den Gerichtssitzungen und Vergnügungen
ging er auf die Jagd, spielte in der Rennbahn Ball oder
liess nach ˙der Scheibe schiessen und verlebte herrliche
Tage." Unter anderem beschreibt Tschcheidse eine königliche Jagd, an welcher eine Menge Edelleute teil nahm und
auf welcher allein 160 Hirsche erlegt wurden. Auch von
einem sehr ergiebigen Lachsfang erzählt der Chronist und
lobt mit überschwenglichen Worten des Königs Freigebigkeit, die in jenen Zeiten, da die Armenpflege noch nicht
organisiert war, hier wie im ganzen Morgenlande eine
grosse Bedeutung hatte.

Ein Dränger war Wachtang VI. gewiss nicht, wohl

aber ein geistreicher, vornehmer Lebemann, der für Bildung
und Kultur ein richtiges Verständnis besass und mit alt-
väterlicher Gemütlichkeit für das Wohl seines Vaterlandes
sorgte. Auch scheint es ihm an Kunstsinn nicht gemangelt
zu haben. Er liess unter anderen die Domkirchen von
Tiflis und Mzcheta mit neuem Schmuck versehen und erbaute für sich in der ersteren Stadt ein Schloss mit Spiegel-
wänden und Goldverzierungen, von welchem Tschcheidse
sagt, dass er selbst in Persien kein prächtigeres gesehen
habe. Zwei wichtige Bewässerungskanäle, die von Nachiduri
und Karaja sind gleichfalls sein Werk, und im übrigen
werden ihm noch manche Einrichtungen von geringerer
Bedeutung zugeschrieben, die aber alle davon zeugen, dass
ihm die Hebung seines Landes am Herzen lag.

Wie sehr er bemüht war, geregelte Zustände zu schaffen
und in die Lebensverhältnisse seiner Heimat Ordnung zu
bringen, beweist am nachdrücklichsten die unter seiner
Leitung ausgeführte Zusammenstellung eines Gesetzbuches,
des ersten, welches das Gesamtleben umfasst und allen Beziehungen der Bevölkerung Rechnung trägt. Vor Wachtang
besassen die Georgier keine einheitliche Gesetzsammlung,
und die Rechtszustände waren in jedem der kleinen Staaten
verschieden und noch dazu sehr uranfänglich und einfach.

Die ersten Satzungen, „Dseglis Zera", welche unter
David, dem Wiederhersteller, zu Anfang des 12. Jahrhunderts
von der Kirchenversammlung erlassen wurden, betrafen fast
auschliesslich die Geistlichkeit, deren Stellung der Kirche
und den weltlichen Ständen gegenüber, und enthielten nur
einige wenige Bestimmungen, welche sich auf das bürgerliche Leben bezogen. Die zweite, schon erwähnte, von
Georg dem Glanzreichen im 14. Jahrhundert ausgegebene
Gesetzsammlung „Dseglis Deba" galt dem Schutz der Bevölkerung des kartlischen Unterlandes gegen die Berg-
bewohner. Im 14. und 15. Jahrhundert erscheinen noch die
für die südwestliche Grenzmark Samzche oder Saatabago
bestimmten Gesetzbücher von Beka und Aghbugha und

schliesslich um das Jahr 1600 eine Reihe von Verboten, welche vom imeretischen Katholikos gegen „Ehescheidungen, Totschlag, geheimen Handel mit Kriegsgefangenen und viele andere religionswidrige Vergehen" erlassen wurden. Rechnet man hierzu noch die königlichen Erlasse oder Schutzbriefe für gewisse Personen, so scheint der Vorrat aller bis jetzt bekannten schriftlichen Denkmäler georgischer Gesetzgebung erschöpft zu sein.

Die georgische Rechtspflege war bis ins 18. Jahrhundert so einfach wie die Lebensbeziehungen, was in einem Lande, welches nur Edelleute, Geistliche und Bauern und fast gar keine Stadtbevölkerung besass, niemand verwundern wird. Höchstwahrscheinlich beruhte die Rechtspflege hauptsächlich auf Überlieferungen, deren Ursprung in dichtes Dunkel gehüllt ist und bei deren Wandlung gewiss auch örtliche oder zeitliche Umstände und sogar Willkür mitwirkten. Feste Bestimmungen mögen bis zum Anfang des 18. Jahrhunderts nur in geringer Anzahl in Kraft gewesen sein. Selbst die Eigentumsrechte scheinen in vielen Fällen nicht schriftlich verbürgt gewesen zu sein, aber die in Menge erhaltenen Kaufakte tragen fast alle eine amtliche Bestätigung. Da Grundbücher nicht existierten und die Kaufakte nicht immer genau abgefasst waren, entstanden natürlich sehr häufig Händel und Grenzstreitigkeiten. In solchen war ausser früheren Akten auch das Zeugnis der Ortsbewohner massgebend, aber es musste durch Schwüre vor einem oder mehreren Heiligenbildern bekräftigt werden. Der Schwur wog in Rechtshändeln überhaupt schwer, und die Art und Weise, mit welcher er geleistet wurde, sowie der damals die Einbildungskraft beherrschende Aberglaube mögen dazu beigetragen haben, dass Meineide verhältnismässig selten vorkamen.

Die üblichste Strafe für Vergehen und Verbrechen war das Sühnegeld, welches auch bei Körperverletzungen, Totschlag und Mord in Anwendung kam, während die Kerker- und Todesstrafe nur selten und meistens nur für schweren Kirchenfrevel oder Heiligtumsschändung verhängt wurde. Im allgemeinen war die Ahndung von Verbrechen verhältnismässig milde, aber sie wurde oft grausam und barbarisch, wenn politische Ränke, Hass und Rache im Spiele waren. In solchen Fällen mussten die Schuldigen schwere Körperverstümmlungen erleiden, und nicht selten wurden ihnen mit glühendem Eisen die Augen ausgebrannt. Dieses unmenschliche Verfahren war besonders in West-georgien üblich, dessen Bewohner in früherer Zeit durch ihre Roheit und Gewalttaten berüchtigt waren.

Nach den Schilderungen Lambertis gab es in Mingrelien um die Mitte des 17. Jahrhunderts überhaupt keine geordnete Gerichtsführung, sondern nur eine höchst einfache Recht-sprechung, die sich oft abergläubischer Mittel wie Zwei-kämpfe, Proben mit siedendem Wasser u. s. w. bediente, und also die Grenzen mittelalterlicher Barbarei noch nicht überschritten hatte. Ob es um die Gerichtspflege in Ost-georgien besser bestellt war, lässt sich mangels sicherer Quellen nicht genügend nachweisen, aber die gesetzgebe-rische Tätigkeit des ostgeorgischen Königs Wachtang VI. berechtigt immerhin zu der Voraussetzung, dass sowohl die gesellschaftlichen Zustände wie auch die Rechtsbegriffe hier eine bedeutend höhere Entwickelung erreicht hatten. Das Gesetzbuch, welches Wachtang auf Grund armenischer und griechischer sowie früherer georgischer Gesetze und Ge-wohnheitsrechte abfassen liess, brachte durch seine umfang-reiche Gliederung eine gewisse Ordnung in die vielen fraglichen Rechtsbeziehungen und hob auch das nationale Leben auf eine mehr bürgerliche Kulturstufe empor. Zudem besitzt das Wachtangsche Gesetzbuch noch heute einen hohen kulturgeschichtlichen Wert, da es für die wirtschaft-lichen Zustände, Sitten und Gebräuche jener Zeit eine der zuverlässigsten Quellen ist.

Auch für das Verwaltungswesen und die königliche Haushaltung liess Wachtang bestimmte Satzungen aus-arbeiten, die unter der Benennung „Dastulamali" um das

Jahr 1704 in Kraft traten. Dieses interessante Buch gibt
Aufschluss über die Einkünfte des Königs und der Mitglieder
seines Hauses, über die Stellung und Gehälter der Beamten
und das gesamte, damals noch ganz auf feudalen Grundlagen fussende, Verwaltungswesen des Landes. Die Abgaben, welche zum grossen Teil in Lebensmitteln und
anderen Erzeugnissen, weniger in Geld bestanden, scheinen
oft, besonders wenn noch Tribut an Tataren und Perser zu
zahlen war, ziemlich hoch gewesen zu sein.

Der König besass eine ansehnliche Anzahl von Land-
gütern, welche seinen Hauptunterhalt bildeten. Ausserdem
bezog er noch Einkünfte von einigen Privatgütern, einen
Teil der Strafgelder, Steuern u. s. w.

Die georgischen Gesetzsammlungen früherer und späterer
Zeit bieten reichen Stoff für die Kulturgeschichte des Landes,
aber ihre kritische Sichtung ist selbst in georgischer Sprache
noch nicht weit genug vorgeschritten, um ihre sichere Ver-
wertung in dieser Hinsicht zu ermöglichen. Eine den Gegenstand allseitig behandelnde Arbeit existiert nur über die
Gesetzbücher von Beka und Aghbugha*), und hat den auf
geschichtlichem und volkskundlichem Gebiete wohl be-
wanderten N. Urbneli (Niko Chisanaschwili) zum Verfasser.

Wachtang VI., der, wie wir gesehen, als König und
Verwalter seines Landes eine vielseitige Tätigkeit entfaltete
und überall verbessernd eingriff, wo er im Kulturleben
Lücken fand, lieh auch der Literatur seine Aufmerksamkeit,
und man kann sagen, dass er für den geistigen Aufschwung
Georgiens ebenso sorgte wie für den materiellen. Je mehr
man in das Wirken dieses geistreichen Mannes eindringt,
desto mehr erkennt man sein weitgehendes Verständnis für
die Bedürfnisse seines Volkes und seine Fähigkeit, den
nationalen Geist desselben zu beleben und aufzurichten. In
letzterer Hinsicht war die durch ihn veranlasste und zustande gebrachte Neubearbeitung der altgeorgischen Ge-

---

*) „Atabagni Beka da Aghbugha da mati samartali" (Die Atabegen
Beka und Aghbugha und ihre Gesetzbücher") Tiflis 1890 (georgisch).

schichtsbücher ein Werk von hoher Bedeutung, und was
auch eine strenge Kritik an der Art und Weise dieser Bearbeitung mit Recht aussetzen mag, so bleibt sie doch eine
Schöpfung von grosser Wichtigkeit.

Die auf seine Veranlassung und vielleicht auch unter
seiner Leitung zusammengestellte „Geschichte Georgiens"
ist bekannt unter der Benennung „Kartlis Zchowreba" (Das
Leben Georgiens), und reicht bis um die Mitte des 15. Jahrhunderts. Über ihre Quellen ist von georgischen und anderen
Schriftstellern schon viel gestritten worden, wobei der Feder-
streit nicht immer unparteiisch geführt wurde. Der bekannte Armenist Keropeh Patkanian ging so weit, sie eine
misslungene Zusammenstoppelung zu nennen und sie einem
ungebildeten, im zwölften Jahrhundert lebenden Armenier
zuzuschreiben, eine Behauptung, welche nur einer ziemlich
starken nationalen Voreingenommenheit entspringen konnte.
Dass nämlich die Geschichtschreibung in Georgien in früheren
Jahrhunderten gar nicht gepflegt worden wäre und sich im
zwölften Jahrhundert, also zur Blütezeit der poetischen
Literatur, erst ein „ungebildeter Armenier" gefunden hätte,
welcher es unternahm, die Geschichte der georgischen Vergangenheit aufzuzeichnen, ist nicht nur schwer anzunehmen,
sondern widerspricht ganz dem nationalen Geiste der damaligen Georgier.

Wie Wachtang VI. versichert, soll schon vor Georg
dem Glanzreichen eine Geschichte Georgiens existiert haben,
und ohne Zweifel ist seine Versicherung wohl begründet.
Eine aus der ersten Hälfte des 17. Jahrhunderts herrührende
Abschrift, welche unter der Benennung „Annalen der Königin
Marie" benannt ist, weicht von der Wachtangschen Bearbeitung in vieler Hinsicht ab, welcher Umstand wiederum
zur Annahme berechtigt, dass die damals vorhandenen
Quellen keineswegs in einer einzigen Aufzeichnung bestanden, sondern wahrscheinlich in mehreren verschiedene
Zeitalter betreffenden Chroniken vorhanden waren.

Bei seiner scheinbar nüchternen Geistesbeschaffenheit

war Wachtang VI. doch auch Dichter und zeigt als solcher
ein empfängliches Gemüt und dieselbe Neigung zur Gefühls-
schwelgerei, welche sich bei fast allen georgischen Dichtern
und Dichterinnen des 18. Jahrhunderts wieder findet. Ausser
lyrischen Gedichten verschiedener Art, schrieb er eine Sammlung von Sinnsprüchen „Batonis nabesanebi" (Fürstenworte),
von denen einige hier angeführt seien:

> Gunst und Liebe
> Sind schwache Triebe.

> Fliehe alte Weiber, die sich wie Bräute schmücken.

> Wer geduldig ist, hat schon die Grundlage zur Weisheit gefunden.

> Das Gesetzbuch gleicht einem Spinngewebe. Der Starke zerreisst
> es, und der Schwache verwickelt sich darin.

> Wenn dich jemand lobt, frage ihn, was er an dir schlechtes be-
> merkt habe.

> Mit Vernunft hat noch niemand die Leidenschaft vernichtet.

Seine Liebesgedichte sind weichlich und von Empfindelei
durchsetzt und können gleich den Herzensergüssen seiner
nächsten Nachfolger als Gemütsausdruck vieler Georgier
jener Zeit angesehen werden. Der sonst diesem Volke
eigene Frohsinn fehlt gänzlich in ihnen, und wenn er auch
im alltäglichen Leben oft und stark zum Ausbruch kam, ist
doch am schwermütigen Ton beinahe aller georgischen
Lyriker des 18. Jahrhunderts zu erkennen, dass ihnen ein
Leid im Herzen lag und sie nicht nur eigener Schmerz,
sondern auch der Schmerz um das Schicksal ihres Landes
bedrückte. Ihr leichter Sinn, ihre rege Empfänglichkeit
führten sie allerdings oft zu schnellen Veränderungen, aber
es unterliegt keinem Zweifel, dass die edleren Söhne dieses
Volkes tief ihre verzweifelte Lage empfanden und mit
düsterem Ernst in die Zukunft schauten. Geistig waren sie
über den Kulturzustand ihres Landes hinaus, und ihre Schriftsteller und denkenden Männer zeigen eine Vornehmheit der
Gesinnung, welche nur höhere Gesittung und Bildung geben

können. Im materiellen Leben erscheinen sie wieder als
fast mittelalterliche, arme, zu Entbehrungen verurteilte
Menschen, die der ewige Kampf mit den islamitischen Nachbarn immer wieder zwang, das Werk ihres Fortschrittes von
neuem anzufangen. Der Ausbau ihrer Kultur war eine
endlose Sisyphusarbeit, bei welcher die stärksten Geister
den Mut verlieren mussten. Wie das Leben der Gesamtheit
war auch das der einzelnen Menschen, und Wachtangs
Schicksal war nicht heiterer als das seiner Zeitgenossen.
Der Druck der persischen Oberherrschaft lastete auf ihm
nicht minder als auf seinen Vorgängern, und die Zerrissenheit und der Parteienhader seines Volkes stellten seinen
Reformplänen zahllose Hindernisse entgegen. Von den
Persern bedrängt, suchte er mit Peter dem Grossen ein
Bündnis zu schliessen und wurde für diesen Verrat an
seinem persischen Oberlehnsherrn vom Throne gestossen.
Am 30. Januar 1723 wurde Kartlien, welches er regierte,
auf Befehl des Schahs dem Könige von Kachetien übertragen. Von seinen Anhängern verlassen begab sich Wachtang im nächsten Jahre nach St. Petersburg und starb drei
Jahre später auf der Rückreise von Georgien nach Astrachan.

Der russische Einfluss nimmt jetzt bedeutend zu, und
zwar ist er nicht nur politischer Art, sondern betrifft auch
in mancher Hinsicht das Kulturleben. Georgische Prinzen
und Edelleute besuchten in dieser Zeit Russland sehr häufig,
und viele, denen politischer Hass den Aufenthalt in ihrem
Vaterlande verleidete, liessen sich für immer in Russland
nieder, wo nicht wenige von ihnen ihre Bildung vervollständigten und für ihr Heimatland schriftstellerisch tätig
waren. Die russische Einwirkung auf die Kultur Georgiens
bleibt jedoch einstweilen noch mittelbar, sie beschränkt sich
nur auf eine aus der Ferne geleitete Vermittelung, deren
Träger ausschliesslich Georgier waren, welche in Moskau
oder an anderen Orten eine russische Schulbildung genossen
hatten. Im Lande selbst, besonders in Tiflis, stand das
Bildungswesen unter dem Einflusse der italienischen Missio-

märe, deren Wirken in den ersten Jahrzehnten des 18. Jahrhunderts an Bedeutung und Umfang gewann. Da sie sich
nützlich und beliebt zu machen verstanden, gestattete man
ihnen eine fast unbehinderte Propaganda, und selbst König
Wachtang VI. scheint dem Katholizismus nicht abgeneigt
gewesen zu sein, wie aus seinen an den Papst und an
Ludwig XIV. gerichteten Briefen hervorgeht.

Die Vielseitigkeit und Empfänglichkeit dieses bedeutenden Mannes sind beachtenswert. Seine erste Bildung
mag georgisch gewesen sein, aber gleichzeitig erwarb er
sich auch eine genaue Kenntnis der persischen Sprache und
Literatur und übersetzte im Verein mit Sulchan Orbeliani
das altindische Fabelbuch „Kalilah und Dimnah" aus der
persischen in seine Muttersprache. Dass er durch den Verkehr mit den in Tiflis ansässigen Missionären auch mit
abendländischer Bildung bekannt wurde und viel von ihr
in sich aufnahm, beweist sein Wirken als Herrscher und
Schriftsteller, in welchem sich hin und wieder abendlän-
disches Wesen recht deutlich offenbart.

Als Förderer der geistigen Kultur seines Volkes stand
er keineswegs vereinzelt da; denn in seiner Zeit trat eine
ansehnliche Schar von Männern auf, die sich auf verschiedenen Gebieten, vor allem aber in der Literatur, betätigten.
Der bedeutendste war Sulchan Orbeliani (1659—1725), der
Verfasser eines georgischen Wörterbuches, einer sehr volkstümlichen Fabelsammlung „Buch der Weisheit und Lüge"
und einer „Reise durch Europa". Auch dieses Mannes
Leben war ruhelos und reich an Abenteuern, auch er
wankte zwischen verschiedenen Weltanschauungen hin und
her, war in seiner Jugend Mönch in einem georgischen
Kloster, trat dann zum Katholizismus über, um kurz vor
seinem Tode wieder zum Glauben seiner Väter zurückzukehren. Das wichtigste Ereignis seines Lebens ist seine
Sendung nach Paris an den Hof Ludwigs XIV., welchem
er ein Schreiben Wachtangs überbrachte. Der Hauptzweck
dieser Mission war, wie es scheint, die Erwirkung des fran-

zösischen Schutzes gegen Persien, wofür Wachtang ver-
sprach, zur katholischen Kirche überzutreten, die katholischen Missionäre in Georgien zu beschützen und französischen Kaufleuten sicheren Handel zu gewähren. Auch
ein französisches Konsulat sollte in Tiflis errichtet werden;
aber alle diese Pläne gingen trotz der blumenreichen Ansprache, welche Orbeliani bei seinem Empfange in Versailles
im Mai 1714 an den Roi-Soleil hielt, nicht in Erfüllung, und
die Anbahnung eines unmittelbaren Verkehrs mit dem fernen
Abendlande scheiterte beim ersten Versuche. Dass Wachtang bei dieser Bewerbung um das französische Protektorat
neben politischen auch kulturelle Zwecke verfolgte, ist mit
Sicherheit anzunehmen, wie auch seine Begünstigung der
katholischen Religion nur der Ansicht entsprungen sein mag,
dass durch ihre Verbreitung der Verkehr mit dem Abendlande sich beleben würde. Der Gedanke, mit Europa An-
knüpfungspunkte zu suchen, war nicht neu, und schon im
Jahre 1672 hatte der damalige ostgeorgische König dem
französischen Reisenden Chardin versprochen, französischen
Kaufleuten in seinem Lande tatkräftigen Schutz und ver-
schiedene Vergünstigungen zu gewähren. Unverrichteter
Sache kehrte Sulchan Orbeliani im Jahre 1716 in seine
Heimat zurück und siedelte 1724 nach Moskau über, wo er
im folgenden Jahre das Zeitliche segnete. Wegen seines
Übertrittes zur katholischen Kirche hatte er nach seiner
Rückkehr nach Georgien von seiten der Geistlichkeit vielerlei
Belästigungen zu ertragen. Man forderte ihn auf, dem
Katholizismus zu entsagen, was er jedoch, wie er selbst
versichert, nicht getan haben soll.

Die Beschreibung seiner Reise, welche zum Teil verloren gegangen, ist bilderreich, oft poetisch und zeugt von
Gemüt und Beobachtungsgabe des Verfassers. Gern und
mit Naturgefühl schildert er die Reize italienischer Gegenden
und denkt dabei mit Sehnsucht an sein fernes Vaterland.

Das von ihm verfasste Wörterbuch ist ziemlich vollständig und besass bis ins 19. Jahrhundert einen nicht zu

unterschätzenden Wert, welcher für georgische Sprachforscher auch jetzt noch besteht. Sein „Buch der Weisheit
und Lüge", in welchem er seine Lebenserfahrungen nieder-
schreibt, ist eigentlich kein Fabelbuch, sondern eine Sammlung von sinnreichen Märchen, Fabeln, kleinen Geschichten,
Lebensregeln u. s. w. Der Stoff derselben entstammt sowohl
dem Morgen- wie dem Abendlande, und unter anderen findet
sich hier auch der Vorwurf von Schillers „Gang zum Eisen-
hammer". Die Art und Weise, mit welcher Orbeliani Menschen und Leben betrachtet, ist schlicht, und wenn er auch
überall den Moralisten hervorkehrt, so bleibt er doch bei
einfachen Lehren und scheint nicht mehr sein zu wollen,
als ein allgemein verständlicher Sittenlehrer für das Volk.
Das Buch, welches in einer musterhaften Sprache geschrieben, ist trotz seines nüchternen Tones sehr unter-
haltend und enthält manches scharfsinnige Urteil über Menschen und Dinge, welches den Verfasser als einen Mann
von hervorragenden Geistesgaben erscheinen lässt.

Unter dem Einflusse der katholischen Missionäre wuchs
auch Prinz Wachuschti, der uneheliche Sohn Wachtangs,
heran, der wie sein Vater ein grosser Freund der Wissenschaften war und einen beträchtlichen Teil seines Lebens
der Erforschung seines Vaterlandes widmete. Geboren wurde
er im Jahre 1696 und starb als hochbetagter Greis 1772 in
Moskau, wohin er seinem Vater im Jahre 1724 gefolgt war.
Hier in der alten russischen Hauptstadt lebte er beinahe
vier Jahrzehnte als stiller Gelehrter und verarbeitete den
reichen Stoff der von seinem Vater in die Fremde mit-
genommenen Handschriftensammlung. Die Erscheinung, dass
fast alle georgischen Exkönige und Prinzen und sogar Prinzessinnen, welche das Schicksal aus der Heimat trieb, im
Exil sich wissenschaftlichen und schriftstellerischen Arbeiten
widmeten, ist höchst beachtenswert, besonders in einer Zeit,
da noch manche deutsche Fürsten den Wissenschaften und
der Literatur wenig mehr als Gleichgültigkeit entgegen-
brachten.

Wachuschtis „Geschichte Georgiens", welche die übrigen Geschichtswerke teilweise ergänzt und nach dem Zerfall des Reiches die Geschehnisse jeder Provinz einzeln bis zu seiner Zeit behandelt, soll, wie der gleichfalls im achtzehnten Jahrhundert lebende Katholikos Anton behauptete, sehr parteiisch dargestellt sein, wodurch sie natürlich viel an Bedeutung verliert. Einen hohen, fast unvergänglichen Wert besitzt dagegen seine „Geographische Beschreibung Georgiens" (Geografinli aghzera Sakartwelosa), welche eine überaus reiche Fülle von Einzelheiten über die Natur des Landes, seiner Bewohner und deren Leben enthält. Da dieses Werk das erste in georgischer Sprache war und Wachuschti daher keine Vorarbeiten benutzen konnte, ist die Reichhaltigkeit und zutreffende Genauigkeit seiner Darstellungen geradezu bewundernswert. Den scheinbar trockenen und eintönigen Inhalt belebt er auf die ansprechendste Weise, und der Mannigfaltigkeit der georgischen Natur und Bodengestaltung gemäss unterlässt er es nicht, jeden Ort oder jede Gegend in ihren Hauptzügen zu charakterisieren und von ihrem Gepräge ein einfaches, aber treues Bild zu gestalten. Bodenbeschaffenheit, Klima, Pflanzen- und Tierwelt, Erzeugnisse, Sitten und Beschäftigung der Bewohner und zahlreiche geschichtliche Tatsachen werden überall mit einer auf gründlichen Kenntnissen beruhenden Genauigkeit geschildert und man ist überrascht, um die Mitte des achtzehnten Jahrhunderts in dem von der europäischen Kulturwelt so weit entfernten Georgien einen Schriftsteller zu finden, welcher an Gründlichkeit den europäischen Gelehrten seiner Zeit keineswegs nachsteht.

Um diese drei bedeutenden Männer scharten sich in den ersten Jahrzehnten des 18. Jahrhunderts noch viele andere, die bestrebt waren, auf verschiedenen Gebieten für die Hebung der Bildung oder für die Erforschung ihres Landes zu wirken. Öffentliche Schulen mögen in dieser Zeit allerdings nicht entstanden sein, da die Umstände ein mehr oder weniger geregeltes Unterrichtswesen in hohem

Grade erschwerten, aber der häusliche Unterricht wurde in
vielen Familien gewiss nicht vernachlässigt, und die von
den Vätern geerbte Bildung nahm zu, dank der Fürsorge
nicht weniger aufgeklärter Männer. Ruhe und Sicherheit
waren angesichts der unmittelbaren Nachbarschaft der räube-
rischen Lesgier und der Bedrückungen von seiten der Perser
und Türken auch jetzt immer nur von kurzer Dauer, so
dass eine fortschreitende Entwickelung des Kulturlebens
nicht möglich war. Die ganze Ostmark, nämlich Kachetien
und Kartlien, welche von den Einfällen der aus ihren
Wohnsitzen im gebirgigen Dagestan kommenden Lesgier
am meisten zu leiden hatte, war mit zahlreichen Burgen
und kleinen Vesten besetzt, in denen die Einwohnerschaft
der betreffenden Gegend oft wochenlang mit ihrer Habe
und ihrem Vieh Schutz suchte, ohne an die Verrichtung
ihrer häuslichen Arbeiten oder die Bestellung ihrer Äcker
denken zu können. Fast jedes Dorf besass eine oder zwei
solcher Festungen, welche gewöhnlich aus einer Burg und
einem grossen, von einer Ringmauer umgebenen Hofe bestanden. Die Ringmauer hatte zahlreiche, sehr schmale
Schiessscharten, war sehr hoch, aber wie die Burg von sehr
einfacher, oft plumper Bauart.

Die elende Lage, in welcher sich Georgien auch damals befand, kennzeichnet am besten die kurze Einleitung,
welche Papuna Orbeliani seiner mit dem Jahre 1739 be-
ginnenden Chronik von Kartlien vorausschickt: „Da die Geschichte von Kartlien von Ssechnia Tschcheidse hier auf-
hört und von den inzwischen geschehenen und ferneren Be-
gebnissen schweigt, habe ich, Papuna Orbeliani, beschlossen,
dieselbe fortzusetzen: erstens, damit die Erinnerung an diese
Ereignisse nicht verloren gehe, und zweitens, um unseren
Nachkommen diese unerhörten Verhältnisse mitzuteilen, unter
denen Kartlien so viel Drangsal, einen so raschen Wechsel
der Fürsten und Regenten unseres Vaterlandes zu erleiden
hatte, diese schrecklichen, grausamen Bedrückungen, deren
ich selbst Augenzeuge war oder die mir von glaubwürdigen

Leuten erzählt wurden. Ich konnte mir es nicht versagen,
diese Aufgabe auszuführen, damit sie die Söhne Georgiens
künftig vor ähnlichem Unglück bewahren. Mögen sie wissen,
wessen Hand und welchen Ursachen das fürchterliche Un-
heil, das uns betroffen, entsprungen ist."

Die Hauptursache war die Ohnmacht des Landes, die
durch einen Jahrhunderte währenden, in der Geschichte der
Völker fast einzig dastehenden Kampf ums Dasein mit mächtigen Feinden herbeigeführt worden war. Die Widerstandskraft Georgiens war zwar noch keineswegs gebrochen und
seinen Rittern gebrach es nicht an Mut und Tapferkeit, wie
viele noch im 18. Jahrhundert über Türken und Perser er-
fochtene Siege beweisen, aber die Widerstandskraft genügte
nicht, um die Feinde längere Zeit im Schach zu halten und
dem Lande einen festen Frieden zu sichern.

Nach dem Berichte des russischen Gesandten Iwan
Tolstoi vom Jahre 1723 bestand das ostgeorgische Heer damals aus vier Bannern, deren jedes 9000 bis 10000 Mann,
meistens Reiter, zählte. Die Zahl war allerdings niemals
genau und auch die Offiziere konnten sie nicht bestimmen.
Die Bewaffnung war schlecht, aber die Disziplin gut, und
den Befehlen wurde stets Folge geleistet.

Der ritterliche Geist war also noch keineswegs gänzlich entschwunden, aber die Volkskraft musste doch schliesslich erschlaffen, und der Staatskörper, welcher sich auf ein
längst morsch gewordenes Feudalwesen stützte, konnte nur
von einem Herrscher von eiserner Kraft und rücksichtsloser
Entschlossenheit wieder gefestigt werden. Zudem war infolge der endlosen Kriege die Bevölkerung bedeutend zusammengeschmolzen, zahlreiche Gegenden waren wegen
ihrer Unsicherheit unbewohnt, und dieser Umstand erleich-
terte noch die Raubzüge der Lesgier.

Angesichts solcher Zustände schien alles geistige Leben
unmöglich, und wenn sich ein solches trotzdem entwickelte
und sich die Zahl der Männer, welche an demselben teilnahmen, vermehrte, so kann diese Erscheinung nur einem

ernsten Verlangen nach höherer Kultur zugeschrieben werden.

Zu den zur Zeit Wachtangs lebenden Schriftstellern gehören noch Dimitri Tlaschadse, der Verfasser geschichtlicher Elegien und Mitarbeiter des Königs an dessen wissenschaftlichen Arbeiten, Gabriel Gelowani, welcher in seinen „Erinnerungen" die zeitgenössische Geschichte Imeretiens schildert, und schliessich die Übersetzer Simon Makazaridse, der Sohn eines Bauern, welcher seine Bildung in Russland vervollständigte, Michael Eliaschwili und die Prinzen Levan und Bakar.

Zum erstenmale erscheinen jetzt in georgischer Sprache Übersetzungen europäischer Werke, teils Lehrbücher, teils Schriften gemeinnützigen Inhalts.

Auch in der kirchlichen Literatur beginnt es sich wieder zu regen. Gregor Wachwachidse beschreibt den Märtyrertod der Königin Ketewan; Nikolaus Tscherkessischwili, Kosmas und Jesseh Eristawi verfassen religiöse Lieder, der Katholikos Bessarion und andere richten Streitschriften gegen die Juden, Armenier, Mohamedaner und Katholiken. Zur Vermehrung des kirchlichen Schrifttums trugen in dieser Zeit besonders bei der Katholikos Domenti, der Bruder Wachtangs, und Nikolaus Tscholokaschwili, und wenn auch auf diesem Gebiete nichts Hervorragendes geleistet wurde, liefert doch diese schriftstellerische Tätigkeit den Beweis, dass wenigstens ein Teil der Geistlichkeit aus der seit Jahrhunderten andauernden Erschlaffung heraustrat.

Nach Wachtangs Übersiedlung nach Moskau ging zwar die von ihm angelegte Druckerei wieder ein, aber die literarische Bewegung geriet nicht mehr ins Stocken, und das begonnene Werk wurde von zahlreichen Nachfolgern weiter geführt. Im Mittelpunkt des geistigen Lebens stand jetzt der Katholikos Anton, der hochbetagte Neffe Wachtang VI. Ohne Zweifel war dieser Kirchenfürst, Politiker und Schriftsteller der hervorragendste Georgier im 18. Jahrhundert und gleichzeitig einer von denjenigen,

die neben den guten Eigenschaften auch die Schwächen
ihres Volkes in sich vereinigten. Geboren wurde er im
Jahre 1720 und soll, wie Brosset und Tschubinow behaupten,
seine Erziehung im Kloster von Garedscho in Kachetien
empfangen haben. Zum geistlichen Stande scheint er anfänglich weder bestimmt gewesen zu sein noch Neigung
gehabt zu haben, da ihn erst ein schwerer Schicksalsschlag
veranlasste, sein Prinzengewänd gegen die Mönchskutte zu
vertauschen. Sein Trachten war wahrscheinlich auf eine
ganz andere Laufbahn gerichtet und galt wohl gar der
Königskrone, welche er mit seinen Fähigkeiten und Charakter-
eigenschaften ohne Zweifel erlangt haben würde. Schon
beabsichtigte er, sich mit der liebreizenden Tochter des
damals mächtigsten Feudalherren Georgiens, Giwi Amilachwari, zu vermählen, als Schah Nadir, auf die Schönheit der
jungen Braut aufmerksam gemacht, dieselbe für seinen
Harem verlangte. Ihr Vater weigerte sich nicht, diese
Forderung zu erfüllen, und der junge, noch im Knabenalter
stehende Prinz zog sich in ein Kloster zurück. Bald darauf verliess er Ostgeorgien und begab sich nach Imeretien
in das bei Kutais gelegene alte Kloster Gelati, wo er im
Jahre 1739 die Weihen empfing und wenige Jahre später
zum Metropoliten von Kutais erhoben wurde. Mit seltener
Selbstbeherrschung hielt sich der zu so hoher Würde gelangte Jüngling noch mehrere Jahre fern von allen öffentlichen Angelegenheiten, obgleich sein unstäter Geist und
sein Tatendrang schon damals hervorzubrechen schienen.
Im Jahre 1744 wird ihm zum zweitenmale die Würde des
Katholikos von Georgien angetragen und er nimmt sie an
„nicht ohne Bangen und Angst“, wie er selbst sagte, um
damit „die unter dem Tische verborgene Leuchte auf den
Tisch gestellt werde und allen leuchte“, wie sich der Verfasser seiner Lebensgeschichte, der Erzbischof Thimotheus,
ausdrückte.

Der Wirkungskreis, welcher sich jetzt vor ihm auftat,
umfasste nicht nur das kirchliche Leben des Landes, sondern

auch zahlreiche weltliche und politische Angelegenheiten;
denn der Katholikos, der Fürst der Kirche, war in seinem
Schalten und Walten weit weniger unfrei als der König,
obgleich er auch wie dieser der Bestätigung des Schahs be-
durfte. Übrigens mischten sich die persischen Herrscher
und Machthaber nur selten in die Angelegenheiten der
georgischen Kirche, und ein so geistreicher und umsichtiger
Mann wie der nunmehrige Katholikos Anton unterliess es
natürlich nicht, diese Freiheit zum Wohle seines Landes
auszunutzen. Zuerst führte er die Wiedervereinigung der
oft getrennt regierten Provinzen Kachetien und Kartlien
durch, befestigte dann die Macht und das Ansehen des
Königs, indem er ihm im Streit mit den Feudalherren
kräftig zur Seite stand. Sein Hauptaugenmerk richtete er
auf die Besserung der kirchlichen Zustände, auf die Hebung
des Unterrichtswesens und des geistigen Lebens im allgemeinen. Auch wurde auf seine Veranlassung die Tifliser
Druckerei wieder in Betrieb gesetzt und seine erspriessliche
Tätigkeit würde keine Unterbrechung erlitten haben, wenn
er sich nicht durch seine offene Zuneigung zum Katholizismus die Gemüter entfremdet und seine Absetzung herbeigeführt hätte. Wie zahlreiche andere Männer seiner Zeit,
stand er in regem Verkehr mit den in Tiflis ansässigen
italienischen Mönchen, denen er gewiss einen guten Teil
seiner Bildung und auch manche Anregung zu seinen wissenschaftlichen Arbeiten verdankte. An einem Verkehr dieser
Art mochte wohl niemand Anstoss nehmen; denn die Missionäre standen selbst mit den Königen auf gutem Fusse
und jeder wissbegierige Georgier suchte im Umgange mit
ihnen seine Kenntnisse zu erweitern, ohne dass er sich deswegen Verfolgungen ausgesetzt hätte. Als jedoch das Haupt
der Landeskirche aus einem wissenschaftlichen auch ein
religiöser Anhänger der Katholiken wurde und, wie behauptet wird, sogar den katholischen Glauben annahm,
musste die Geistlichkeit natürlich einschreiten und ihr ab-
trünniges Oberhaupt ausstossen. Dies geschah auf einer

Kirchenversammlung zu Mzcheta im Jahre 1755. Gleichzeitig wurden die Missionäre des Landes verwiesen, kehrten
aber schon einige Jahre später auf Verlangen des Königs
Heraklius II. wieder zurück. Nach seiner Absetzung begab
sich der Katholikos Anton nach St. Petersburg, wiederrief
hier durch öffentliche Ablegung des griechisch-katholischen
Glaubensbekenntnisses seine Zugehörigkeit zur römisch-
katholischen Kirche und erhielt den Posten des Erzbischofs
von Wladimir unweit Moskau, welchen er jedoch nur fünf
Jahre bekleidete. Seinen Aufenthalt in Russland benutzte
dieser rastlos tätige Mann zur Ansammlung nützlicher Kenntnisse, welche er dann nach der Rückkehr in sein Vaterland
im weitesten Sinne verwertete. Die Vaterlandsliebe blieb
auch in der Fremde die Leiterin seines Denkens und Trach-
tens und wie andere georgische Prinzen, die durch die Un-
gunst der politischen Zustände ihre Heimat verliessen, führte
er in der Fremde kein müssiges Leben, sondern arbeitete
mit Ernst und Verständnis an der Vermehrung der seinem
Volke nötigen Bildungsmittel. Die damals von ihm in seine
Muttersprache übersetzten Werke, unter anderen die „Meta-
physik" von Friedrich Baumeister und die „Physik" von
Wolf, waren für seine Zeit von grosser Bedeutung und
zeigen, welchen hohen Zielen sein Streben zugewandt war.

Im Jahre 1762 kehrte Anton auf den Wunsch seines
Freundes, des Königs Heraklius, wieder nach Georgien
zurück und wurde von neuem in Amt und Würden eingesetzt. Seine nächste Fürsorge galt jetzt der Errichtung
von Schulen und noch in demselben Jahre gründete er
zwei Priesterseminare in Tiflis und Telaw, deren Unterrichts-
plan dem der damaligen geistlichen Akademie von Moskau
nahe kam. An der Abfassung der notwendigen Lehrbücher
nahm er selbst tätigen Anteil und war überhaupt unaufhörlich bemüht, die Bildung seines Volkes zu fördern, bürgerliche Ordnung einzuführen und die altfeudale Verwilderung
durch ein neues Kulturleben zu ersetzen. Aber auch dieses
unermüdlichen und fortschrittlichen Mannes Mühe und Arbeit

zeitigte nicht die reichen Früchte, welche unter anderen
Umständen zu erwarten gewesen wären. Das Krebsübel
zerfrass weiter den georgischen Staat und seinen Volkskörper, und keins der angewandten Mittel brachte die er-
sehnte Heilung.

Wenn also der Katholikos Anton als Erzieher seines
Volkes keine durchschlagenden Erfolge erntete, so sind
daran nur die Verhältnisse schuld. Er selbst steht in der
Kulturgeschichte Georgiens als ein Wecker und Leiter da,
der unerschrocken auf seinem Posten ausharrte, obgleich
er vielleicht ahnte, dass der Schiffbruch nicht mehr abzuwenden war. Hoffnung beseelte ihn trotzdem gewiss
noch und die Liebe, die er für sein Vaterland im Herzen
nährte, äussert sich sowohl in seinem öffentlichen, als auch
in seinem schriftstellerischen Wirken, welches die wichtigsten Grundlagen und Kräfte des nationalen Lebens betraf, nämlich die Religion, die Sprache, die Vergangenheit
und die Weltanschauung seines Volkes. Alles, was er erstrebte, fällt ganz richtig im Begriffe „Kultur" zusammen.
Die georgische Eigenart aufrichten und beleben, ein lebens-
fähiges, nationales Ganzes wiederherstellen — dies war das
Bestreben, welchem er bis zum Lebensende treu blieb.

Bald nach seiner Rückkehr aus Russland verfasste er
eine georgische Sprachlehre in drei Bänden für verschiedene
Lehrstufen und schuf somit den Untergrund für das von ihm
geplante und ins Werk gesetzte Unterrichtswesen.

Dann trat er für den Glauben seiner Väter ein und
schrieb eine von reichen theologischen Kenntnissen zeugende
und 600 Seiten umfassende Auslegung desselben, die hauptsächlich gegen die Monophysiten und Armenier gerichtet
war. Wahrscheinlich war er durch seinen eigenen Abfall
von der Landeskirche zur Überzeugung gelangt, dass eine
religiöse Spaltung für sein Volk verhängnisvoll werden
müsse, und die Festigung und Hebung der angestammten
Kirche die wichtigste Bedingung seines Fortbestehens sei.

Die Vergangenheit Georgiens, seine Geschichte in

kirchlicher, politischer und kulturell-literarischer Beziehung behandelte er in dem Werke „Zkobilsitkwaoba" (geordnete Rede), welches in einzelnen Lobreden auf georgische Heilige, Könige und Schriftsteller der Vergangenheit eine Fülle interessanter Einzelheiten enthält. Es ist dies gewissermassen ein georgischer Plutarch in zwölffüssigen Jamben, eine stattliche Reihe von Lebensbeschreibungen aller derjenigen Männer und Frauen, welche in hervorragender Weise am Schicksalsgange Georgiens teil genommen oder durch das Wort oder die Tat für seinen Ruhm gewirkt haben.

Durch seine philosophischen Schriften, die er nach russischen Übersetzungen lateinischer und deutscher Werke für seine Muttersprache bearbeitete, erweiterte er nicht nur den Gesichtskreis seiner Landsleute und wirkte auf deren Weltanschauung, sondern bereicherte auch den Wörterschatz der georgischen Sprache mit neuen Begriffsbenennungen, welche ihr bis dahin gefehlt hatten.

In seinem Lehrbuche über Rhetorik, welche seiner Ansicht nach in der kunstvollen und gefälligen Verteilung des Stoffes besteht, spricht er auch über dramatische Kunst, die bis zu seiner Zeit in Georgien unbekannt war.

Das Wirken des Katholikos Anton reicht fast bis ans Ende des 18. Jahrhunderts; denn er starb als 68 jähriger Greis im Jahre 1788, nachdem viele andere Schriftsteller, die eigentlich seine Zeitgenossen waren, ihre Laufbahn schon vollendet hatten. Einige von ihnen nahmen, wie er, regen Anteil am geistigen Leben, während andere ganz abseits von demselben standen und einen nur mittelbaren Einfluss ausübten.

Zu den letzteren gehören zunächst einige Dichter, die unbekümmert um den frischen Hauch, der nun durch die Literatur ihres Vaterlandes ging, noch einmal in den auch für die damaligen Georgier schon halb vermoderten Märchenschatz zurückgreifen und das georgische Schrifttum mit Übersetzungen persischer Heldenromane bereichern, von denen ein paar, wie der von David Orbeliani bearbeitete

„Karamiani“, auch heute noch im Volke zahlreiche Leser finden. Diese Erzeugnisse der jugendlichen Einfalt sind jedoch kaum der Beachtung wert angesichts der ernsten Lebensanschauung und der tiefen Empfindung, die in der georgischen Poesie des 18. Jahrhunderts hier und da zu Tage treten. Nicht weltflüchtige, an ihre Klosterzelle gebannte Mönche oder schreibselige Stubenliteraten schaffen jetzt langatmige Dichtungen über phantastische Helden und ihre Abenteuer, sondern Männer und Frauen, die mitten im Leben stehen, die mit ihrem Volke leiden, hoffen und verzagen, ergiessen ihre Empfindungen und Erlebnisse in Verse, die oft wie Seufzer klingen. Die meisten derselben waren Gelegenheitsdichter, welche von Zeit zu Zeit ihre Ergüsse aufzeichneten und vielleicht gar nicht daran dachten, sie zu veröffentlichen. Aber gerade diese nicht gemachten Gedichte, welche aus dem Herzen kamen, kennzeichnen die in jener Zeit verwaltende Stimmung und Lebensanschauung.

Der markigste, eigenartigste und fruchtbarste von allen war David Guramischwili, welcher im Jahre 1705 in Goris-Ubani, unweit Tiflis geboren wurde. Ob er seine Erziehung im väterlichen Hause oder in einer Schule erhielt, ist nicht bekannt, aber wie aus seinen eigenen Werken hervorgeht, scheint sie nicht gering gewesen zu sein. Da dieselbe starke Spuren von Scholastik zeigt, ist wohl anzunehmen, dass er seine Kenntnisse zum guten Teil später in Russland erwarb, wo die damalige Wissenschaft noch ganz in scholastischen Banden lag. Als 19jähriger Jüngling wurde Guramischwili auf seinem Landgute, als er die Feldarbeiter beaufsichtigte, von lesgischen Räubern gefangen genommen und in das Dagestan geschleppt.

Die Behandlung, die er unterwegs und in der Gefangenschaft erfuhr, die Entbehrungen, die er zu erleiden hatte, bieten ein abstossendes Bild von Barbarei und Roheit. An den Qualen, die der an ein bequemes Leben und den Umgang mit gesitteten Menschen gewöhnte Dichter im Lesgierlande ausstehen musste, lassen sich im grossen alle

Leiden und Nöte ermessen, die ein Kulturvolk wie die
Georgier von Jahrhundert zu Jahrhundert von den rohen
Horden, welche in seiner Nachbarschaft hausten, zu ertragen
hatte. Die Nahrung des Gefangenen bestand aus Speck
und Kräutern, seine Wohnung war eine Höhle und Kleidung
erhielt er auch dann nicht, als von der seinigen nur noch
Fetzen übrig waren. Vier Jahre schmachtete Guramischwili
im Dagestan, bis es ihm endlich gelang, zu entfliehen und
unter unzähligen Gefahren, von Hunger und Kälte gequält,
sich in den nördlichen Kaukasus und von dort nach
Astrachan durchzuschlagen. Die Verhältnisse in seiner
Heimat und seine Beziehungen zu den politischen Parteien
mögen nicht verlockend gewesen sein; denn anstatt nach
Georgien zurückzukehren, begab er sich nach Moskau zu
dem dort lebenden Exkönige Wachtang VI., in welchem er
dank seiner dichterischen Begabung einen edelmütigen
Gönner fand. Einige Jahre später trat er in den russischen
Kriegsdienst, nahm an mehreren Feldzügen teil, geriet in
der Schlacht bei Küstrin in preussische Gefangenschaft, aus
welcher er im Jahre 1762 zurückkehrte. Seine letzten
Lebensjahre verbrachte er in Kleinrussland, wo ihm von
der Regierung ein kleines Landgut zugewiesen worden war.

Dies ist in ihren Hauptzügen die Geschichte des bedeutendsten georgischen Dichters des 18. Jahrhunderts. In
Wohlstand geboren und durch die gesellschaftliche Stellung
seines Geschlechtes, sowie seiner Fähigkeiten zu einer wenn
nicht glänzenden, so doch hervorragenden Laufbahn veranlagt, nötigt ihn die unglückliche Verkettung verschiedener
Umstände sein Vaterland zu verlassen und in der Fremde
bis an sein Lebensende ein Wanderleben zu führen. Ein
ähnliches Missgeschick erfuhren, wie ich schon mehreremale
hervorhob, viele andere seiner Zeitgenossen, woraus sich
nichts anderes folgern lässt, als dass die in Georgien walten-
den Zustände in ihrer Verwirrung und Veränderlichkeit
selbst den besten Söhnen des Landes kein dauerndes Wohl-
leben sicherten.

Mit dem Zerfall des Reiches und der Gründung mehrerer kleiner Staaten war auch die feste Erbfolge in dem nun zersplitterten Hause der Bagratiden geschwunden und ein endloser Streit zwischen verschiedenen Linien der Königsfamilie entstanden. Nur selten ruhte der Hader der Thronprätendenten und ihrer Parteien, und wenn er sich zu legen schien, schürte die hinterlistige Politik der persischen Oberherren von neuem die Zwietracht und entfesselte die Leidenschaften der einen gegen die andern. Mitunter traten einsichtsvolle Männer auf, die alles daran setzten, um die Eintracht wieder herzustellen und somit das drohende Verhängnis abzuwenden, aber stets wurden ihre patriotischen Pläne von den persischen Machthabern vereitelt und sie strengten sich vergebens an ihrem Vaterlande eine feste, nach aussen und innen einheitliche Form zu geben. „Wir waren einig, aber die Feinde haben uns getrennt und täuschen und verwirren uns jetzt," schrieb im Jahre 1722 König Konstantin von Kachetien an Wachtang VI.

Diese trostlosen Zustände bilden den Hauptstoff von Guramischwilis Dichtung „Dawitiani", in welcher er die Lage seines Vaterlandes und die Lasterhaftigkeit seiner Mitbürger in den düstersten Farben malt, die aber gewiss nicht düsterer sind als es die Wirklichkeit war. Die Ränke der einzelnen Mitglieder der königlichen Familie einerseits und der mächtigen Feudalherren andererseits lagen als felsenschwerer Alp auf dem Lande, und unter diesem Druck wucherten üppig die verderblichsten Laster. „Hochmut, Rache, Eidbruch, Diebstahl, Handel mit Kriegsgefangenen, Raub an Witwen und Waisen und Wanderern haben alle wie eine ansteckende Krankheit ergriffen", sagt er an einer Stelle und wird nicht müde, das gesamte politische, sittliche und wirtschaftliche Elend, welches sein Land betroffen, zu schildern. Sein Pessimismus wird zum Teil durch sein eigenes Missgeschick erklärt, aber ohne Zweifel kam er aus tiefer Überzeugung und Empfindung, denn das Bild, welches er von dem damaligen Zustande Georgiens entwarf, gleicht

mehr oder weniger den Schilderungen anderer Zeitgenossen.
Auch Papuna Orbeliani, dessen Chronik die Zeit von 1739
bis 1758 umfasst, weiss wenige erfreuliche Tatsachen zu
berichten.

Die kürzeren lyrischen Gedichte Guramischwilis sind
gleichfalls von düsterer Stimmung durchdrungen und fast
niemals schlägt er in denselben einen heitern, lebensfrohen
Ton an. Schwungvoll können sie nicht genannt werden,
aber sie ergreifen durch ihre Wehmut und Schlichtheit, die
auch in der sich der volkstümlichen Ausdrucksweise nähern-
den Sprache hervortritt. Er war der erste georgische Dichter
der Neuzeit, welcher mit Herz und Sinn ganz in seinem
Volke wurzelte, dieses in sich verkörperte und der Wirklichkeit des Lebens mit Mut, wenn auch mit schwerem Gram
ins Antlitz schaute. Bei alledem haftete an ihm kaum noch
eine Spur von persischem Einfluss, wohl aber lässt sich in
seinen Gedichten eine nicht geringe Einwirkung der Poesie
wahrnehmen. Von ihr kommt wohl der trockene, ich möchte
sagen scholastische Ton, in welchem manche derselben gehalten sind, wie z. B. das nachstehende.

Der Frühling.

Verloren hat der Winter alle Macht,
Auf grünem Throne sitzt der Lenz mit Pracht,
Versammelt hat sich um ihn her
Der Lebenskräfte grosses Heer
Und bringt ihm seine Grüsse dar.

Zum schwachen Greise ward der Winter jetzt,
Sein Kleid ist abgetragen und zerfetzt.
Der junge Lenz ist eingekehrt
Und hat von Blumen sich beschert
Ein herrlich farbiges Gewand.

Was nackt und kahl im Winter war,
Hat er geschmückt gar wunderbar.
Auf sein Geheiss sich alles regt
Und hat die Fesseln abgelegt,
Die es durch viele Wochen trug.

Auf Feld und Flur das Leben sprosst,
Nichts zittert mehr im rauhen Frost,
Ein milder Wind das Tal durchzieht,
Laut klingt der Vögel junges Lied
In jeder Tonart durch den Wald.

Die Amsel singt und auch die Nachtigall,
Ins Weite tönt des Kuckucksrufes Hall,
Froh pfeift dazu sein Lied der Star,
Auch schlägt im Feld der Wachteln Schar,
Und wer es hört nicht schlummern mag.

Die Nachahmung der Perser war nun ein beinahe überwundener Standpunkt, das 18. Jahrhundert suchte im Geistesleben die Nachwirkung des persischen Einflusses zu beseitigen und dies trotz der Oberherrschaft, welche Persien über Ostgeorgien noch ausübte. Wie Guramischwili, wenden auch andere Dichter und Schriftsteller, z. B. der Katholikos Anton, Sulchau Orbeliani u. s. w. ihre Blicke Europa zu und lösen die geistigen Bande, welche ihr Volk viele Jahrhunderte hindurch an die Heimat Firdusis geknüpft hatten.

Auch Mamuka Barataschwili, der Verfasser einer georgischen „Poetik" (Dschaschniki = Versuch) ermahnt zur Einkehr in sich selbst und verlangt von den Dichtern, dem tatarischen Singsang von Weiberschönheit zu entsagen. Wie aus seinen eigenen Worten hervorgeht, leiteten ihn bei der Abfassung seiner Dichtungslehre mehr sittliche als künstlerische Absichten, denn es lag ihm zunächst daran, die Sinnlichkeit aus der Poesie zu verdrängen und ihr edlere Stoffe zuzuführen.

Der Schwulst und die Neigung zu bildlichen Umschreibungen kehren jedoch noch oft zurück und treiben in der georgischen Poesie noch hier und da ihr Wesen bis zu Alexander Tschawtschawadse, welcher schon in der ersten Hälfte des 19. Jahrhunderts lebte. Als typischer Vertreter dieser nach persischem Geschmack weiter dichtenden Schule ist Bessarion Gabaschwili (Besiki) zu nennen. Dieser leichtlebige, etwas zotenhafte Dichter, Sänger, Musikant, Diplomat und Abenteurer ist auch ein echtes Kind seiner Zeit, obgleich seine Gemütsart, sein sittliches Wesen und seine Gesinnung in schroffem Gegensatze zu Guramischwili und anderen seiner Zeitgenossen stehen Ernste Auffassung des Lebens und tiefe Erkenntnis der Wirklichkeit waren dem georgischen Volke immer nur in geringem Masse eigen, und nur seine edlen und sittlich höher stehenden Söhne zeigen in unglücklichen Zeiten ein würdevolles Insichgehen, während die Masse sorglos und unbekümmert um die Zukunft in den Tag hinein lebte. Von diesem sinnlichen Schlage war Bessarion Gabaschwili, um welchen sich die lebenslustige adelige Jugend scharte.

Geboren wurde er im Jahre 1749 als Sohn des Geistlichen Zacharias Gabaschwili, welcher eine wichtige Rolle in der georgischen Kirche spielte und am tatkräftigsten an der Absetzung des Katholikos Anton mitgewirkt hatte. Seine Bildung empfing er in einer Klosterschule und soll schon als Knabe Gedichte gegen die Mönche geschrieben haben. Die Jugendjahre verbrachte er, wie es scheint, in Tiflis im Kreise der damaligen Lebemänner, welche an seinen Gedichten, an seinem Gesang und Saitenspiel grossen Gefallen fanden und sich an ihnen berauschten. Auch der König Heraklius II. wandte ihm seine Gunst zu und schickte ihn zur Erledigung einer diplomatischen Angelegenheit sogar nach Persien. Beim Könige war er persona gratissima, bis er infolge einer Liebschaft mit der Prinzessin Anna, der Tochter des Königs, in Ungnade fiel und schliesslich durch sein ausschweifendes Leben und sein fortgesetztes Werben um die inzwischen in einem Kloster untergebrachte Königstochter genötigt war nach Imeretien zu entfliehen. Von hier aus begann er nun ein schändliches Ränkespiel gegen seinen früheren Gönner, den ostgeorgischen König Heraklius, und reiste sogar im Auftrage des imeretinischen Königs Salomo nach Persien, um beim Schah die Absetzung des ersteren durchzusetzen. Als dieser Plan misslang, begab er sich im Jahre 1790 nach Russland und starb dort im nächsten Jahre.

Die Gedichte dieses Abenteurers sind ziemlich zahlreich und ihr elegischer, gefühlvoller Ton entspricht in keiner Weise seinem Leichtmut und der in seinen Handlungen zu Tage tretenden Charakterlosigkeit. Die meisten gelten seiner unglücklichen Liebe zur Prinzessin Anna, und wenn es in ihnen auch von geschmacklosen Vergleichen und Bilderspielen wimmelt, so liegt in ihnen doch auch tiefe Empfindung und Kraft und leidenschaftliche, noch ganz an den Vorstellungen des Morgenlandes haftende Poesie. Dieser Eigenschaft verdanken sie auch ihr langes Dasein, denn manche von ihnen werden noch heute vom Volke gesungen. Ausser lyrischen Gedichten schrieb Bessarion Gabaschwili auch eine epische Dichtung „Die Schlacht bei Aspindsi", in welcher er den im Jahre 1770 vom Könige Heraklius über die Türken bei Aspindsi unweit Achalziche erfochtenen Sieg verherrlichte.

Die Zustände und Verhältnisse, aus denen dieser Dichter hervorging, werden eingehend von Papuna Orbeliani geschildert, dessen Chronik den Zeitraum von 1739—1758 umfasst. Da die folgenden Jahrzehnte dem Lande im wesentlichen weder mehr äusseren noch inneren Frieden brachten, liefern seine Schilderungen ein ziemlich wahres Bild des Lebens, in welchem überhaupt alle georgischen Schriftsteller des 18. Jahrhunderts heranwuchsen und wirkten.

Der seit Jahrhunderten währende Kampf zwischen Persern und Türken wogt jetzt mehr als früher auf georgischem Gebiet hin und her, abwechselnd fallen Osseten und Lesgier ein, aber trotz dieser Gefahr von aussen hört die Zwietracht unter den von Eigennutz und Herrschsucht verblendeten Feudalherren und Prinzen des königlichen Hauses nicht auf, und oft werden mitten im Kampf mit den Persern innere Fehden zum Austrag gebracht. Das herrliche Land ist der Schauplatz beinahe endloser Kriegs- und Raubzüge und wilde, fremde Horden hausen der Reihe nach auf seinen schönen Gefilden. Der Schah, der von Zeit zu Zeit Milde übt, wird zum grausamen Bedrücker, sobald seine

Befehle nicht die gebührende Beachtung erfahren. Die
Könige von Kartlien und Kachetien sind wie früher nur
seine Statthalter, sie stehen in seinem Dienst und zittern
auf ihren wackeligen Thronen vor seinen Launen. Er legt
dem Lande die unerschwinglichsten Abgaben auf, lässt
hunderte von Söhnen und Töchtern der angesehensten
Familien als Geisseln nach Persien schleppen, um dann
wieder diejenigen, die sich ihm besonders unterwürfig zeigen,
durch Ehrungen und Geschenke noch willfähriger zu machen.
Aber auch Persien hatte oft innere Unruhen und Thron-
streitigkeiten zu bestehen, und in solchen Zeiten durfte
Georgien wieder aufatmen und konnte einige Jahre des
Friedens geniessen.

In hohem Masse wurde das Kulturleben noch durch
den häufigen Aufenthalt fremder und völlig wilder Völker-
schaften beeinträchtigt, die mit den Persern zur jeweiligen
Besetzung des Landes kamen, oft längere Zeit hier ver-
blieben und ihrer barbarischen Natur gewiss keinen Zwang
antaten. Unter anderem Gesindel kamen im Jahre 1741
mit dem persischen Heere sogar Afhganen nach Tiflis,
schwarze, hässliche und nackte Kerle, die, wie Papuna
Orbeliani erzählt, nur einen elenden Fetzen auf dem Leibe
hatten.

Jedoch auch die Georgier waren oft genötigt, Tataren
und selbst Lesgier als Hilfstruppen in ihr Heer aufzunehmen,
die bei der geringsten Gelegenheit den Gehorsam ver-
weigerten und auf Raub ausgingen.

Unter König Teymuras II. (1744—1762) genoss Ostgeorgien wenigstens in den ersten Jahren seiner Regierung
eine verhältnismässig rücksichtsvolle Behandlung von seiten
der Perser; denn Teymuras hatte sich sowohl das Vertrauen
als auch die Gunst des Schah Nadir erworben, so dass
dieser ihn als König von Kartlien anerkannte und seine
Krönung zuliess. Dieses Ereignis gestaltete sich zu einer
grossartigen nationalen Feier, deren Verlauf Papuna Orbeliani
in seiner Chronik beschreibt. Die Einzelheiten, welche er

mitteilt, zeigen den alten Feudalstaat noch einmal in seinem früheren Glanze, der aber gleich dem Abschiedsschein der untergehenden Sonne nur ein kurzes, trügerisches Licht auf das Leben warf, um dann zu verschwinden.

„Die Freude des Volkes war gross; denn seit 20 Jahren, seit der Auswanderung Wachtang VI. hatte das Land keinen nationalen Fürsten, sondern nur persische Statthalter gehabt, und der nunmehrige, legitime König und gute Christ liess die Georgier alle ihre Leiden vergessen. Auch sein Sohn Heraklius wurde König von Kachetien. Als Teymuras II. am 9. Juli 1744 nach Tiflis kam, gingen ihm die Bürger und die Geistlichkeit entgegen und beglückwünschten ihn. Man hielt Dankesgottesdienst ab, die Bürger breiteten beim Einzuge des Königs kostbare Teppiche vor ihm aus, und die aus Kanonen abgefeuerten Salutschüsse waren so laut, dass einer des anderen Worte nicht verstehen konnte. Der Bazar war geschmückt und mit Laternen illuminiert, und drei Tage und drei Nächte währten die Festgelage.

„Am 1. Oktober 1745 fand die Krönung statt, zu welcher Teymuras auch seinen Sohn Heraklius von Kachetien und dessen Gemahlin einlud. Der Katholikos Anton suchte in alten Büchern Auskunft über die Bräuche der Krönung und übernahm die Leitung der ganzen Feier.

„Begleitet von den Grossen, dem gesamten Adel, dem aus vier Bannern bestehenden Heere, der Geistlichkeit und einer grossen Volksmenge begaben sich die zwei Könige und die zwei Königinnen von Tiflis nach dem uralten Patriarchensitze Mzcheta, wo in der Domkirche, dem alt-ehrwürdigen Nationalheiligtum, der feierliche Akt statt-finden sollte.

„Vor der Kirche war ein Erdhügel errichtet und neben diesem ein Zelt aufgeschlagen. Der König betrat dasselbe mit seinen Offizieren, und jeder nahm seinem Range gemäss sitzend oder stehend seinen Platz ein. Hierauf brachte man in ihren Hüllen die königlichen Gewänder, den Purpur-mantel, die leinene Tunika, das Diadem, dann die Krone, das Schwert, das Szepter und die Weltkugel. Alles wurde rechts und links niedergelegt. Dann erschien der Erzbischof Arsen im Bischofsornat, vor ihm Priester, welche Weihrauchfässer schwangen, der Kreuzträger und eine Schar Sänger, welche auf das Kreuz Hymnen sangen. Als sie vor den König gelangt waren, beugten sie das Knie und küssten ihn. Man nahm nacheinander die königlichen Gewänder und Insignien und übergab sie dem Erzbischof, welcher sie auf beide Arme empfing und unter Hymnensang in die Kirche trug. Als das Zeichen zum Abendgottesdienst gegeben wurde, begab sich der König selbst unter Trommelwirbel und Trompetengeschmetter in die Kirche. Die Bischöfe, alle in Ornaten, kamen ihm entgegen, beugten das Knie und begannen das Abendgebet. Nach Beendigung desselben und einer kurzen Ruhepause ging man in die Kirche, wo der König betend die Nacht zubrachte.

„Mit Tagesanbruch wurden nahe an dem Erdhügel die vier Banner aufgepflanzt und um jedes stellten sich die dazu gehörigen Truppen auf. Hier empfing der König die Geistlichkeit, worauf ihn der Archidiakon des Patriarchen beglückwünschte und einlud sich in die Kirche zu begeben. Den Zug eröffneten reich geschirrte Kamele, welche Pauken und Messinginstrumente trugen. Dann folgte das Banner des Oberbefehlshabers und gesattelte Ersatzpferde, hierauf die Offiziere des königlichen Schlosses, ihnen voran Dimitri Orbeliani, der Schwiegersohn des Königs, Oberadjutant und Schlossverwalter und Zaal Orbeliani, der Befehlshaber der königlichen Artillerie. Der König wurde geführt von Kai-Chosro Orbeliani und dem Fürsten Konstantin von Muchrani. Sogleich hinter ihm folgten die Söhne der Grossen, deren jeder ein Waffenstück des Königs trug, und zuletzt die drei Banner, umgeben von ihren Truppen. An der Kirche wurden die drei Banner einzeln aufgestellt, das königliche an der Tür, worauf der bewaffnete Haufe eintrat. Der Patriarch, die Bischöfe und Priester empfingen den König am Portal und beugten das Knie. Der Patriarch ging auf der einen,

der Erzbischof auf der andern Seite und vor ihnen die
Priester mit Bildern, Kreuzen und brennenden Fackeln.
Von der Tür bis in die Mitte der Kirche lagen Teppiche,
und als der König eintrat, wurden Hymnen gesungen. Auch
eine Menge Armenier und Franken (Europäer und Katholiken)
in Festtagskleidung waren zugegen. An der Tür blieb der
König stehen, und nachdem ihn der Patriarch über den
Glauben befragt hatte, las er das Kapitel von der Ver-
heissung, und der Fürst setzte seinen Gang fort. In der
Mitte der Kirche war ein von vier Stufen umgebener Thron
errichtet. Diesen bestieg er. Auf einen der beiden Sitze
liess sich der König nieder, auf den andern der Patriarch.
Weiter standen der Erzbischof und zwölf Bischöfe. Dann
brachte man die einfache leinene Tunika, welche der König
anlegte, und die Messe begann. Als dieser Augenblick gekommen war, betrat der Patriarch das Allerheiligste und
bat den König, an den Altar zu kommen. Der Erzbischof
und der Bischof von Allawerdi empfingen ihn an der Stufe
und führten ihn zum Altar. Auf seine Stirn, die Achseln
und Brust wurde mit Salböl das Zeichen des Kreuzes gemacht, und der Patriarch las ein Gebet. Hierauf setzte der
König das Diadem auf. legte über die Tunika den Purpur-
mantel um, empfing die Königskrone und nahm in die rechte
Hand das Szepter und in die linke die Weltkugel.

„Als der Augenblick des heiligen Abendmahls gekommen war, empfingen dieses zuerst die Priester und dann
der König aus der Hand des Patriarchen. Nach beendigter
Messe verliess der König das Allerheiligste, und gestützt
auf den Erzbischof und den Bischof von Allawerdi kehrte
er zum königlichen Throne zurück. Hier gürtete ihm der
Sardar (Oberbefehlshaber) Kai-Chosro Orbeliani nach der
Beglückwünschung das Schwert um, worauf die Priester,
die Hofleute und das Volk zum Handkusse zugelassen
wurden. Unter Geschützdonner, Trommelwirbel und Trompetengeschmetter verliessen jetzt alle die Kirche, und um-
jauchzt von der freudig gestimmten Volksmenge begab sich

der König in ein unweit von kostbaren Stoffen errichtetes Zelt und setzte sich nieder, während die Grossen mit entblössten Häuptern am Eingange stehen blieben. Bald erschien die Königin zur Beglückwünschung, nach ihr die Prinzen und die Frauen der Würdenträger. Endlich nach Beendigung der Beglückwünschungszeremonie wurde ein Festmahl veranstaltet, welches ganz nach georgischem Gebrauch verlief und bei welchem sich jeder als guter Georgier durch seine Freigebigkeit und seine Freude auszuzeichnen bestrebt war; denn schon seit langer Zeit hatte das Land keinen christlichen, gesalbten und gekrönten König auf dem Throne gesehen."

Teymuras II., der sich als Heerführer durch Tapferkeit auszeichnete und mit seinem Sohne Heraklius II. mit der grössten Ausdauer und Unerschrockenheit sein Vaterland gegen die Nachbarvölker verteidigte, war auch Dichter, wenn auch kein besonders begabter. Ausser einer „Unterredung mit Rustaweli" schrieb er kleine lyrische Gedichte von geringem Wert und eine dem Andenken des Königs Wachtang gewidmete Ode.

Nach seinem im Jahre 1762 erfolgten Tode übernahm Heraklius oder Erekle II., welcher bis dahin nur über Kachetien geherrscht hatte, auch die Regierung von Kartlien und vereinigte somit ganz Ostgeorgien unter seinem Szepter.

Die westlichen Provinzen am Schwarzen Meere, Mingrelien, Gurien und auch Imeretien hatten im 18. Jahrhundert ein ebenso ruheloses, an urwüchsigen Zuständen haftendes Dasein wie früher. An der geistigen Bewegung, welche sich in Ostgeorgien durch das ganze Jahrhundert hinzog, nahmen sie fast gar keinen Anteil, und in Unwissenheit und Unsittlichkeit versunken, führten ihre Bewohner ein elendes, unstätes Leben, das nicht viel besser war als das der mittelalterlichen Raubritter. Wenn der Kampf mit den äusseren Feinden ruhte, begannen innere Kämpfe um mein und dein, und was einer aufbaute, zerstörte der andere. So vergeudeten die geistig so veranlagten Westgeorgier

Kraft und Zeit, ohne an die Erneuerung und Hebung ihrer
Kultur zu denken. Allerdings gründete König Salomo II.
von Imeretien im Jahre 1787 eine Druckerei, in welcher
eine Anzahl musterhaft gedruckter Erbauungsbücher erschien, aber im übrigen schlummerten die Geister weiter,
und kein Lichtstrahl erhellt die auf dem Lande lastende
Dunkelheit.

Die Zustände, welche gegen Ende des 18. Jahrhunderts
im naturschönen Imeretien, in diesem grünen, blumenreichen,
für ruhigen Lebensgenuss wie geschaffenen Erdenparadiese,
herrschten, werden von allen Augenzeugen in denselben
düstern Farben geschildert. Als jämmerlich und abstossend
malt sie Prinz Georg, der Sohn des imeretischen Königs
Alexander, in seinen „Erlebnissen“, und auch der in seinen
Urteilen sehr mässige und gerechte deutsch-russische Natur-
forscher und Reisende Johann Güldenstädt, welcher im
Jahre 1772 Imeretien durchwanderte, fand hier nur Elend
und Verkommenheit. Die „Hauptstadt“ Kutais war ein
ganz unbedeutender Flecken mit elenden Häusern, in
welchen nicht mehr als etwa 50 Familien wohnten. Aber
die zahlreichen Ruinen von Kirchen und Steinhäusern
deuteten auf frühere Grösse und eine bessere Zeit, die
jedoch schon längst dahin war. Der Ackerbau wurde auf
uranfängliche Weise getrieben, die Viehzucht war gering,
und die ganz unbedeutende Gewerbetätigkeit schaffte einfache völlig kunstlose Erzeugnisse, die nur kulturarme
Bauern oder verbauerte Edelleute befriedigen konnten. An
allem war zu erkennen, dass niemand an die Verbesserung
seiner Lage oder an die Veredlung seiner Lebensweise
dachte, sondern jeder nur soviel arbeitete, als für die ge-
wöhnlichste Befriedigung seiner leiblichen Bedürfnisse er-
forderlich war.

Auch Prinz Wachuschti nennt die Gewerbetätigkeit
der Imeretier ganz geringfügig. Jakob Reineggs, welcher
sich etwa zehn Jahre später als Güldenstädt in Georgien
aufhielt, entwirft von dem damaligen Zustande Imeretiens

Klosterruinen von Wardsia.

ein gleichfalls ungünstiges Bild und stimmt mit diesem
überein, dass es zwar fruchtbar, aber sehr arm und ent-
völkert war. „Der König bewohnte in Kutais ein elendes,
steinernes, halb eingefallenes Haus, und nur etliche 20 der
ersten Staatsbeamten besassen in der Nähe desselben hölzerne
Häuser, in welchen sie des Königs wegen im November
und Dezember zu wohnen pflegten. In der übrigen Zeit
des Jahres hielt sich ein jeder auf seinem Gute auf und
erwartete zur bestimmten Zeit den König, welcher alljährlich sein Land langsam durchreist und allenthalben, wo er
sein Lager aufschlägt, auch Gericht hält, die Klagen eines
jeden anhört und die Ordnung, soviel es in Imeretien möglich ist, besorgt."

„Aus Sorglosigkeit ist der Imeretier arm und doch
nötigt ihn der Stolz mit dem, was er hat, gastfrei zu sein.
Daher wird niemals ein bekannter oder namhafter Reisender
am Hause eines Imeretiers vorübergehen, wo ihm nicht
Knaben mit Eiern, Früchten, Honig und Wein entgegen
kämen und wenn er weiter reisen will, ihn nötigen, doch
nur etwas zu kosten oder mitzunehmen."

„Der Imeretier ist folgsam so lange er hofft; allezeit
misstrauisch und ein Feind desjenigen, welchen er fürchtet,
niedrig bittend, wenn er etwas begehrt und zu stolz, um
zu danken, wenn er seinen Wunsch erfüllt sieht. Er ist
immer lustigen Gemüts, gesprächig, zweizüngig, dienstwillig,
wo nur der geringste Gewinn zu hoffen ist, leichtsinnig,
sobald es ihm wohlgeht und doch gleichgültig trotzend im
unvermeidlichen Unglück, bei einem unerwartet glücklichen
Zufalle aber bis zum Ausschweifen vergnügt. Er ist ein
ausserordentlich starker Fussgänger und sehr tapfer, doch
nur in seinem Lande."

Diese Charakteristik der Imeretier ist zwar schonungs-
los, aber zutreffend, und man muss annehmen, dass Reineggs,
der überhaupt ein Menschenkenner war, während seines
Aufenthaltes im Lande vielfache Gelegenheit hatte, seine
Bewohner kennen zu lernen.

Ihre Kleidung nennt er unrein und ihre Wohnungen waren zu seiner Zeit „aus dicken Brettern zusammengefügte Häuser, die nur das allerunentbehrlichste zur menschlichen Bequemlichkeit enthielten."

Das einzige Gewerbe, welches in Imeretien einige, aber auch nur beschränkte Bedeutung hatte, war der Seiden-bau. Man verfertigte leichte, schönfarbige seidene Zeuge, Schnupftücher, Taffete und ein feinhaariges, dickes Tuch.

Imeretien war also damals nichts weiter als eine Ruine, deren einstige Pracht und Grösse nur noch aus den Mauersteinen zerfallener Burgen und Kirchen sprach, während seine Bewohner verarmten, ganz heruntergekommenen, aber in ihrem Elend immer noch stolzen Rittern glichen.

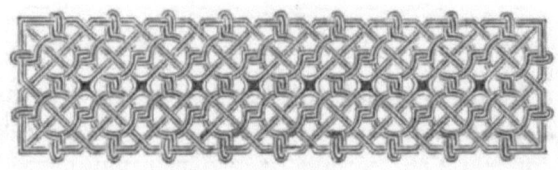

Ostgeorgien
unter König Heraklius II

Die Regierungszeit dieses tapferen, tatkräftigen Königs, welche vom Jahre 1762—1798 währte, ist der ereignisreiche Schlussakt einer beinahe 2000 Jahre alten Geschichte. Noch einmal trat ein Held auf, der seiner ruhmreichen Vorfahren würdig war, noch einmal raffte das georgische Volk alle Kräfte zusammen, um die Flut einzudämmen, die mit elementarer Gewalt aus Persien, aus der Türkei und dem Lande der Lesgier bis ins Herz ihres Vaterlandes hineinwogte. Wie heute Botha, Dewet und Delarey, jagte der „Löwe" Heraklius von Osten nach Westen und vernichtete ganze Heerscharen seiner Feinde, aber immer erschienen neue, zahlreichere, bis das Häuflein seiner Getreuen so zusammengeschmolzen war, dass der weitere Widerstand zur Unmöglichkeit wurde. Die Siege, welche er über die Türken, Perser und Lesgier errang, glichen oft einem Blitzschlage, er war gewiss einer der grössten Heerführer seines Jahrhunderts, und wie Salomo Leonidse in seiner bei der Beerdigung des Königs gehaltenen Rede versicherte, soll ihn auch Friedrich der Grosse als solchen gepriesen haben. Auch für die Einführung einer geordneten Verwaltung, für die Förderung der Bildung und Kultur sorgte er nach Kräften und wenn auch viele seiner Bestrebungen infolge der fortwährenden Kriegswirren keinen Erfolg hatten, kann man doch nicht sagen, dass seine Regierung in dieser Hinsicht unfruchtbar gewesen wäre. Die

Schwierigkeiten und Hindernisse, welche ihm im Wege lagen, waren oft nicht zu überwinden, und verschiedene Nöte und Heimsuchungen, wie die Pest im Jahre 1770, welche allein in Tiflis 5000 Menschen hinraffte, und die Zerstörung dieser Stadt durch Agha Mahomet Chan von Persien im Jahre 1795 mussten seine Kulturarbeit auf die nachteiligste Weise unterbrechen.

Die Feldzüge dieses Königs beschrieb in georgischer Sprache Oman Chercheulidse, während Reineggs, Güldenstädt und Artern vom Ararat einige Einzelheiten über seine Person und die innere Lage des Landes berichten. Interessante Aufschlüsse bietet auch das Werk von P. Butkow*) und einige in georgischer und armenischer Sprache abgefasste, teils von Zeitgenossen herrührende Erinnerungen.

Reineggs, welcher, wie es scheint, bei Heraklius in besonderer Gunst stand, schweigt ganz von seinem Charakter und seiner Lebensweise, meint aber, dass er bestrebt war, den Wohlstand seines Landes zu heben. „Unter diesem Fürsten fingen Wüsteneien zu blühen und bevölkert zu werden an, und wenn die Regierung des Heraklius nur nicht so sehr eingeschränkt wäre, so könnte der Fürst sowohl als der Untertan der glücklichste sein." An einer anderen Stelle beschuldigt er jedoch den König, dass er, um die Mittel zu erschwingen, welche seine Hofhaltung und die seiner zahlreichen Familie erforderte, seine Untertanen mit schweren Abgaben belegte. Seinem Beispiele folgend, suchten auch die Edelleute von ihren Leibeigenen das möglichste zu erpressen, so dass der Bauer verarmte und „mit traurigen Blicken die Felder für seinen Herrn zum Aufwande und für sich zu kaum hinreichendem Brote besäete."

Diese Behauptung ist vielleicht nicht ganz unrichtig, aber gewiss oberflächlich und parteiisch; denn Heraklius nährte für sein Volk die redlichsten Absichten, war jedoch

*) „Materialien zur neuen Geschichte des Kaukasus von 1722 bis 1803". Drei Teile. St. Petersburg 1869 (russisch).

dem Adel gegenüber zu einer verhängnisvollen Nachsicht
gezwungen, die er auch gegen die Mitglieder seiner Familie
üben musste. Dass der Adel nach Kräften seine leibeigenen
Bauern aussog, mag wahr sein, aber im 18. Jahrhundert
machte es der europäische Adel auch nicht besser. Was
der übrigens wenig vertrauenswürdige Abenteurer Reineggs
über Georgien berichtet, besteht zum guten Teil aus Ge-
meinplätzen, für deren Begründung er fast gar keine Tatsachen anführt.

Die inneren Zustände schildert er als stark verloddert,
wundert sich aber, dass bei der immerwährenden Unruhe
die Erträge des Landes noch so beträchtlich waren. Die
öffentliche Ordnung und die Gerichtspflege entsprachen
natürlich dem allgemeinen Zustande. Beide wurden beeinträchtigt durch die Uneinigkeit, Streitsucht und Willkür
des Adels und die Ohnmacht der Regierung, dieses Erbübel
auszurotten.

Als massgebend für die Lebensverhältnisse des Landes
können das damalige Aussehen und die Einrichtung der
Hauptstadt Tiflis angesehen werden. Wie Güldenstädt berichtet, zählte sie im Jahre 1772 ungefähr 20000 Einwohner, von denen die Hälfte Armenier waren, während
der übrige Teil aus Georgiern und Tataren bestand. Die
durchweg einstöckigen Häuser waren aus Ziegeln und
Steinen leicht, schlecht und unansehnlich gebaut und hatten
flache Dächer, welche mit Erde beschüttet waren. Glas-
fenster gab es nicht; denn die Scheiben wurden durch ge-
öltes Papier ersetzt. An eine Reinigung der Gassen dachten
weder die Bürger noch die Polizei, so dass dieselben stets
mit Unrat bedeckt waren. Die Umgebung der Stadt war
jedoch reich an Gärten, welche sich ungefähr fünf Kilometer am Kurflusse hinzogen. Viele der Einwohner lebten
von ihren Weingärten und Pflanzungen, besonders von der
Kultur der Baumwolle. Die letztere ist heute in der Umgegend von Tiflis gänzlich eingegangen, und die Zahl der
Gärten hat sich bedeutend vermindert. Der Handel war

ziemlich belebt, betraf aber nur Gegenstände und Stoffe
von geringem Wert, Lebensmittel, Gewürze, gewöhnliche
Arzneimittel und genügte überhaupt nur den notwendigsten
Bedürfnissen. Die damals in der Stadt betriebenen Gewerbe nennt Güldenstädt geringfügig und führt nur Gerber,
Zeugdrucker, Weber und Schmiede an, während er die
Teppichweber, Silberarbeiter und andere, welche hier jederzeit ansässig waren, gar nicht erwähnt. Schon in früherer
Zeit bestanden in Tiflis Handwerksverbände, deren Entstehung auf persische oder türkische Einflüsse zurückzuführen ist. Diese Zünfte (amkar) besassen, wie die westeuropäischen, eine genossenschaftliche Verfassung und
verfolgten sowohl wirtschaftliche, rechtliche als auch wohl-
tätige Zwecke. An der Spitze einer jeden stand ein Usta-
baschi (Ältester), welcher allein oder mit seinen Gehilfen
alle Streitsachen entschied. Ihre Selbstverwaltung scheint
ziemlich unbeschränkt gewesen zu sein und der georgischen
Regierung niemals einen Anlass zur Einmischung in die
Zunftangelegenheiten gegeben zu haben; denn das Gesetzbuch Wachtangs enthält keinen dieselben betreffenden Artikel.

Um die Entwickelung der Städte mag man sich einerseits wenig gekümmert haben, und anderseits widerstrebte
ihr die feudale Einrichtung des Landes. Jeder georgische
Edelmann war entweder ein mehr oder weniger selbstän-
diger Grundherr, welcher seine Ländereien als seinen kleinen
Staat betrachtete, oder er war der Vasall eines anderen,
und durch dieses Verhältnis an die Scholle gebunden. Die
mächtigen Feudalherren, wie die Eristawen von Ksani, die
Amilachwari, Barataschwili, Orbeliani und andere, dachten
vor allem nur an die Erhaltung und Befestigung ihrer Macht
und ihres Einflusses, sie wohnten in ihren Burgen und hielten
sich nur wenig in Tiflis auf. Hier weilte auch der König
mit seinem Hofe nur in gewissen Jahreszeiten, so dass diese
Stadt gerade von denen, die zu ihrer Verschönerung und
Vergrösserung beitragen konnten, vernachlässigt wurde. Sie
war der Mittelpunkt der Verwaltung und des Handels in

Ostgeorgien, aber da angesichts der feudalen Zersplitterung
des Landes keine zentralisierte Verwaltung im weiteren
Sinne existierte, und der Handel wegen der Unsicherheit
der Wege keinen Aufschwung nehmen konnte, entwickelte
sie sich fast gar nicht. Die eigentliche Einwohnerschaft,
welche beständig hier ansässig war, bestand zum grössten
Teile aus Armeniern, welche den gesamten Handel und die
wenigen Gewerbe trieben, während die georgische Minder-
heit aus Höflingen, Beamten und Geistlichen bestand. Bis
zum Anfang des 19. Jahrhunderts war der Georgier immer
nur Soldat im ritterlich-feudalen Sinne und Ackerbauer, und
wenn er zu diesem Berufe keine Neigung besass, widmete
er sich dem Dienste der Kirche. Dementsprechend wohnte
er auf dem Lande und hing mit Vorliebe an seiner Heimats-
stätte, die ihm ein freies, an Zerstreuungen und Genüssen
reiches und seinen bescheidenen Gewohnheiten nach bequemes Leben ermöglichte. Die Jahrhunderte entwickelten
im zahlreichen georgischen Adel eine Herrenmoral, welche
ihn für bürgerliche Zucht und dauernde Arbeit unfähig
machten. Daher besass er auch niemals Neigung zu Handel
oder gewerblicher Tätigkeit, für welche ihm auch heute
noch die Ausdauer und der nüchterne, berechnende Sinn
fehlen.

In der ritterlich-feudalen Organisation des georgischen
Volkes und in dem geschichtlichen Schicksalsgange, welcher
ihr Fortbestehen begünstigte, liegt jene stockende Kraft,
die Jahrhunderte lang auf seinem inneren Leben lastete und
mit ihren Nachwehen noch bis in die Gegenwart eine läh-
mende Wirkung ausübt.

Zur Zeit Heraklius II., also im letzten Viertel des achtzehnten Jahrhunderts, sind allerdings manche Anstrengungen
zu einer Besserung der wirtschaftlichen Lage des Landes
wahrzunehmen, aber sie hatten nur geringen Erfolg. Vor
allem sorgte dieser König für die Besiedelung entvölkerter
Landesteile, wobei ihm sein Sohn Georg tatkräftig beistand.
Der Urheber mancher Neueinrichtungen war Jakob Reineggs,

der erste Deutsche, welcher dieses Land besuchte. Ihm
übertrug Heraklius unter anderem die Einführung einer
europäischen Polizeiordnung, zu welchem Zwecke Reineggs
„Die Grundsätze der Polizeiwissenschaft" von Sonnenfels
übersetzte. Auch soll er die Georgier in der Schmelzung
der Metalle auf europäische Art unterwiesen und eine Ge-
schützgiesserei, eine Pulvermühle, sowie andere mechanische
Werkstätten angelegt haben.

Zu einer umfangreichen Hebung der Betriebsfähigkeit
des Landes und zur Belebung der Gewerbetätigkeit fehlte
es gänzlich an sachverständigen Männern, was bei einem
nur aus Rittern und Ackerbauern bestehenden Volke nicht
verwundern kann.

Eifriger und mit mehr Verständnis wurde für die Entwickelung des geistigen Lebens gesorgt. An der Förderung
des Unterrichtswesens arbeitete, wie ich bereits erwähnte,
sehr tatkräftig der Katholikos Anton, welcher auch die
Seminare in Tiflis und im kachetischen Städtchen Telaw
ins Leben rief. Die Gründung der letzteren Schule erfolgte
im Jahre 1783 und hatte für das Land eine hohe Bedeutung, denn sie weckte unter der Jugend einen allgemeinen
Bildungsdrang. Ihr erster Leiter war der Archimandrit
Gajos, ein von den edelsten Bestrebungen beseelter Mann,
welcher sich in Moskau eine umfassende Bildung angeeignet
hatte und die Liebe zum Studium auch seinen zahlreichen
Schülern einzuflössen verstand. Reineggs spricht sich über
ihn sehr lobend aus und sagt: „Sein unermüdlicher Eifer
und fasslicher Unterricht erweckte die Fähigkeiten seiner
Landsleute und deren unersättliche Begierde, unterrichtet
zu werden." Leider blieb Gajos nur ein Jahr in dieser
Stellung, da er, wie Reineggs berichtet, im Jahre 1784
unter den schmeichelhaftesten Aussichten wieder nach Russland berufen wurde. Seine zahlreichen schriftstellerischen
Arbeiten bestehen ausser einer kurzen georgischen Sprachlehre fast nur aus Übersetzungen geschichtlicher, philo-

sophischer, theologischer und anderer Werke. Unter anderen übertrug er auch Mark Aurels „Selbstbetrachtungen".

Sein Nachfolger war David Alexischwili, welcher eine Reihe von Unterrichtsbüchern und auch einige theologisch-philosophische Schriften verfasste. Nebenbei betätigte er sich als eifriger Reimschmied und spielte eine Zeitlang den Hofdichter, welcher bei allen festlichen Gelegenheiten dem Könige, den Prinzen und anderen Persönlichkeiten überschwengliche Lobgedichte widmete. In seinen Gedichten und Epigrammen gestattete sich dieser schriftstellernde Mönch und strenge Schulmann manchen Scherz und manches Zötchen, und scheint bei seinen Zeitgenossen in hohem Ansehen gestanden zu haben. Man legte ihm sogar den Titel eines Weisen und Philosophen bei, und diese Ehrung beweist nur, dass im Georgien des 18. Jahrhunderts von einem Philosophen nicht allzu viel verlangt wurde. Ernst und Scherz herrschten friedlich nebeneinander, und die Gemütlichkeit glich oft auch die schroffsten Gegensätze aus, wie dies auch bei den heutigen Georgiern noch häufig geschieht.

Wie in früheren Zeiten, hatten die Schulen immer noch einen geistlichen Charakter, und aller Unterricht wurde von Geistlichen erteilt, welche gleichfalls als Hauslehrer und Erzieher wirkten und überhaupt für die Verbreitung von Bildung das meiste. taten. Im Laufe des 18. Jahrhunderts treten aus ihren Reihen immer mehr Männer hervor, die am öffentlichen und geistigen Leben einen hervorragenden Anteil nehmen, zu Neuerungen Anstoss geben und diese durchführen helfen. Ausser dem Katholikos Anton zeichneten sich zwar nur wenige von ihnen durch besondere Geistesgaben aus, aber viele waren von dem ernsten Bestreben durchdrungen, ihrem Vaterlande nach Kräften zu dienen, die versäumte Kulturarbeit nachzuholen und die weiten Lücken auszufüllen, welche in der Bildung ihres Volkes jetzt im Lichte der aus Europa langsam vordringenden Kultur immer mehr zum Vorschein kamen. Die Erkenntnis des grossen Rückstandes beunruhigte alle edleren und einer ernsthafteren Auffassung der Dinge zugänglichen Söhne des Landes, und der Abgrund, der sie von der Höhe des ihnen zeitgenössischen Lebens der europäischen Völker trennte, mochte ihnen Bangigkeit einflössen. Mit Hast machten sie sich an die schwierige Arbeit, und zahlreiche Federn wurden in Bewegung gesetzt, um wenigstens den notwendigsten Bildungsstoff aus der Fremde in die Muttersprache zu übertragen. Die meisten Übersetzer gemeinnütziger Werke gehörten dem geistlichen Stande an, der auch bestrebt war, die theologische Wissenschaft wieder zu heben und den Grundsätzen der Sittlichkeit Geltung zu verschaffen. Aus der Schar der in dieser Richtung wirkenden Geistlichen traten vor allen anderen Anton Tschkondideli und Ambrosius Nekresseli hervor. Beide glänzten durch ihre Beredsamkeit, und ihre kraftvollen Predigten übten auf die Zeitgenossen einen wohltätigen Einfluss aus. Anton Tschkondideli war Erzbischof von Mingrelien und als solcher der Vater und Helfer aller Armen und Notleidenden seines Sprengels. Seine Predigten, in welchen er nur Lebensfragen berührte, die allen am Herzen lagen, zeichneten sich durch Einfachheit und Wärme aus.

Eine noch höhere, in das nationale Leben eingreifende Bedeutung erwarb sich als Kanzelredner Ambrosius von Nekresseli, welcher von 1781 bis 1801 das Bistum von Kachetien verwaltete. „Dies war die unglücklichste Zeit für Kachetien. Die endgültige Verwüstung des Landes, die Verarmung der Bevölkerung, die fortwährenden Einfälle der Mahomedaner und die Zunahme des Islams hatten die Sittenverderbnis bis zum höchsten Grade gesteigert." (Alexander Chachanow.) In diesen trüben und stürmischen Jahren erhob Ambrosius Nekresseli seine Stimme und ermahnte seine Landsleute, den Pfad, der zum Untergange führte, zu verlassen, in sich zu kehren und in der Religion der Väter Kraft zum Fortbestehen zu suchen.

„Wir sind bedrängt, meine Lieben," sagt er in einer

Predigt, „ja sehr bedrängt sind wir in diesem kleinen
Schiffe, in unserem wenig umfangreichen Georgien. Seit
wieviel Jahren wird unser Land schon von den Feinden
verwüstet! Die einen von uns haben ihr Besitztum verloren, andere ihre Gattinnen oder Gatten, die dritten sind
verwaist, die vierten kamen um im Kampfe mit den Feinden des Glaubens und des Kreuzes, und wir alle erfahren
tagtäglich Bedrückungen aus den Händen der Ungläubigen,
und bis aufs äusserste betrübt weinen und klagen wir.
Entschwunden sind die würdigen Söhne des Vaterlandes,
entschwunden unsere Tatkraft, der Tod ist über uns gekommen, die Sünde hat uns überwältigt und uns die Hände
gefesselt."

Die Warnungsrufe dieses Predigers und Sehers machten
auf seine Zeitgenossen einen tiefen Eindruck, sie fanden
Widerhall in vielen Gemütern, aber das Schicksal abzuwenden, vermochten sie nicht; denn die Macht des das
Land umwogenden Islams konnte von dem zersplitterten
Georgien wohl zeitweilig erschüttert, aber nicht mehr gebrochen werden.

Doch auch in dieser schweren Zeit schlummerte die
georgische Poesie nicht ein. Die alte, ehrwürdige Laute
dieses sanglustigen Volkes ertönte oft sogar im Sturm der
Kriegszüge, und zahlreiche Männer und Frauen griffen in
die Saiten, wenn ihnen vor Schmerz oder im Rausch der
Liebe das Herz überquoll. Die gesamte Lyrik der letzten
Jahrzehnte des 18. Jahrhunderts trägt ein fast ausschliesslich persönliches Gepräge, aber die Empfindungen, welche
sie zum Ausdruck bringen, klingen manchmal wie ein allgemeiner Notschrei, und der Umstand, dass fast keiner ein
lebensfrohes Lied anstimmte, zeigt, wie allgemein die bange
Stimmung war.

König Heraklius II., welcher, wie es scheint, eine
keineswegs geringe Bildung besass, und wie aus einigen an
seine Tante, die Prinzessin Anna, gerichteten Briefen hervorgeht, nicht nur das Schwert, sondern auch die Feder zu

führen verstand, verfasste ein Gebet, welches erkennen lässt,
wie schwer das Bewustsein der Schuld und die Versün-
digung am eigenen Schicksal, die dieser wackere König von
seinen Vorfahren als Erbschaft übernommen hatte, auf ihm
lastete:

„Wehe uns, die wir vor Dir, o Herr, gesündigt haben!“
ruft er aus. „Wehe uns, die wir Deine Gebote, o Herr,
übertreten haben! Wehe uns, die wir, o Herr und Schöpfer,
Deine Gaben von uns gewiesen haben und vom Wege der
Wahrheit abgewichen sind! Sünder, Sünder sind wir, o
Herr, aber erbarme Dich unser und verzeihe uns unsere
Vergehen!“

Die Schwermut des Vaters ging auch auf zwei seiner
Töchter, die Prinzessinnen Maria und Ketewan, über, welche
beide den Reichtum ihrer edlen Herzen in tief empfundenen
Elegien darlegten. Die Prinzessin Ketewan nennt Reineggs
„die schönste und beste Ketewan“, und rühmt sich, in
diesem zur Zeit seiner Abreise von Georgien 15 Jahre alten
Mädchen eine tiefe Neigung erweckt zu haben.

Das nachstehende, von ihr verfasste Gedicht wird noch
heute gesungen:

> Schon verdeckt des Mondes Nebelhülle
> Unsre Heimatsberge meinem Blick.
> Land der Reize und der Schönheitsfülle,
> Dich vernichtete das Missgeschick.
>
> Duftumwob'ne, anmutsreiche Rosen,
> Euch entriss ein Sturm der Mutterflur.
> Fluten rauschten hin mit wildem Tosen,
> Und verloren ward des Glückes Spur.
>
> Fern von dir, o Vaterland, vergehe
> Ich vor Sehnsucht und verschmacht' in Leid.
> Unfrei ist mein Leben, und ich stehe
> Hier umringt von öder Einsamkeit.
>
> Eitle Schmeichelreden mich hier plagen
> Und der Wache lästiger Späherblick,
> Doch kein Wort des Trostes hör' ich sagen,
> Und die Hoffnung bringt kein Mensch zurück.

O Natur, die alles uns gegeben,
O allgegenwärtige Gottesmacht,
Warum liesset ihr mir dieses Leben,
Mir, der lieber wär' die Grabesnacht!

Die Zahl der Dichter während der Schlussepoche der
Selbständigkeit Georgiens war nicht gerade gering, aber fast
keiner von ihnen hat Werke von bleibendem Wert geschaffen, und nur wenige ihrer Lieder klangen noch ins
19. Jahrhundert hinüber. Übrigens lässt sich die damalige
Lyrik nur nach wenig zahlreichen erhaltenen Proben be-
urteilen, deren grösster Teil sich in der handschriftlichen
Sammlung des Prinzen Gregor vorfindet. An die Veröffent-
lichung seiner Gedichte durch den Druck dachte auch damals noch kein Dichter, und es ist daher mehr als wahrscheinlich, dass eine bedeutende Anzahl der lyrischen Erzeugnisse jener Zeit verloren ging. Ausser Dimitri Tuma-
nischwili, dessen Lieder viele Jahre hindurch sehr beliebt
waren, genoss der armenische Volkssänger Sajatnowa eine
grosse Volkstümlichkeit, obgleich er keineswegs dem Geschmack des Haufens frönte, sondern trotz aller sinnlichen
Glut, die seine Liebesgedichte atmen, die strengste Sittlichkeit predigte. Dieser sprachgewandte, echte und nicht ge-
dankenarme Dichter, Sänger und Musikant verfasste seine
Lieder in armenischer, georgischer und tatarischer Sprache
mit gleicher Fertigkeit und verstand es wie kaum ein
zweiter, den ganzen Reichtum morgenländischer Einbildungskraft, die Lust an prunkvollen Bildern und Vergleichen und
schliesslich den ernsten, aber schlichten, leicht fasslichen
Ton des Volksphilosophen in sich aufzunehmen und in
klangreichen Versen wieder zu verausgaben. In Tiflis war
er der Freund der ganzen Einwohnerschaft, bei jedem Festgelage trat er auf mit seiner fünfsaitigen Geige (Kaman-
tscha) und erhöhte durch seinen bestrickenden Gesang die
Freude des Festgenusses. Selbst der meistens ernste Heraklius lud ihn oft in sein Schloss ein und hörte gern dem
Vortrag seiner Lieder zu.

Über die Lyrik ging die damalige schöne Literatur
nicht hinaus, und nur in einem dichterischen Erzeugnisse
lässt sich ein Übergang zum Roman wahrnehmen. Es ist
dies eine höchst sentimentale Liebesgeschichte in Briefen
vom Prinzen David, welche auf ganz morgenländisch-
persischem Untergrunde von griechisch-mythologischen Verzierungen wimmelt. Wie Alexander Chachanow wohl mit
Recht annimmt, hat Prinz David diese Dichtung unter dem
Eindruck der Richardsonschen Romane geschrieben, welche
er wahrscheinlich in russischen Übersetzungen kennen gelernt hatte. Das Werk, welches zwei ganz entgegengesetzte
Lebensanschauungen in sich vereinigt, ist übrigens bedeutungslos, und ich erwähne seiner nur, um den zu Ende
des 18. Jahrhunderts in der georgischen Literatur einsetzenden europäischen Einfluss anzudeuten. Ein weiteres
Eindringen der sentimentalen und pseudo-klassischen Richtung ist in ihr nicht bemerkbar.

Eine sehr rege Tätigkeit entfaltete Prinz David als
Prosaschriftsteller und Übersetzer. Er verfasste eine kurze
„Weltgeschichte“, ein Werk über georgische Gesetze, eine
„Sprachlehre“ u. s. w. und übertrug unter anderen Schriften
auch den „Geist der Gesetze“ von Montesquien in die geor-
gische Sprache.

Wichtig für die Kenntnis der georgischen Sitten und
Zustände während der letzten Regierungsjahre des Königs
Heraklius II. ist ein enzyklopädieartiges Werk „Kalmasoba“
(Sammlung), welches dem Prinzen Johannes, dem Enkel
dieses Königs, zugeschrieben wird. Dieses von georgischen
Forschern bisher noch nicht genügend gewürdigte Werk
bietet ein reiches Lebensbild und macht uns zudem noch
mit vielen Persönlichkeiten bekannt, welche zu jener Zeit
im Vordergrunde standen und eine mehr oder weniger
interessante Rolle spielten. Der eigentliche Erzähler und
Sittenschilderer ist der Mönch Johannes Chelaschwili, der
Säckelmeister eines Klosters, welcher behufs Einsammlung
des in Wein und Getreide bestehenden Zehnten eine Rund-

reise durch ganz Ostgeorgien macht und seine reichen Beobachtungen mitteilt. Da der redselige Mönch Menschen und Dinge ziemlich rückhaltlos beurteilt und kein Blatt vor den Mund nimmt, hat er mit verschiedenen ihm begegnenden Leuten manchen Streit auszufechten, aber gerade diese Händel kennzeichnen Menschen und Dinge. Er charakterisiert nicht nur die Politiker und geistlichen Würdenträger seiner Zeit, sondern auch Ärzte, Dichter, Lehrer, Mönche, Gutsbesitzer und sogar den königlichen Hof mit allen Beamten, wobei der Hofnarr Otarik Norieli nicht vergessen wird. Neben diesen Schilderungen enthält das Buch eine Sammlung gemeinnütziger Kenntnisse, die jedoch über die Anfangsgründe der damaligen Wissenschaften nicht hinaus kommen.

Ausserdem verfasste Prinz Johannes im Jahre 1799 eine an den letzten georgischen König Georg XII. gerichtete Denkschrift über die Reform der inneren Verwaltung Georgiens und übersetzte die „Logik" von Condillae.

Zahlreich sind die Männer, welche in diesen letzten Lebensjahren des ostgeorgischen Staates ihre Gedanken, Ratschläge, Empfindungen und Betrachtungen aufzeichnen, um die Lebenskräfte ihres Volkes zu wecken und vielleicht das Verhängnis abzuwenden, welches sie immer näher heran kommen sahen.

Aber der Zwiespalt unter dem Adel und den königlichen Prinzen nahm kein Ende, und als im Jahre 1795 die Perser unter dem fürchterlichen Agha Mahomet Chan in Georgien einfielen, vermochte der König nur einige tausend Mann zur Verteidigung aufzubringen, so dass er Tiflis den Feinden preisgeben musste. Schrecklich war die Verwüstung, welche die rohen Perserhorden hier und in der Umgegend anrichteten. Für viele Jahre war Georgien wieder verödet und alle Kulturarbeit zu nichte geworden.

Körperlich gebrochen und vom schwersten Gram bedrückt, beschloss der greise Heraklius II. im Jahre 1798 zu Telaw sein tatenreiches, ruhmvolles, aber keineswegs glück-

liches Leben, und in ihm verlor Georgien seine letzte Stütze,
seinen letzten Erhalter. Gross und tief war die Trauer, in
welche sein Hinscheiden das ganze Land versetzte, und
wenn auch in der Grabrede, welche ihm der Oberrichter
Salomo Leonidse hielt, die Todeszuckungen des in seinen
letzten Zügen darniederliegenden Staates durch schönredne-
rische, bombastische Tiraden verdeckt werden, so brechen
sie doch in dem Liede durch, welches die versammelten
früheren Kampfgenossen am Sarge des heldenmütigen Königs
gesungen haben sollen:

> Steh' auf o Held der Helden,
> Jetzt ist's zum Schlaf nicht Zeit,
> Laut dröhnt der Feinde Schreien,
> Steh' auf, wir sind bereit!
> Stell' dich an unsre Spitze
> Und führ' uns in die Schlacht,
> Damit der Feind nicht schaue
> Dich in des Todes Macht!
> Lass deinen Ruf erschallen!
> Wir harren seiner hier,
> Zum Kampfe mit dem Feinde
> Sind längst versammelt wir.
> Entfalt das Siegesbanner,
> Das stets den Feind geschreckt!
> Sein Flattern schnell in allen
> Den alten Mut erweckt.
> Und wie des Sturmes Wolke
> Wird aus Gebirg und Tal
> Herbeiziehn eine Heerschar
> Von Männern ohne Zahl.

> Schon scheint die Morgensonne
> Und Licht die Welt erfüllt,
> Doch uns verlass'ne Waisen
> Nur Dunkelheit umhüllt.
> Ja, hör'! wir kehren nimmer
> Zurück zum Heimatsherd,
> Bevor wir nicht gerüstet
> Dich sehn mit Schild und Schwert.

Nicht wir allein beweinen
Dich, unsern toten Herrn,
Nein, auch die grünen Täler
Und Berge in der Fern'.

Zerbrecht die Lanzen, Brüder,
Werft eure Schilde hin,
Was taugen denn die Waffen
Uns jetzt noch ohne ihn?
Was nützt uns noch der Panzer,
Der jedes Brust umfasst?
Ohn' ihn ist alle Rüstung
Nur überflüssige Last.
Was taugen jetzt die Lanzen,
Was taugen Schild und Schwert?
Mag sie der Rost verzehren!
Ohn' ihn ist hin ihr Wert.

Ziehn wir hinweg mit Klagen,
Mit Stöhnen tief und schwer,
Benetzen wir mit Tränen
Die Felsen rings umher!
Verwaist sind wir nun alle,
Kind, Jüngling sowie Greis,
Nie wird von unsern Augen
Vergehn der Tränenschweiss,
Nie die Erinnerung schwinden
An diesen Mann von Erz,
So lange auf der Erde
Schlägt ein Georgierherz.

Verzweiflung atmet dieses herrliche Lied und Verzweiflung mag auch alle edeln Söhne des Landes ergriffen
haben, aber die Zwietracht hörte nicht auf und die ränkesüchtige Daria, die Witwe des Königs und die zahlreichen,
aus drei Ehen entsprossenen Prinzen dachten an nichts
weiter als an die Teilung der Erbschaft.

Georg XII., welcher nach Heraklius' Tode die Regierung übernahm, hatte einen schweren Stand inmitten
dieser inneren und äusseren Gefahren, und die Ereignisse

verschlimmerten die allgemeine Lage bald dermassen, dass
die Erhaltung der Selbständigkeit unmöglich wurde.

Die Zurückdrängung der persisch-tatarischen Macht,
von welcher Georgien während der letzten Jahrhunderte

Mingrelier.

am meisten gelitten hatte, konnte nur durch Russland mit
Erfolg ausgeführt werden, und es hatte sie auch im 18. Jahrhundert schon begonnen. Angesichts dieser Entwicklung

der Dinge blieb Ostgeorgien in seiner bedrängten Lage nichts anderes übrig, als sich an Russland anzuschliessen, und so kam im Jahre 1801 der Vertrag seiner Vereinigung mit dem russischen Reiche zustande. Einige Jahre später wurde auch Imeretien eine russische Provinz, und nach dem Krimkriege erfolgte die Einverleibung Mingreliens.

Durch die Besitzergreifung des Gebietes von Batum im letzten russisch-türkischen Kriege löste Russland die an den Islam abgefallenen südwestlichsten georgischen Landesteile von der Türkei los und bewirkte dadurch die Vereinigung aller kartwelischen Stämme unter seinem Szepter.

Nach der administrativen Einteilung umfasst Georgien gegenwärtig die Gouvernements Tiflis und Kutais und das Gebiet von Batum.

Die georgische Literatur
im 19. Jahrhundert

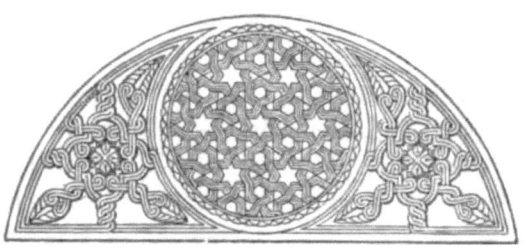

Lyrik

D er Beginn eines Jahrhunderts ist allerdings keine
Grenzscheide im Leben der Völker, aber für die Georgier war der Übergang ins 19. Jahrhundert auch
der Übergang in neue Zustände. Im Bildungswesen und in
der Literatur waren die ersten Ansätze zur Europäisierung
schon im 18. Jahrhundert gemacht worden, so dass also
nach der Vereinigung Georgiens mit Russland im Jahre 1801
der Boden für den neuen Einfluss gewissermassen schon
vorbereitet war. Für diejenigen Georgier, welche am Bil-
dungswerke ihres Volkes teil nahmen, besass die europäische
Kultur zwar noch sehr viele Geheimnisse, aber mit ihrem
allgemeinen Geiste hatten sie sich schon hinlänglich bekannt
gemacht. Trotzdem versanken gerade jetzt, als durch die
Einführung der russischen Verwaltung der Zutritt europäischer Kultur erleichtert wurde, die Entwickelungskräfte
des georgischen Volkes in eine lange anhaltende Erschlaffung,
und das literarische Schaffen erstarrte für mehrere Jahrzehnte fast gänzlich.

Der alte, ganz und gar morsch gewordene Bau des
georgischen Feudalstaates stürzte zusammen, und mit ihm
verlor der Adel seinen bisherigen Wirkungskreis. Die vielen
tausende von Edelleuten waren nun verabschiedete Ritter,
für welche, nachdem sie den Säbel in die Scheide gesteckt
hatten, nichts blieb als auf ihren Landsitzen müssig zu

gehen und als Schlaraffen in den Tag hinein zu leben. Zu
jeglicher bürgerlicher Beschäftigung waren sie untauglich;
denn in jedem steckte noch der Ritter, der sich ausser in
die militärische Zucht in keine nüchterne, bürgerliche Ordnung zu finden vermochte. Immer unter freiem Himmel,
unter Strapazen und Abenteuern, unbeschränkt in seiner
Freiheit, war der georgische Ritter seit Menschengedenken
ein halber Naturmensch gewesen, dem nun das Joch einer
nüchternen Lebensweise mit geregelter Tätigkeit als das
schwerste Ungemach erscheinen musste. Weder die Schreib-
stube noch der Kaufmannsladen, weder die Werkstätte noch
die Schulstube konnte ihm behagen; denn alle diese Räume
waren Kerkerräume für seine ungebundene Natur. Mehrere
Geschlechter mussten vergehen bis zum allmählichen Schwinden der alten Menschen, viele Kraft und Zeit musste unbenutzt verloren gehen, bis der Georgier den Ritter ab-
streifte und für das langweilige, unnatürliche Leben der
langweiligen, aber leider notwendig gewordenen europäischen
Kultur brauchbar werden konnte. Im grossen und ganzen
ist er es jedoch auch heute noch nicht. Noch heute haftet
an der Masse des georgischen Adels der Hang zu einem
zwanglosen, mehr dem persönlichen Instinkt als den Gesetzen einer für die Gesamtheit nützlichen Regelmässigkeit,
folgendem Leben, noch heute ist er häufig ein feudaler Genussmensch, ein Übermensch, für welchen es im rastlosen,
qualvollen, nüchternen Treiben des neuzeitigen Kulturlebens
keinen Platz gibt. Die eiserne Notwendigkeit liegt für ihn
unbegreiflich da, er meint, sie sei nur für andere geschaffen,
aber nicht für ihn, aus welchem Natur, Geschichte und
andere Umstände im Laufe vieler Jahrhunderte einen Aus-
nahmemenschen gemacht haben.

In den neuen Zuständen, welche durch die Einführung
der russischen Verwaltung hervorgerufen wurden, fand der
georgische Edelmann zunächst nur einen Beruf, welchem
seine Neigungen und Eigenschaften entsprachen und dies
war der Soldatenstand, die veränderte Fortsetzung seines

früheren Lebensberufes als Ritter. Eine beträchtliche Anzahl trat bald in das russische Heer, und viele zeichneten
sich aus als tüchtige Offiziere und Heerführer. Der grösste

Teil der Edelleute verblieb jedoch auf seinen Landsitzen,
wo er ein sorgloses, fast untätiges Leben führte und nicht
daran dachte, seine Wirtschaft zu bessern und ergiebiger
zu machen. Die europäische Kultur hatte in jenen ersten

Jahrzehnten für die meisten keinen anderen Reiz als den
der Neuheit, und nur das allmählich erwachende Verlangen
nach dem Genuss bisher unbekannter Zerstreuungen lockte
mit der Zeit diesen und jenen nach Tiflis, bis der Drang
nach solchen allgemein wurde und die Vergnügungssucht
auch die bescheidensten und schlichtesten Landjunker in
den Lebensrausch der neuen kaukasischen Hauptstadt riss.
Mehrere Jahrzehnte währte dieses schwelgerische Treiben,
und erst als die Mittel zur Neige gingen und die meisten
der Gutsbesitzer schon eine schwere Schuldenlast drückte,
fing der Rausch an zu schwinden, und bei vielen trat eine
bittere Ernüchterung ein. Die Vergnügungssucht liess nach,
hörte aber keineswegs auf; denn nicht besonders viele
wandten sich der Arbeit zu. Erst im siebenten und achten
Jahrzehnt des verflossenen Jahrhunderts wurde der Zugang
des Adels zu bürgerlichen Beschäftigungen endlich stärker,
und so bildete sich allmählich ein Bürgerstand aus, welcher
bisher im georgischen Volke gefehlt hatte und in sich die
Kräfte und Bestrebungen des fortschrittlichen Lebens verkörpert.

Ganz gleichmässig mit diesen Stadien des Stillstandes
und Fortschrittes war auch der Entwickelungsgang der neu-
georgischen Literatur im 19. Jahrhundert. Während der
ersten vier Jahrzehnte liegt das Feld des geistigen Schaffens
gänzlich brach, nur einige der schon alternden Augenzeugen der entschwundenen Zustände schreiben ihre Erinnerungen auf, und ein Dichter, Alexander Tschawtschawadse,
singt Lieder, welche noch ganz der Vorzeit angehören.
Dieser Sänger ist der erste in der Reihe von Dichtern,
welche während des 19. Jahrhunderts auf der Höhe des
georgischen Parnasses stehen und in schwungvoller Weise
die Gefühle und Gesinnungen der gebildeteren Schichten
ihres Volkes zum Ausdruck bringen.

Alexander Tschawtschawadse wurde geboren im
Jahre 1786 als Sohn des Fürsten Garsewan Tschawtschawadse,
welcher unter Georg XIII. georgischer Gesandter in St.

Petersburg war und am Zustandebringen der Vereinigung
Georgiens mit Russland teil nahm. Die Wiege dieses Dichters stand im grünen, sonnigen und reizenden Kachetien,
im Dorfe Zinondali, welches am Fusse wonniger Hügel am
rechten Ufer des Alasanflusses liegt und einen vorzüglichen
Wein hervorbringt. Wie viele seiner Zeitgenossen trat er
in den Militärdienst und gelangte bis zum Generalsrange,
aber einen bedeutenden Teil seines Lebens mag er wohl
auf seinem naturschönen kachetischen Landsitze zugebracht
haben. In dessen Nähe, in dem nur wenige Kilometer entfernten Kloster Schuamta, von welchem aus der Blick eine
herrliche Landschaft beherrscht, fand er auch im Jahre 1846
seine letzte Ruhestätte. „Wein, Weib und Gesang" war
sein Wahlspruch, und er durchhallt alle seine, zum Teil
leidenschaftlichen Lieder. Seine Lebensanschauungen waren
die des lebensfrohen Genussmenschen, dessen Gemüt von
Sinnlichkeit und Leidenschaft überquoll, der aber auch ein
offenes Auge hatte für die Schönheit der Welt und von
Poesie einen erhabenen Begriff besass. Alexander Tschawtschawadse war noch ganz von morgenländischen Vorstellungen befangen, seine Ausdrucksweise ist oft schwulstig
und für unseren Geschmack unnatürlich, er fasste die Poesie
mit den Sinnen auf, war aber für seine ihm gleichenden
Zeitgenossen und Landsleute ein hinreissender Sänger; denn
seine Lieder galten vor allem der Verherrlichung des Lebens-
genusses, welcher damals die alle Gemüter beherrschende
Losung war.

1.

Es irren sich die Weisen, die da meinen,
Zufällig sei entstanden diese Welt.
Wer dich gesehn, wird nimmer daran zweifeln,
Dass ihrer Meinung die Begründung fehlt.

2.

Mag die Vernunft sich noch so sehr bemühen,
Uns streng zu leiten auf der Weisheit Bahn.
So lange jugendlich die Herzen glühen,
Ist alle Lebensweisheit eitler Wahn.

3.

Von mitleidsvoller Hand gereicht
Ward mir der Liebe Lustpokal,
Doch hat sein Trank, dem keiner gleicht,
Vermehrt nur meines Durstes Qual.

4.

Tischlied.

Zecher, hoch die Becher schwinget;
Denn der Herbst kehrt wieder ein!
Schaut, welch Gut der Herbst uns bringet,
Schaut, wie klar der neue Wein!

Mag der Wind nun eisig brausen,
Mag uns droh'n des Winters Wut!
Uns erfüllt er nicht mit Grausen;
Denn der Wein wärmt unser Blut.

Trinket, dass die Gurgel dampfe!
Wein das Blut in uns vermehrt.
Bis die Pflicht uns ruft zum Kampfe,
Sei der Keller ausgeleert!

Schlechte Kämpfer sind die Weisen,
Die besorgt sich selbst nur sehn.
Besser weiss mit Stahl und Eisen
Stets der Zecher umzugehn.

Ja, die Weisen nichts erreichen,
Vorsicht ist des Feigen Braut.
Stets sind sie schon halbe Leichen,
Eh' sie noch den Feind geschaut.

Steckt die Bücher in die Schränke,
Denn viel mehr lehrt uns der Wein!
Traurig ist, wer fern der Schenke,
Doch, wer zecht, wird lustig sein.

Folgt, Herr Doktor, unsern Spuren!
Wenn die Heilung nicht gelingt,
Macht euch an die Rotweinkuren;
Denn gesund bleibt der, der trinkt.

Selbst die Heuchler müssen's sagen,
Dass das Zechen Christenpflicht.
Mohamed tat's untersagen,
Drum sind wir darauf erpicht.

Glück erkauft kein Mensch auf Erden,
Gäb er alles Gold dafür.
Niemand kann zufrieden werden,
Der nicht lebt und zecht wie wir.

Ja, wir woll'n beim Weine bleiben,
Zechen fleissig Tag und Nacht,
Da bei diesem hehren Treiben
Freude aus dem Becher lacht.

Wenn des Lenzes Blumen prangen,
Sitzen wir beim Glase Wein.
Mag die Nachtigall verlangen
Nach der Rose Duft allein!

Nie wird der ein Herz bezwingen,
Der der Trauer sich ergibt.
Andres wird euch der vorsingen,
Der frisch zecht und lustig liebt.

Drückend heiss sind hier die Tage,
Selbst die Nächte sind oft schwül,
Doch wer zecht, schläft ohne Plage
Und so fest, als wär' es kühl.

5.

Der Goktschasen.

O Goktschasen, der du dem Meere gleichst an Breite,
Bald toben deine Wogen wie der Sturm so wild,
Bald ruhst du regungslos und schimmerst in die Weite,
Klar wiederspiegelnd deiner grünen Hügel Bild.

Jedoch nur Disteln wuchern jetzt auf den Ruinen,
Die längst verödet noch an deinen Ufern steh'n.
Wo einst des Lebens Tag gar heiter hat geschienen,
Des Wandrers Augen jetzt die Eulen nisten seh'n.

Des Ortes Düsterheit betrübt auch den Beschauer,
Die tiefe Grabesstille und Verlassenheit
Erwecken im Gemüte einen bangen Schauer,
Von dem es sich durch bange Seufzer nur befreit.

Dort liegen herrlicher Paläste wüste Trümmer,
Der grossartigsten Städte dieses Schicksal harrt,
Auch unsrer heutigen Werke Pracht entgeht ihr nimmer,
Und doch ein jeder hoffend in die Zukunft starrt.

Kaum zu erkennen ist noch jener schlanke Bogen
Als eines Tempels Rest, wo Könige andachtsvoll
Oft weilten, fromme Beter ein und aus einst zogen,
Und hehrer Psalmensang empor zum Himmel quoll.

Und diese Trümmer, die uns jetzt so kühl beschatten,
Sucht nur das Vieh noch auf im heissen Sonnenschein,
Auch wilde Tiere ruh'n auf ihren grasigen Matten,
Und manchmal kehren fremde Karawanen ein.

Dort jenes mächtige Viereck längst zerfall'ner Steine
War einst ein Lagerhaus für Waren aller Art.
Ein Händlervolk sind die Armenier nicht zum Scheine;
Denn wie bekannt sind sie im Gelderwerben hart.

In jener Zeit gab's viele Männer unter ihnen,
Die reich an Gütern waren wie an Redlichkeit,
Doch dieser Ruhm, der sie einst hehr beschienen,
Entschwand fast spurlos in dem langen Lauf der Zeit.

Schau jene Fläche an, die Steine nun bedecken!
Dort war die Rennbahn, wo sich einstmals stolz zu Ross
Im Lanzenwurf und Fechten zeigten tapfere Recken
Und Pfeile schleuderte der wackern Jugend Tross.

Dort jener Haufen Schutt, von Moos ganz überzogen,
War einst ein Schloss, das stolz geschaut ins Land,
Und dessen glückliche Besitzer hier gepflogen
Ein frohes Leben, dem Genuss nur zugewandt.

Auch waltete hier Macht auf stolzem Herrscherpfühle
Bald gnadenvoll und mild, bald jähzornig und schwer.
Hier nagten an den Herzen schmerzliche Gefühle,
Hier wogten Hass und Liebe quälend hin und her.

Und wieviel Mädchen in der Schönheit Jugendblüte
Sah einst in seinen Spiegel schauen dieser See!
Und welche Blumenpracht im Lenze hier erglühte,
Wenn mild die Frühlingssonne schien in heit'rer Höh'!

Wie oft hat sie des Nachts der stolze Mond beschienen,
Bis hinter Wolken er sich dann beschämt verbarg!
Doch ach, die Zeit, die alles wegmäht, hat auch ihnen
Bereitet in der Erde einen ewigen Sarg.

Um dieselbe Zeit, als Alexander Tschawtschawadse mit Leidenschaft die Freuden des Lebens besang, griff ein hochbegabter Jüngling in die Saiten der georgischen Harfe und entlockte ihr Töne, wie sie in seinem Vaterlande noch niemals erklungen waren. Wehmut, Trauer und Weltflucht atmeten seine Lieder und brachten einen grellen Missklang in den Zecherrausch seiner Landsleute. Dieser georgische Lenau hiess Nikolaus Barataschwili. Er wurde im Jahre 1815 in Tiflis geboren und starb schon im Jahre 1845 in der kaukasischen Stadt Elisabetpol am Fieber. Sein kurzes Leben ist arm an Ereignissen und würde jedem gewöhnlichen Beamtendasein gleichen, wenn es der Zauberschein der Dichtkunst nicht bestrahlte. Seine Ausbildung empfing Barataschwili im Tifliser Gymnasium, und er fand dann eine untergeordnete Anstellung im Tifliser Bezirksgericht. Diese bescheidene Laufbahn entsprach keineswegs seinen Zukunftsplänen. Wie sein Biograph, Jonas Meunargia, berichtet, hatte er vielmehr die Absicht, eine Hochschule zu besuchen, wurde aber durch die schwierigen Vermögensverhältnisse seines Vaters daran verhindert. Auch dem Soldatenstand, welchem er, wie viele junge Leute seiner Zeit, zustrebte, musste er entsagen, da er infolge eines Beinbruches lahm geworden war.

In der georgischen Literatur wird Barataschwili als „Byroniker" bezeichnet, und von dem grossen Briten hat er auch wirklich manche Züge als Dichter und ähnelt ihm in mancher Hinsicht als Mensch und Lebemann. Seine Zeit-

genossen schildern ihn als einen zerstreuungssüchtigen, geselligen, romantisch veranlagten Jüngling, dem keine Unterhaltung zu geringfügig war, der sich die Zeit mit Musik,
Tanz und Kartenspiel vertrieb und auch den Klatsch nicht
verachtete, wenn es galt, sich und andere zu zerstreuen.
Ganz im Widerspruch mit seiner Lebensweise und seiner
in dieser sich äussernden Gemütsart steht die düstere Stimmung, welche Barataschwili als Dichter zur Schau trug.
Ob dieselbe aufrichtig war und pessimistischen Ansichten
über das gehaltlose Leben der ihn umgebenden Gesellschaft
entsprang oder ob er nur einer damaligen Modekrankheit
folgte und Byron oder zunächst den russischen Dichter Lermontow nachahmte, lässt sich mangels genauer Angaben
über sein intimeres Leben nicht feststellen. Jedenfalls lag
in ihm ein reicher Gefühlsstoff, welcher es ihm ermöglichte,
für Schmerz und Trauer so wuchtige Töne zu finden.
Freude und Frohsinn fehlen gänzlich in seinen Gedichten,
und wo diese der Schmerz oder die Trauer nicht trübt,
legt innige Wehmut einen düsteren Schleier darüber.

Ein erhabener Zug, ein fast immer feierlicher Ernst
geht durch seine schwungvolle Poesie, die nur das verherrlicht, was der Verherrlichung wert ist, und vor allem der
Heimat, ihrer Vergangenheit und Schönheit gilt. Im Hei-
matsboden wurzelt sein ganzes Dichten und Trachten, als
Georgier besingt er die Reize der georgischen Natur, die
Berge und Flüsse, die ihm lieb und teuer sind, und sein
Künstlerauge nimmt die Farbenpracht auf, um sie mit echt
georgischer Verschwendung, aber auch mit wahrem Schönheitssinn in reizende Bilder umzusetzen. Leerer Wort-
schwall ist ihm fremd, jede Zeile seiner Gedichte birgt eine
Schönheit in sich, die auch der Nichtgeorgier empfinden
muss, und so ist er ein wirklicher Dichter, dem die poetische
Weihe eine über die Grenzen seiner heimatlichen Literatur
hinausgehende Bedeutung verleiht.

Die Zahl der Gedichte Barataschwilis ist nicht gross,
und ausser der geschichtlichen Dichtung „Bedi Kartlisa"

(Das Schicksal Georgiens) bestehen die meisten aus wenigen Strophen, aber sie bilden einen Perlenkranz von nicht leicht vergänglichem Wert.

1.

Mein Ross.

Fort trägt mich mein Ross auf längst spurlosen Wegen.
Ein Rabe nur folgt mir mit wildem Geschrei.
Jag' vorwärts, mein Ross, meiner Zukunft entgegen,
Und mach' mich von meiner Gedankenlast frei!

Jag' fort über Felsen und gähnende Gründe,
Jag' weiter, verkürz' mir der Zeit trägen Lauf,
Und fürcht' weder Hitze noch eisige Winde;
Denn alles ertrag' ich, kein Schreck hält mich auf!

Gern flieh ich die Heimat, die Freunde und Lieben
Und die, die ich koste in seliger Stund'.
Ich wandre, von quälender Sehnsucht getrieben,
Und gebe mein Herzleid den Sternen nur kund.

Die Seufzer, die sich in der Brust mir noch regen,
Mag laut übertönen der Raben Geschrei.
Jag' vorwärts, o Ross, meiner Zukunft entgegen,
Und mach' mich von meiner Gedankenlast frei!

Mag fern von der Heimat der Tod meiner harren,
Damit keine Träne benetze mein Grab!
Ein Rabe mag mich in der Wüste verscharren,
Der Sturmwind sing' brausend das Grablied mir ab!

Anstatt falscher Tränen, von Heuchlern vergossen,
Befeuchte mein Grab einst nur himmlischer Tau!
Trag' weiter, o Ross, deinen treuen Genossen!
Mich schreckt nicht des Schicksals vernichtende Klau'.

Mein Tod soll in niemandem Mitleid erregen,
Und selbst die Geliebte kein Herzleid mir weih'!
Jag' vorwärts, o Ross, meiner Zukunft entgegen,
Und mach' mich von meiner Gedankenlast frei!

Nicht spurlos wird bleiben der Pfad meiner Leiden,
Und mancher, der nach mir verirrt ihn betritt,
Wird, meiner gedenkend, den Abgrund vermeiden,
Die Klippen umgehen mit vorsichtigem Schritt.

2.

O böser Geist, wer hat dich auserkoren,
Dich mir zum schnöden Führer hergesandt,
Auf dass ich folgte ganz in dich verloren,
Den irren Blick dem Bösen zugewandt?

Sag' an, wohin nahmst du den Seelenfrieden,
Der mir in schönern Tagen eigen war
Und den ich hielt fürs höchste Glück hienieden,
Da mich der Glaub' noch schützte vor Gefahr?

Und das vollbrachtest du an meinem Leben,
Du, der du mir der Freiheit Gut geschenkt,
Mir statt der Leiden nur Genuss gegeben
Und jeden Wunsch ins Meer der Lust gelenkt!

Wo sind denn die Verheissungen geblieben,
Mit denen du mir einst den Sinn bestrickt?
In eine Hölle hast du mich getrieben,
Und nun ist plötzlich deine Macht entrückt.

Verflucht sei jene unheilvolle Stunde,
Da deinen Heuchelworten ich Gehör einst gab
Und lüstern beitrat zu dem sündigen Bunde,
Der hin mich riss in meines Glückes Grab!

Seit jener Stund' hat mich die Ruh' verlassen,
Kein Wollustmeer löscht der Begierden Glut,
Und alles möchte ich nun flieh'n und hassen,
Was mir einst heilig schien und wert und gut.

Was bin ich heute in der Menschen Kreise,
Da bittrer Zweifel meinen Geist nur quält,
Und mir die Rast zuwider wie die Reise!
O wehe dem, der deiner Macht verfällt!

3.

Der Schöpfer sei gelobt, der dich erschuf
Und dir so schöne dunkle Augen gab,
In deren Glanze ich mich ganz verlier'
Und meine Seelenruhe fand ihr Grab!

Von Sehnsucht, dich zu sehen, leb' ich nur
Und lieb ist mir selbst deines Namens Klang.
Ach, heil' den Schmerz, den ich um dich erfuhr,
Von dem so blass geworden meine Wang'!

Zwar bin ich arm, mein Mantel und mein Ross
Und dieser Dolch sind all mein Hab und Gut,
Doch wärst du mein, wär' ich so reich und gross,
Wie's der nicht ist, dess' Haupt auf Seide ruht.

4.
Dämmerung auf dem Mta Zminda *).

O heiliger Berg, dessen Stellen
Die Seele zum Träumen bewegen,
Wie bist du so schön, wenn die hellen
Goldstrahlen des Abends sich legen
Und schimmernd im rosigen Scheine
Schön prangt deiner Trümmer Gesteine.

Wie feierlich still ist's da immer
Hier oben ringsher auf dem Hange,
Welch herrlicher Bilder Geflimmer
Zeigt sich da dem Blick mit Geprange!
Und Weihrauch gleich steigen die Düfte
Der Blumen empor in die Lüfte.

O, heut' noch gedenk' ich der Stunden,
Da schwer ich von Trauer beklommen,
Bei dir immer Trost noch gefunden,
Wenn einsam hierher ich gekommen,
Und treu wie dem Freunde ergeben
Der Abend erneut hat mein Leben.

Wie schön warst du immer und milde,
O Himmel, du Trosthort der Herzen.
Von deinem damaligen Bilde
Trag' ich noch den Abglanz im Herzen.
Noch heut' strebt zu dir all mein Sinnen,
Doch muss es im Äther zerrinnen.

*) Berg bei Tiflis.

Ach, wend' ich zu dir meine Blicke,
Vergess' ich das irdische Leben,
Und schmachtend nach himmlischem Glücke
Möcht' ich von der Erde entschweben,
Doch Sterblichen ist's nicht beschieden,
Zu teilen der Seligen Frieden.

So stand ich dort sinnend am Hange,
Den Blick hoch gen Himmel erhoben,
Als lieblich des Maitags Geprange
Dahin schwand, von Dämm'rung umwoben,
Und stillend des Herzens Gefühle
Ich einsog des Abendwinds Kühle.

O Berg, der du heiter und trübe,
Wer je dich nur einmal gesehen,
Dess' Blick hängt an dir nur mit Liebe,
Der lindert bei dir seine Wehen.
Bei dir schwinden spurlos die Schmerzen
Gekränkter, verwundeter Herzen.

Ringsher herrschte Schweigen und Stille,
Die Dämmerung umzog Berg und Tale,
Dann stieg aus der schimmernden Hülle
Der Mondsichel silberne Schale
Und blinkend ihr nach wie mit Sehnen
Ein Sternlein, nicht schöner zu wähnen.

So war auf Mta zminda der Abend.
Noch heute ich seiner gedenke,
Wenn ich, an den Bildern mich labend,
Den Geist ins Vergangene lenke
Und auflebt in meinem Gemüte,
Was welk heut' und lenzig einst blühte.

Noch zur Lebzeit Barataschwilis trat Georg Eristawi
als Dichter auf, während sein Wirken als Theaterschrift-
steller und Publizist erst in den fünfziger Jahren begann.
Auch er gehörte, wie seine beiden Vorgänger, einem alten
Fürstengeschlechte an, und auch die meisten der folgenden
Dichter werden aus dem Adel hervorgehen, welcher bis in
das neunte Jahrzehnt in der vorderen Reihe der geistigen

Bewegung steht. Von einem literarischen Leben ist bis zu Georg Eristawi keine Rede. Erst unter seiner Leitung entwickelt sich ein solches; denn seine vielseitige Tätigkeit weckte die schlummernden Kräfte und schuf die Grundlage zu einer neuen Literatur.

Eristawi wurde im Jahre 1811 in Kartlien auf dem Gute seines Vaters geboren, wo er auch seine ersten Kinderjahre verlebte und unter dem Einflusse seiner Mutter die georgische Poesie lieb gewann. Von seinem zehnten bis zum vierzehnten Jahre besuchte er eine Schule in Tiflis und hierauf eine Privatschule in Moskau, welche er schon als siebzehnjähriger Jüngling verliess, um in die Heimat zurückzukehren. Seine Schulbildung war also sehr dürftig, aber er war bestrebt, seine Kenntnisse durch Selbststudium zu erweitern, und ein mehrjähriger Aufenthalt in Polen gab ihm Gelegenheit, nicht nur europäische Verhältnisse, sondern auch die damals üppig blühende romantische Poesie des Abendlandes kennen zu lernen. In Wilna verliebte er sich in eine schöne Polin, welche ihn, wie es scheint, nicht nur in die Mysterien der Liebe, sondern auch in die polnische Poesie einweihte. Der Zauber, welchen die letztere auf den empfänglichen Jüngling aus dem Morgenlande ausübte, mag gross gewesen sein; denn gerade zu jener Zeit bestrickte Adam Mickiewicz die Herzen seiner Landsleute mit den herrlichen Klängen seiner mächtigen Laute.

Von Wilna begab sich Georg Eristawi nach Warschau, studierte hier eifrig die polnische Sprache und übersetzte einige Gedichte von Mickiewicz ins georgische. Diesen Übertragungen folgten andere von Schiller, Puschkin und Petrarca, und so war er der erste, welcher europäische Dichter in Georgien einführte und hier die ersten Samenkörner für die Ausgestaltung einer neuen Kunst niederlegte.

Seine eigenen Gedichte sind nur persönlicher Art und handeln nur von Liebe, Freundschaft und den Lebensfreuden. Seine Sprache ist jedoch rein von morgenländischem Schwulst und nähert sich abendländischer Ausdrucksweise. Er war

es auch, der den altgeorgischen Kirchenstil als unnatürlich
aufgab und in seinen Lustspielen die Umgangssprache in
die Literatur einführte.

Im Jahre 1852 gründete Georg Eristawi die erste georgische Zeitschrift „Ziskari" (die Morgenröte), in welcher Gedichte zeitgenössischer und früherer Dichter sowie Übersetzungen russischer Erzählungen veröffentlicht wurden. Die
Bedeutung dieser Monatsschrift war rein literarisch und
nicht besonders nachhaltig; denn schon nach zwei Jahren
ging sie ein und erschien erst wieder im Jahre 1857 unter
der Leitung eines gewissen Karesselidse.

Mit den sechziger Jahren erreichte die georgische
Romantik ihr Ende, aber unbekümmert um die neue Strömung der Zeit blieb Gregor Orbeliani der alten Richtung
treu und verherrlichte noch einmal mit Begeisterung und
echt poetischer Kraft das schwindende Leben einer mehr
mit Gefühlen als mit der Wirklichkeit rechnenden Welt.

Gregor Orbeliani wurde im Jahre 1801 geboren und
starb 1882 als russischer General, als welcher er an mehreren Feldzügen gegen die kaukasischen Bergvölker und
Türken teil genommen hatte. Das Fürstengeschlecht, welchem er entstammte, war im alten Georgien eins der mächtigsten gewesen und hatte mehrere Jahrhunderte hindurch
eine sehr hervorragende Rolle gespielt. Ein Schriftsteller
war Gregor Orbeliani nicht, und gerade weil er es nicht
war, hat er hervorragendes, wenn auch nur weniges geleistet. Wie Petöfi trägt er den Erdgeruch seines Landes
und alle Eigenschaften seines Volkes an sich, und an seinen
Gedichten erkennt man, dass sie nicht in der Stube nach
dem Lesen von Büchern entstanden sind. Er war ein
Naturdichter im wahren Sinne dieses Wortes, ein Sänger
von der Muse Gnaden, welcher nur dichtete, wenn ihm das
Herz überquoll. In seinen nicht zahlreichen Gedichten
prunkt noch die morgenländische Farbenpracht in vollem
Glanze, und mit ihr durchzieht sie ein kräftiger Hauch
Hafisischer Lebensfreude. Er war ein Georgier von altem

Schlage, lebens- und sangesfroh, gemütlich und empfindlich
für alles Schöne. Das Weib mit seinen Reizen, die Liebe
mit ihrer ganzen Glut und Wonne, die Natur mit allen
ihren Schönheiten und vor allem das Vaterland bildeten
den erhabenen Stoff seiner Lieder. Seine Sprache ist hoch-
poetisch und weihevoll, und nirgends sinkt sie zur Prosa
nieder.

1.

Lob Georgiens.

O Heimatland, in wessen Sinnen
Sich die Erinnerung an dich regt,
Der fühlt sein Blut gleich wärmer rinnen,
Dess Herz vor Freude lauter schlägt.

Wer liebt nicht diese heilige Stätte,
Wo er das Licht der Welt erblickt,
Wo ihn schon in dem Kindesbette
Der Eltern Zärtlichkeit beglückt?

Wo er wie seinen Stern fürs Leben
Des Herzens Auserwählte fand,
Wo er sein ganzes Tun und Streben
Mit dem der Brüder eng verband.

Wo Blumen gleich die Mädchen blühen,
Mit Augen dunkler als die Nacht,
Wo sonnenheiss die Herzen glühen,
Wo grenzenlos der Liebe Macht.

Wo unbewölkt der Himmel immer
Im frühlingsheitern Glanze lacht,
Wo goldrein strahlt der Sonne Schimmer
Und purpurrot des Aufgangs Pracht.

Wo in der Nächte Märchendunkel
Die goldne Saat der Sterne glüht,
Wo schön des Mondes Glanzgefunkel
Durchs stille Reich der Wälder zieht.

Wo durch der Bäume Blütenwipfel
So milde Abendwinde weh'n,
Wo schneebedeckte Bergesgipfel
Im ewig reinen Äther steh'n.

Wo wild, der Wälder Reich verwüstend,
Der Wasserfall vom Berge braust,
Wo auf uröden Felsen nistend,
Der stolze, freie Adler haust.

Wo über Wolken hingestiegen
Der Jäger kühn den Steinbock jagt,
Wo zwischen Felsen Schluchten liegen,
In deren Grund es nimmer tagt.

Wo in den herrlich grünen Talen
Hell blitzt der Bäche Silberflut,
Wo üppig alle Fluren strahlen
In duftiger Blumen Farbenglut.

Vor Freud' die Herzen Funken fangen
Beim Anblick solcher Herrlichkeit;
Die Augen möchten ewig hangen
An dieser Reize Üppigkeit.

O, gibt's wohl auf der Erde Weiten
Noch irgendwo ein zweites Land,
Das mit Georgien dürfte streiten,
Mit seiner Fluren Prachtgewand?

2.

Wer einmal dich geseh'n,
Will dich bald wiederseh'n,
Und wenn der Augenblick vergangen,
Wird wieder er nach dir verlangen.

Und sollte euch das Schicksal trennen,
Wird er dich suchen überall
Und unter Tausenden erkennen
Von weitem deiner Stimme Schall.

Sein Wort, sein Herz, sein ganzes Handeln
Wird er dir unaufhörlich weih'n.
Mit dir wird er im Lichte wandeln
Und ohne dich umnachtet sein.

3.
Trennungsabend.

Schon senkt die Sonne sich zum Untergange,
Und zärtlich spielt ihr letzter Abschiedsschein
Am Kaukasus, als wär's ihr leid und bange,
Der neuen Trennung schon so nah' zu sein.

In weiter Himmelshöhe mächtig schimmert
Der Riesenberge ewiger Gletscherschnee.
Um sie Gewölk gewitterdrohend flimmert,
Als wollt' der Welt es bringen Not und Weh.

Darunter prangt der Wälder Märchendunkel,
Bis in die Täler reicht ihr grün' Gewand.
Von Klippen stürzen Bäche mit Gefunkel,
Wild tobt der Terek an die Felsenwand.

*   *   *

Betrübt schau' hin ich in die weite Ferne.
Dort rollt ein Wagen, der mir die entführt,
Die wert mir war gleich meinem Lebenssterne,
Mit der mein Herz sein Alles nun verliert.

Leb' wohl! so lang' ich atme, wird mein Segen
Dir folgen und stets dein Begleiter sein,
Mir aber nun auf meinen Lebenswegen
Für immer schwinden aller Freude Schein.

Hin rollt der Wagen, und im raschen Fluge
Entführt er meines Herzens Liebste mir.
Schon schwindet er verdeckt im Nebelzuge.
Wozu schau' ich noch hin? Doch nicht nach ihr?

O sprich, worin kann ich denn Trost noch finden,
Wenn du nicht zaudertest von mir zu fliehn,
Wenn du mir nicht vergolten mein Empfinden?
Wer wird mich dieser Trauer nun entzieh'n?

Nie dachte ich an dieser Wonne Ende.
Nun ist es da! Leb' wohl, leb' wohl, mein Lieb!
Ich aber ring' mit tiefem Schmerz die Hände
Und frag', was mir noch in der Welt verblieb.

Schon dunkelt's und mit meiner Herzenstrauer
Bin ich in dieser Stille hier allein.
Den Kaukasus umhüllt ein Nebelschauer,
Am Kasbek glänzt des Abendsternes Schein.
Vom Berge stürzend rauscht der Wasserfall,
Der Terek heult und brüllt im Felsental.

4.

Schenk keinen Wein mir ein, denn längst schon trunken
Bin ich von hoffnungsloser Lieb' zu dir,
Halt ein, denn leicht verrät mich meine Zunge
Und sagt was keinem kund ist ausser mir.
O leicht verrät sie, was ich heimlich wahre,
Die heisse Liebe und der Sehnsucht Schmerz,
Den langen Kummer und die heissen Tränen.
Schenk keinen Wein mir ein, mich quält dein Scherz!

Kaum reicht mir die Vernunft das Herz zu zähmen,
Und doch willst du sie schwächen noch durch Wein.
Ach glaube mir, dass deine süssen Blicke
Mich der Vernunft berauben schon allein
Und lächelnd du mir noch den Becher füllst!
Halt ein, mit Wein du meinen Durst nicht stillst!

O quäl' mich nicht mit deinem Scherz! Die Rose
Versprichst du mir, wenn ich den Becher leer'!
Viel lieber küsst' ich deine Rosenwangen —
Und dann reich' mir den Todesbecher her!
Schenk' keinen Wein mir ein! Mein Kopf ist wirr
Von heisser, hoffnungsloser Lieb' zu dir.

Schon oft verglich ich, dir ins Antlitz schauend,
Der Mandelblüte deiner Wangen Rot,
Fast bebt mein Mund sie einmal zu berühren.
O hör' mich an, denn Wahnsinn mich bedroht!
Wie Gift tobt durch die Adern mir das Blut,
Schenk' keinen Wein mir ein, ich sterb' vor Glut!

5.

König Heraklius II.

O seine Tage einer Sonne gleichen,
Die unterging mit Herrlichkeit und Pracht
Und deren Strahlen heut' uns noch erreichen,
Obgleich ihr Bild schon eingehüllt in Nacht.

Das Vaterland wird nimmer wiederschauen
Sein mächtiges Schwert, das hehr und siegesblank
So oftmals blitzte auf den Schlachtenauen.
Georgiens Ruhm mit ihm zu Grabe sank.

Mit Gregor Orbeliani, welcher in seinem „Toast" auf erhabene Weise Georgien verherrlicht und die glänzendsten Ereignisse seiner Vergangenheit in packende, farbenreiche Bilder zusammenfasst, ging die georgische Romantik zu Grabe, aber schon lange vor dieses Dichters Tode hatte die georgische Poesie andere ernstere Töne angeschlagen, und neben das Gefühl, welches sie bis dahin beherrscht hatte, trat der Gedanke. Den jungen Männern, welche in den sechziger Jahren von russischen Hochschulen in ihre Heimat zurückkehrten, genügte das Schwärmen und Träumen von Liebe und Frohsinn nicht mehr, sie erkannten, dass jedes Volkes Fortleben von Ideen geleitet und auf dem Boden der Wirklichkeit ausgebaut werden muss.

Von dieser Erkenntnis durchdrungen, gründete Elias Tschawtschawadse im Jahre 1863 die Monatsschrift „Lakart-welos Moambe" (Der Bote Georgiens), welche zwar nur ein Jahr bestand, aber für die Entwickelung der ethischen Grundsätze in der georgischen Literatur entscheidend war. Mit begeisterten Worten begrüsste Elias Tschawtschawadse die damals vor sich gehende Aufhebung der Leibeigenschaft und verteidigte mutvoll die Menschenrechte der Bauern gegen den nur an seine Standesrechte glaubenden grund-besitzenden Adel. Auch viele andere Tagesfragen wurden in der neuen Zeitschrift vom rein menschlichen Standpunkte aus besprochen und überhaupt die Ernüchterung der Ge-müter vorbereitet. In demselben Geiste wirkte Elias Tschawtschawadse als Dichter, ohne jedoch über der Ten-denz die Poesie zu vergessen. Unmittelbar und urwüchsig wie bei Gregor Orbeliani ist sie bei ihm natürlich nicht. Sie wird im Gegenteil immer von einer wohl erwogenen Idee getragen, aber Sprache und Schilderungsweise bleiben doch immer poetisch, und durch sie erhalten alle in seine

Gedichte verwobenen Gedanken eine erhabene Weihe. Betrachtet man die ethische, literarische und bürgerliche Entwickelnng des georgischen Volkes während der letzten vierzig Jahre, so erblickt man diesen Dichter, Publizisten und Volkswirtschaftler überall im Vordergrunde des Lebens und nimmt die Spuren seines Einflusses wahr.

Elias Tschawtschawadse.

Geboren wurde Elias Tschawtschawadse im Jahre 1837 in Kwareli, in Kachetien, als Sohn eines Gutsbesitzers von fürstlichem Geschlechte. Hier am Fusse des hohen Kaukasus, in einer naturschönen, waldigen Gegend verlebte er seine Kinderjahre und empfing die ersten Eindrücke, welche später seiner Sinnesart das Gepräge verleihen sollten. In

Tiflis besuchte er dann das Gymnasium und schliesslich die
St. Petersburger Hochschule, an welcher er die Rechte
studierte. In die Heimat zurückgekehrt bekleidete er eine
Zeitlang das Amt eines Friedensrichters in der Kreisstadt
Duschel und in Kutais. Nach Gründung der georgischen
Adelsbank wurde er zu deren Verwalter erwählt, welchem
Posten er gegenwärtig schon 26 Jahre vorsteht. Seit seinen
Jünglingsjahren war jedoch die Literatur seine Lieblings-
beschäftigung, ihr war er mit Herz und Seele ergeben, ob-
gleich er ihr nur die Mussestunden widmete.

Ausser dichterischen und erzählenden Werken schrieb
er auch eine bedeutende Anzahl von Aufsätzen über verschiedene Stoffe, und leitete bis zum Jahre 1902 die Tages-
zeitung „Iweria", welche er im Jahre 1877 als Monatsschrift gegründet hatte. So war dieser hoch begabte und
reiche wissenschaftliche und literarische Kenntnisse be-
sitzende Mann mehrere Jahrzehnte hindurch der tonangebende
Leiter im geistigen Leben seines Volkes, und erst in den
letzten Jahren zog er sich von der Publizistik zurück, dieselbe jüngeren Kräften überlassend. Obgleich Elias Tschawtschawadse dem Adel angehört, war er doch stets ein Ver-
fechter liberaler, fortschrittlicher Grundsätze, und von
Standesdünkel ist er nie befangen gewesen. An Adelsstolz
krankt der georgische Adel überhaupt wenig, aber bei Elias
Tschawtschawadse hat der Gleichheitssinn einen tief ernsten,
ethischen Zug, der seinem Wesen eine einnehmende, sym-
pathische Harmonie verleiht. Mit innerer Überzeugung hebt
er stets die Bedeutung des im Schweisse seines Angesichts
arbeitenden Bauern hervor und stellt diesen gern dem
arbeitsscheuen Edelmann gegenüber. Demungeachtet wurden
seine Grundsätze oft von der Partei der jungen Dränger
für nicht genügend liberal angesehen, und schon im
Jahre 1881 gründete Michael Gurgenidse eine demokratische
Zeitschrift „Imedi" (die Hoffnung), welche sich die Be-
kämpfung der von Tschawtschawadse in der „Iweria" ver-
tretenen mässigen Grundsätze zur Aufgabe machte. In den

letzten Jahren hat die demokratische Strömung noch bedeutend zugenommen und tritt besonders in der „Wochenschrift" „Kwali" (Spur, Furche) nachhaltig auf. Inwiefern die Bestrebungen dieser meist noch sehr jungen Dränger für die wirtschaftliche Entwickelung von Nutzen sind, will ich dahin gestellt sein lassen. Der Literatur hat die demokratische Strömung bisher wenige Vorteile gebracht; denn wenn auch hin und wieder ein Werk erscheint, welchem edle Absichten zugrunde liegen, so fehlt doch den meisten dieser realistischen Arbeiten die künstlerische Ausgestaltung. Es sind eben nur Arbeiten, aber keine Kunstwerke.

Wie eine Herz und Gemüt erhebende Symphonie klingen Tschawtschawadses Dichtungen neben den stark von Prosa durchsetzten Ergüssen der jüngeren Dichterschule. Fast alle gelten der Heimat und der Vergangenheit oder Gegenwart seines Volkes, aber nur wenige klingen in Frohsinn aus; denn seine ernste Lebensanschauung lässt ihn zwar zur Hoffnung, jedoch nicht zur Freude gelangen. Heiterer wird seine Muse, wenn er die Vergangenheit besingt und doch schimmert auch hier aus den glänzendsten Bildern ein Strahl von Wehmut, wenn er sich Betrachtungen über den geschichtlichen Schicksalsgang seines Landes hingibt.

In der „Erscheinung" ruft er aus: O Georgien, du Perle und Zierde der Erde! Wieviel Leid und Elend hast du für den Christusglauben ausgestanden! Sag' an, welches andere Land hatte einen so dornigen Pfad zu durchschreiten wie du? Wo ist ein Land, welches einen so erschöpfenden, zwanzig Jahrhunderte währenden Kampf ausgehalten hätte, ohne von der Erde zu verschwinden? Du, Georgien, hast es allein vermocht! Kein anderes Volk kommt dem deinigen gleich an Ausdauer. Wie oft vergossen deine Söhne zu deiner Verteidigung ihr Blut! Jede Spanne deines Bodens ist damit befruchtet. Und wenn sie sich auch mitunter vor der Übermacht beugten, erhoben sie doch wieder mutig das Haupt. Glauben und Freiheit waren ihre Ideale!"

Die Vaterlandsliebe seiner Vorfahren, welche viele Jahrhunderte hindurch mit der persischen Macht und dem Islam stritten, ohne jemals ganz zu unterliegen, schildert er auf packende Weise in den Dichtungen „Mutter und Sohn" und „Die Selbstaufopferung des Demetrius". Ein psychologisch wie ästhetisch reizendes Gemälde schuf er in der kurzen Dichtung „Gandegili" (der Einsiedler), in welchem die gewaltige Natur des Hochgebirges die Szenerie bildet.

Zahlreich sind die kleineren Gedichte von Elias Tschawtschawadse. In ihnen spiegelt sich ein guter Teil des georgischen Lebens wieder, aber auch die Natur des Landes wird in prächtigen Farben geschildert, wobei der Dichter in die reizenden Bilder mit feinem Kunstsinn seine jeweilige Stimmung hineinlegt.

Das Naturgefühl der Georgier ist übrigens verschieden von dem unsrigen. Auch ihre besten Dichter machen hiervon keine Ausnahme, und auch sie besitzen nicht die Gabe zur plastischen Hervorhebung der Einzelheiten, sondern schwelgen meistens nur im Genusse des ganzen Bildes. Licht und Farben sind ihnen die höchsten Reize einer Landschaft, wobei sie deren Teile übersehen. Ein einzelner Baum, ein kleiner Hain, Fels oder Bach, alle diese Kleinigkeiten, welche oft dem Künstlerauge mehr bieten als ein ganzes Landschaftsbild, entzücken sie wenig. Betrachtungen, wie wir sie über einzelne Gegenstände der Natur bei den Dichtern der griechischen Anthologie finden, fehlen in der georgischen Poesie fast gänzlich. Trotz aller Pracht, welche in derselben angehäuft liegt, muss man sie, was ihr Verhältnis zur Natur betrifft, einseitig nennen, und vielseitig könnte sie erst werden, wenn die georgischen Dichter das Gefühl der Plastik in sich gross ziehen. Der Reichtum der üppigen georgischen Natur, die überwältigende Menge von Reizen und Schönheiten haben ihren Blick nicht zur genügenden Ausbildung gelangen lassen und ihn an ein mehr passives als tätiges Geniessen gewöhnt. Die Stimmung, welche ein georgisches Landschaftsbild erzeugt, ist meistens heiter, und eine solche erheischt vom Gemüt weniger Anstrengungen als eine düstere, welche auch der Georgier gern meidet. Gewöhnliche aber doch schöne Licht- und Farbenentwickelungen, welche erst gesucht sein wollen, reizen ihn nicht, weil ihn diese Einzelbetrachtungen in seinem passiven Genusse stören. Dabei hängt er ausschliesslich an seinen Gebirgslandschaften, und das Meer, welches doch einen guten Teil seines Heimatlandes bespült, mag ihm als reizlos vorkommen; denn in der gesamten georgischen Poesie ist keine einzige Schilderung des Meeres zu finden.

Stimmungsreich und innig ist jedoch das Naturgefühl bei Elias Tschawtschawadse, von dessen Gemütssaiten Töne klingen, die keinem edlen Menschenherzen fremd sind. Was ihn am innigsten bewegt, hat er natürlich aus dem Wesen seines Volkes gesogen, aber auch aus der Fremde hat er vieles in sich aufgenommen, und neben den bedeutenderen russischen Dichtern war es vor allen Goethe, von dem er sich mächtig angezogen fühlte.

1.
Frühling.

Wieder lacht die milde Sonne,
Und die Lerche singt,
Alles schwelgt in süsser Wonne,
Die der Frühling bringt.

Längst schon prangt in Feld und Hainen
Frischer Blumenland.
Wann wird dein Lenz denn erscheinen,
Teures Heimatland?

2.
Abenddämmerung im Alasantale.

Am Heimatshimmel hängt der Dämmerungsschleier,
Und hingestreckt vom sanften Mondenschein
Der Berge Schatten hehr im Tale liegen,
Wo wild die Alasan rauscht durchs Gestein.

Der ewig blasse Mond, der Nächte König,
Zieht still und feierlich am Himmel hin
Und flüstert leise mit den Riesengletschern,
Die silberstrahlend in der Ferne glüh'n.

Im tiefen Äther hell die Sterne flimmern,
Und heiter schau'n sie durch die Dämmernacht
Hin auf die stille Erde mit Behagen,
Als wären sie verliebt in ihre Pracht.

Tief unter diesem ewigen Lichtermeere
Schläft regungslos das herrlich schöne Tal,
Der Bergwind nur schleicht flüsternd durch die Wälder,
Und in der Tiefe braust der Wasserfall.

Er murrt und tobt, als grolle er den Menschen,
Als wär' zuwider ihm ihr eitles Tun,
Und schweigend lauschen ihm die hohen Berge,
Die frei vom Menschenjoch im Äther ruh'n.

Es schlummert alles, was am Tage atmet,
Als wären Erd' und Himmel lebensmüd'.
Den Weg nur weckt das Knarren eines Wagens,
Und eines Fuhrmanns traurig Wanderlied.

Ach dieses Lied klingt mir im Herzen weiter,
Wie eine Sterbeglocke hallt sein Ton,
Doch mag's dem leidenden auch Trauer bringen,
Went es den Harm doch wieder auch davon.

3.
Der Dichter.

Ich sing' nicht wie der Vogel singt,
Dem jede Sorge unbekannt.
Zum Lautenspiel, das süsslich klingt,
Ward ich von Gott nicht hergesandt.

Des Himmels Sprosse bin ich zwar,
Doch zog ein Erdenvolk mich gross,
Und Gottes Wort treu immerdar,
Streb' ich dem zu, was hehr und gross.

Die heilige Glut in meiner Brust
Ward mir nur für mein Volk verlieh'n,
Damit ich ihm in Weh und Lust,
Ein treuer Freund und Bruder bin.

Damit sein Leid auch meines sei,
Ich mit ihm darbe und entbehr',
Und fremdem Schmerz mein Fühlen weih',
Als ob mein eigener er wär'.

Wenn diese Glut mein Herz durchdringt,
Stimm' ich ein Lied begeistert an,
Das lindernd in die Seelen klingt
Und manche Träne trocknen kann.

4.

Frage und Antwort.

Frage.

Schön, zauberschön bist du, mein Heimatland,
Dich schmückt ein wundervolles Prachtgewand.
Doch ach, je schöner ich dich prangen seh,
Um desto schwerer wird mein Herzensweh.

Dich anzuschau'n wird nie mein Auge satt,
Und dir zu lauschen auch mein Ohr nicht matt,
Doch ach, je liebenswerter ich dich seh,
Um desto schwerer wird mein Herzensweh.

Wo sind noch Reize des Verlangens wert,
Die dir, o Land, der Schöpfer nicht beschert?
Doch ach, je reizumwob'ner ich dich seh,
Um desto schwerer wird mein Herzensweh.

Wer deine Fluren schaut, der findet nur
Bei jedem Blick des Gottessegens Spur.
Doch ach, je segensreicher ich dich seh,
Um desto schwerer wird mein Herzensweh.

O sag', warum hier so das Herz verzagt,
Wo ihm stets neue Lebensfreude tagt?
Warum noch schwerer wird mein altes Weh,
Je schönheitsreicher ich dich prangen seh?

Antwort.

O ja, ein Paradies bin ich, und ihr?
Nur Leid bereiten meine Kinder mir.
Dort auch das Paradies zur Hölle wird,
Wo Feindschaft alles nur zum Übel führt.

Mich lieben viele, zu der Liebe Hort
Ist wie geschaffen dieser Strahlenort,
Jedoch anstatt mit Liebe euch zu nah'n,
Verfolgt ihr euch mit bitterm Hasses Wahn.

Gesegnet hat mich reichlich die Natur,
Doch euch frommt nicht der Segen meiner Flur.
Dort auch der Heiligste in seinem Tun erschlafft,
Wo schwach das Gute, gross des Bösen Kraft.

Ja, reich bin ich an allem, aber ihr
Entreisst euch hungernd euer Brot mit Gier.
Ich spende euch des Lebens süsses Gut,
Doch ihr saugt euch einander aus das Blut.

Im Eden selbst, das prangt in ewigem Grün,
Wird nie das Leben heilkräftig erblüh'n,
Wenn es des Segens heiliger Tau nicht nährt,
Den Redlichkeit und frommer Sinn beschert.

5.

An die Aragwa.

Aragwa, heimatlicher Strom,
Du bist mir lieb und bleibst es immer!
Hier strahlte einst in ferner Zeit
Des Vaterlandes Ruhmesschimmer.
Hier über deiner klaren Flut
Ging auf sein Glanz in alten Tagen
Und dem Georgier hallte oft
Wie Wiegengruss dein Wellenschlagen.
Für ihn war stets bedeutungsvoll
Das Rauschen deiner schnellen Wogen.
Zum Schutze seiner Heimat kam
Er mutig zu dir hergezogen.
In Strömen floss hier oft sein Blut,
Benetzend deine Uferaue.

Dort, wo du in den trüben Kur
Ergiessest deine Flut, die blaue,
Hat unser Leben einst geblüht,
Dort auch die Schlachtenrufe klangen!
Jahrhunderte sind so im Lauf
Wie deine Wogen hingegangen.
Viel Krieger fielen hier im Kampf,
Viel Sagen mit der Zeit entschwanden.
Wie oft hab ich, o Heimatstrom,
Auf dich hinschauend hier gestanden!
Ich träumte hier von grauer Zeit
Und fragte dich nach alten Tagen,
Doch nur das Blut, das einst hier floss,
Gab Antwort mir auf meine Fragen.

6.

Der Kasbek.

Die Sonne steigt mit neuer Pracht empor,
Schon hat ihr Licht sie auf die Welt ergossen,
Von einem rosig goldnen Schimmerflor
Sind aller Berge Gipfel reich umflossen.
Mit Glanz thront über seinen Nachbarn weit
Der Kasbek zwischen Erd' und Himmel,
Wie immer hehr und gross an Herrlichkeit,
Hoch überragend des Gewölks Gewimmel.
Er ragt empor, wie aus der Unterwelt
Hinaufgedrängt, den Himmel zu zerspalten,
Doch eine Macht sich ihm entgegenstellt
Und scheint sein kühnes Streben aufzuhalten.
Sein Gipfel, der mit ewigem Eis gekrönt,
Glänzt nun im goldnen Licht der Sonnenstrahlen,
Und seine Flanken, die der Sturm umdröhnt,
Schau'n drohend nieder zu den stillen Talen,
Als harre des Verhängnistages er,
Um abzustürzen zu der Ebene Grunde,
Dann zu versinken, alle Welt umher
Und sich vernichtend zu derselben Stunde.

Fast gleichzeitig mit Elias Tschawtschawadse begann
Akaki Zereteli seine schriftstellerische Laufbahn. Geboren
wurde dieser Dichter im Jahre 1840 in Satschcheri, dem
anmutigen Stammsitze des Fürstengeschlechts seines Namens

in Oberimeretien. Hier am Eingang in eine waldige Schlucht, mitten in einem schattigen Garten, steht das weisse Landhaus, in welchem Akaki Zereteli seine Kinderjahre verlebte. Über der ganzen Gegend, aber besonders über diesem stillen, waldigen Winkel schwebt ein Hauch von Romantik, der

Akaki Zereteli.

jedoch nur schwach in dieses Dichters Lyrik wieder erscheint. Seine höhere Bildung genoss er auf der St. Petersburger Hochschule und widmete sich dann in seiner Heimat der Schriftstellerei, ausser welcher er niemals einer anderen Beschäftigung oblag. Nicht einmal die Landwirtschaft be-

trieb er, obgleich er als Grundbesitzer wohl dazu berufen
schien. Sein Streben galt stets nur der Literatur und einem
durch keinerlei Pflichten eingeschränkten Genuss des Lebens,
so dass er den Typ des georgischen Edelmanns vom alten
Schlage und den freien, müssigen Dichter der romantischen
Zeit in sich verkörperte. Als Publizist war Akaki Zereteli
im Laufe mehrerer Jahrzehnte Mitarbeiter verschiedener
georgischer Zeitschriften und Zeitungen und von 1898 bis
1900 Herausgeber der Monatsschrift „Krebuli" (Sammlung).
Seine schwungvoll geschriebenen Aufsätze hatten fast immer
einen polemischen Anstrich und brachten die Ansichten, Zu-
neigungen und Abneigungen des Verfassers in oft rücksichtsloser Weise zum Ausdruck. Witz und Humor enthalten sie in Fülle, aber auch viel Leidenschaftlichkeit, und
kennzeichnen in gewisser Hinsicht die Gemütsart der Imeretier, welchen Zereteli angehört.

Einen stark imeretischen Zug hat auch die Lyrik dieses
Dichters. Sie ist schwungvoll und prunkhaft, reich an
Farben und Bildern, aber auch reich an Worten, und die
imeretische Redseligkeit führt ihn allzu oft in die Breite.
Zereteli hat eine grosse Anzahl minderwertiger Gelegen-
heitsgedichte geschrieben, aber nach Ausscheidung derselben
bleibt noch eine stattliche Sammlung wahrhaft schöner,
Herz und Geist erquickender Ergüsse, an denen man den
wirklichen Dichter und Meister der Sprache erkennt. In
mehr als einer Hinsicht gleicht er einem Troubadour, einem
temperamentvollen, geistreichen „Finder", der seinen Lieder-
stoff dem Leben entnimmt. Wie jene Sänger des Mittelalters ist er vor allem Lyriker und besingt alle Regungen
des Menschenherzens von Liebe und Lebenslust bis zu Hass
und Trauer. Sein treuester Begleiter ist ein natürlicher,
echt georgischer Humor, der ihm die Schwächen und Untugenden seiner Landsleute auf ergötzliche Weise bespötteln
hilft. Selbst ein feiner Beobachter und witziger Rede-
künstler, ist er ein begeisterter Bewunderer Shakespeares,
dessen genaue Bekanntschaft ihm die Wege zeigte, welche

zur Erkenntnis des menschlichen Gemütes führen. Dieses
kennen zu lernen, hatte er in seinem wechselvollen Leben
die reichlichste Gelegenheit; denn er ist kein Stubendichter,
sondern ein Lebemann, der alle Winkel seines Heimatlandes
kennt, in Stadt und Land, bei Schmaus und Gelage, bei
Trauer und Kummer mit den verschiedensten Charaktergestalten in Berührung kommt und tagtäglich die buntesten
Eindrücke empfängt.

Ihrem Ursprung und Wesen nach haben Zeretelis Dichtungen ein realistisches Gepräge, aber oft ist ihr poetischer
Zauber geradezu hinreissend, und der hehre, feierliche Ton,
welchen er manchmal anschlägt, klingt wie ein weihevolles,
an die ewige Schönheit gerichtetes Gebet aus. Eine wichtige
Stelle nimmt in seinen Gedichten die Liebe ein, und er
malt sie mit Glut und Leidenschaft, wie auch die weibliche
Schönheit, die er in vielen reizenden Strophen feiert. Aber
sie ist keineswegs das Leitmotiv seiner Lyrik, denn diese
ist höchst verschiedenartig und stoffreich und geht in male-
rischer Mannigfaltigkeit von Menschen zu Dingen über und
umgekehrt. Das Lied von der Schönheit der Welt klingt
zwar heiter und hell durch die gesamte georgische Poesie,
aber wohl kein Dichter hat es so verschiedenartig gesungen,
wie Akaki Zereteli. Tief und innig ist auch seine Liebe
zur Heimat, und dieses Gefühl bildet den Untergrund seiner
schönsten Dichtungen.

Neben lyrischen schrieb Zereteli auch epische Gedichte,
die jedoch stark von Lyrik durchsetzt sind, denn völlig
fremd ist ihm die hehre Ruhe des ganz aus sich heraus-
gehenden und nur den Stoff betrachtenden Schilderers.
Trotzdem ist sein geschichtliches Epos „Eristawi Torniki“
reich an wirklich poetischen Bildern und Darstellungen aus
einer ereignisreichen Zeit der georgischen Geschichte.

1.

Die Liebe.

O tückisches Gefühl, warum sagt man von dir,
Du seist des Himmels wertvollste und schönste Gabe,
Da du uns Qualen bringst und Leiden für und für
Nach kurzer und oft nur minutenlanger Labe.

Wohl, weil die reichste Quelle aller Seligkeit
In deinem rätselhaften Keime liegt verborgen?
Und wenn du dann entfliehst, folgt deinen Spuren weit
Ein dorniger Pfad von Gram und trauervollen Sorgen.

O unstätes, o nimmer ruhendes Gefühl,
Du wanderst ziellos und entfachst im Menschenherzen
Zwar Wonneglut, doch wahllos wie zum Spiel,
Und alles, was wir ernten, sind nur Groll und Schmerzen.

Gefürchtet und von allen doch ersehnt bist du
Das mächtigste Geheimnis in der Menschen Leben.
Doch süss muss sein der Schmerz, da alle ohne Ruh'
Mit glüh'ndem Herzensdrang ihn zu geniessen streben.

2.

Georgierin bin ich. Unauslöschliche Glut
Durchtobt mein schmachtend Herz, mein unruhiges Blut.
Nur seiner Rede lausche ich bei Tag und Nacht,
Verzehrt von des Verlangens süsser Zaubermacht.
Der Liebe gänzlich mich zu opfern, mich zu weih'n,
Litt' ich den einzigen suchend wahre Höllenpein.
Ich suchte ihn mit schmerzensreicher Ungeduld
Und fand ihn nicht, doch daran war mein Schicksal schuld,
Nicht ich. Des blinden Schicksals blosser Zufall nur.
Kreist nicht der Schmetterling beim Flattern auf der Flur
Um manches Unkraut, auch bis er die Blume fand,
Die liebliche, dem sein Verlangen zugewandt?
Kaum sah ich ihn, als Herz und Seele im Verein
Ausriefen: „Das ist er, den du gesucht mit Pein!"
Ja, ich gehöre ihm heut und für alle Zeit!
Mein Schicksal liegt in seiner Hand, ist ihm geweiht!

                    Aus dem Drama „Tamar zbieri".

3.

Wunsch.

Langes Glück wünsch' ich der teuern, lieben,
Will, dass niemand sie zu schrecken wage,
Noch durch bitt'res Leid sie könnt' betrüben,
Oder schmeichlerisch ihr Gunst entgegen trage!

Mag ihr teurer Name wieder klingen,
Hehr wie einst, auf dass ihn alle kennen.
Mögen brüderlich sich die umschlingen,
Die ihn auch den ihren nennen.

Rustawelis Laute mag erschallen,
Ihr zum Ruhme wie in fernen Tagen,
Dass erwärmt die Herzen wieder wallen,
Die erkaltet jetzt so träge schlagen!

4.

Aus „Salamuri" (Schalmey).

Wo bist du und wo tönen deine Lieder,
Du meiner Heimat klangreiche Schalmey,
Warum hallt mir kein Ton im Herzen wieder,
Hier, wo des Nordens Sturmwind braust vorbei?

Wenn in der Heimat dich die Hirten spielen,
Erklingt dein süsses Lied durch Berg und Tal,
Der Freude Töne hell zum Himmel quillen,
Und die der Trauer sind wie Höllenqual.

Und wie an eines Bruders Busen schmiegen
Sich meine Träume deinen Klängen an,
Und aufgedeckt seh' ich da vor mir liegen
Der Vorzeit blutgetränkte Schicksalsbahn.

Schalmey der Heimat, du! In Freud' und Wehe
Bist du uns lieb. Du lockst aus alter Zeit
Durch Nebelfernen her in unsre Nähe
Gar manches Bild, an dem das Herz sich freut.

5.

Lied eines Kinto.*)

Vor Liebeslust und Wonne
Berausch' ich mich am Wein.
Um meiner Liebsten willen
Litt' ich gern Todespein.

Glut haben ihre Reize
Im Herzen mir entfacht.
Tags ist sie meine Sonne,
Mein Mond ist sie bei Nacht.

Die Glut wird erst erlöschen
Beim letzten Herzensschlag.
Wenn ich mein Lieb nicht sehe,
Wird dunkel mir der Tag.

Da leid' ich und verschmachte
Und weine heisses Blut,
Bis ich die Lind'rung finde
Für meine Herzensglut.

Vor Liebeslust und Wonne
Berausch' ich mich am Wein.
An meine Liebste denkend
Litt ich gern' Todespein.

6.

Auf dem Wege fand ich einen bunten Stein,
Wie ein Kleinod barg ich ihn an meiner Brust.
Aber nein, es war der Liebe Glutenschein,
Den ich lange Jahre trug mit Wonnelust.

Als zum Feldstein wurde dieser bunte Stein,
Fand ich ihn zu tragen keine Kräfte mehr.
Ja, der süssen Liebe Wonne brachte Pein,
Brachte Qual, die für mein Herz zu schwer.

Wieder legte ich den Stein am Wege hin.
Mag ihn einer finden, der sich glücklich fühlt.
Mag die Liebe eines andern Herz und Sinn
So erfüll'n wie mich, der ich jetzt abgekühlt.

Regentropfen werden fallen auf den Stein,
Um die Liebe fallen Tränen heiss und schwer,
Doch ins kalte Herz dringt keine Glut mehr ein,
Und der Stein erglänzt wie früher nimmermehr.

Am Scheidewege zwischen der Romantik und der von
fortschrittlichen Ideen getragenen Poesie der letzten Jahr-

*) Hausierer.

zehnte steht Wachtang Orbeliani, ein Enkel des vorletzten
Königs Heraklius II. Dieser Dichter, welcher im Jahre 1812
geboren wurde und 1890 als verabschiedeter General starb,
griff erst als Greis zur Laute, um sinnig und einsichtsvoll,
aber auch ohne Groll seine Zeitgenossen an ihre Pflichten
als moderne Menschen und an die Tugenden ihrer Vorfahren zu erinnern. Mit Wehmut besingt er die Vergangenheit und mit demselben Gefühl betrachtet er die Gegenwart, die ihm wenig Anlass zur Freude bot; denn wie
Elias Tschawtschawadse hatte er ein offenes Auge für die
Makel seiner Landsleute und besonders des Adels, welcher
in früheren Zeiten stets im Vordergrunde des öffentlichen
Lebens gestanden hatte und jetzt arbeitsscheu seine Erb-
güter verprasste.

Wachtang Orbelianis wertvollste Dichtung ist „Die
Hoffnung" (Imedi), in welcher er die bedeutendsten und
glänzendsten Ereignisse der Vergangenheit seines Vaterlandes besingt. Seine kürzeren Gedichte gelten auch zum
grösseren Teil der Vorzeit und feiern die Erinnerung an
berühmte Ruinen oder noch erhaltene Baudenkmäler. Seine
Sprache ist edel und weihevoll, und ein Hauch sanfter
Poesie durchweht jede Strophe.

1.
Gelati.

Auf der Erde gibt es einen Flecken,
Dessen Schönheit unbeschreiblich ist.
Jeder wird das Eden hier entdecken,
Das der Mensch seit Adams Fall vermisst.

Nur mit Leid wirst du hinweg dich wenden
Von der Pracht, die hier dein Auge sieht,
Und dann bange Seufzer zu ihm senden,
Wenn sein herrlich Bild sich dir entzieht.

Milde Kühle und gewürzte Düfte
Bringt der Bergwind ihm zur Sommerzeit,
Heitern Sonnenglanz und milde Lüfte
Ihm der Winter freundlich auch verleiht.

So wie nirgends glänzen ihm die Sterne,
Denn sie lieben seine Frühlingspracht,
Seine ewig heit're Himmelsferne,
Seine duftdurchhauchte Wonnenacht.

Stolz umgrünt von tausendjährigem Moose,
Schön umrahmt vom klaren Himmelsblau,
Steht hier, trotzend allem Sturmgetose
Wetterfest ein mächtiger Riesenbau.

Ernsthaft, feierlich scheint er zu sagen
Allen Bergen, die sich um ihn reih'n:
Schaut mich an! Aus längst vergang'nen Tagen
Steh ich unversehrt hier noch allein!

Was er ist, das mögt ihr selbst ihn fragen.
Jeder Stein gibt euch die Antwort dort;
Seine tausendjährigen Mauern tragen
Mehr Beredsamkeit als Dichterwort.

Sie erzähl'n euch: Mächtiger Menschen Hände
Haben kraftvoll mich hier aufgeführt,
Tausend Jahre lang hat meine Wände
Jeder Wetterstrahl mit Wucht berührt.

Hagelsturm und schwere Donnerstösse
Peitschten grimmig jeden Mauerstein,
Doch ich steh' noch fest in Macht und Grösse,
Was ich bin, kann ich noch lange sein.

Ich nur und des ewigen Himmels Hallen
Sind die einzigen Zeugen, die's geschaut,
Wie Georgien stieg und wie's gefallen,
Wie's geblüht und dann in Not ergraut.

Ewig schlummernd liegt in meinem Schosse
Unsre Tamar, unsrer Vorzeit Licht,
Die besungene, die hehre, grosse,
Die der schönsten Lieder Kranz umflicht.

Hier ruht auch, umringt von andrer Särgen,
David, der des „Grossen" Namen hat,
Und die Mauern, die so Heiliges bergen,
Diese Riesenkirche heisst Gelat!

2.

Zwei Traumbilder.

I.

Im Traum stieg ich den heiligen Berg empor,
Wo Gott, dem Herrn, Lob singt der Engel Chor.
Vor mir erstreckte sich zum Meeresstrand
Georgien, mein schönes Heimatland.
Jedoch ich schaut' auf eine Wüste hin,
Der alle Lebenskraft erstorben schien.
Zwar strahlte hell der schönen Sonne Licht,
Jedoch es wärmte meine Heimat nicht.
Die vielen Flüsse standen regungslos,
Und öde war es in der Täler Schoss.
Kein Blatt bewegte sich vom Hauch der Luft,
Die weite Flur glich einer Totengruft.
Zwar standen viele Schlösser rings umher,
Jedoch zerfallen und längst menschenleer.
So öde lag Georgien vor mir,
Jedoch auch tot noch reich an Reiz und Zier.

II.

Im Traum stieg ich den heiligen Berg empor,
Wo Gott dem Herrn Lob singt der Engel Chor.
Vor meinen Blicken lag in aller Pracht
Georgien zum Leben neu erwacht.
Mit Glanz das Sonnenlicht hernieder floss,
Und zeugte Wärme in der Täler Schoss,
Giessbäche stürzten von den Bergeshöh'n
Und glitzerten und strahlten wunderschön.
Unzählige Blumen prangten auf den Au'n,
Ihr heit'res Bild war lieblich anzuschau'n.
Grossartige Gebäude sah ich steh'n,
Und fleissige Menschen an die Arbeit geh'n.
Des Himmels Licht beschien gar hell und klar
Mein Volk, das arbeitsam und glücklich war.

Die Vergangenheit besang auch mit Vorliebe Mamia
Gurieli, aber sein Können steht weit hinter seinem Wollen
zurück, und ausser einigen stimmungsvollen Gedichten ist
die Mehrzahl seiner lyrischen Ergüsse bedeutungslos.

Alle die bisher genannten Dichter verkörpern in sich die selbständige Kunstpoesie ohne Anlehnung an die reiche Volksdichtung des georgischen Volkes. Alle sind begeisterte Sänger mit regem Kunstsinn und überreich an Gefühl für die vergangene Grösse und Schönheit ihres Heimatlandes. Alle entstammen alten Rittergeschlechtern, die Jahrhunderte lang das Schicksal Georgiens beeinflussten, seine Verteidiger und Erhöher oder Zerrütter und Erniedriger waren, aber bis zum Ende seiner Selbständigkeit ihre feudale Selbstherrlichkeit zu bewahren wussten. Gewiss konnte niemand mehr dazu berufen sein die Vergangenheit in der Poesie zu feiern als sie, niemand konnte mit mehr Beredsamkeit und Hochgefühl die Taten der Vorfahren und die herrliche Stätte besingen, auf der viel länger als zwei Jahrtausende mit wechselndem Geschick das Leben ihres Volkes sich abgespielt hatte. Mag nun die Ethik ihrer Poesie Mängel haben, eins steht fest, dass sie mit edler, reiner Überzeugung und Empfindung das taten, wozu sie ein innerer Drang nötigte. Als nahe Enkel unumschränkter Feudalherren konnten sie für demokratische Lehren unmöglicherweise die Begeisterung in sich finden wie andere, welche aus dem Bauern- oder Kleinbürgerstande hervorgegangen sind. Die poetische Literatur, welche sie geschaffen haben, gereicht ihrem Volke gewiss zur Ehre, denn die in ihr enthaltene Summe von Anschauungen, Gedanken und Empfindungen erhebt die georgische Gesammtliteratur zu einem Bestandteil des allgemeinen Geistesschatzes der Kulturmenschheit.

Aber wie dem auch sei, der Wechsel des Lebens wirkte wie überall auch hier mit an der Umgestaltung der Poesie, und diese stieg allmählich von den Höhen allgemeiner Kunstbegriffe zur Anschauungs- und Gefühlswelt des Volkes nieder. Rafael Eristawi und die drei Dichterbrüder Rasikaschwili besingen das Landleben in seinen schlichtesten Erscheinungen und Regungen, die noch innig an die Natur gebunden sind. Der erste Dichter, welcher diesen Ton anschlug, war der im Jahre 1900 als hochbejahrter Greis ver-

storbene Rafael Eristawi. Er schildert den Landmann bei
seiner Arbeit, auf Feld und Weide wie auch in der Hütte
im Kreise seiner Familie, ohne jedoch idyllische Bilder zu
malen. Eine Idealisierung des Bauern bezweckt er keineswegs, sucht aber die geringe, instinktive Poesie, welche an
seinem Gefühlsleben haftet, echt menschlich zu beleuchten
und sympathisch zu machen. Die Schönheit und Natürlich-

Chewsuren in alter Rüstung.

keit verleiht Rafael Eristawis Gedichten einen hohen Zauber
und räumt ihnen in der georgischen Literatur einen hervorragenden Platz ein.

1.

Die Heimat des Chewsuren.

Dort, wo geboren sind mein Pfeil und Bogen,
Wo meine Väter lebten, wo ihr Grab,
Wo ich zum wackern Manne ward erzogen,
Dort ist mein Heim, das liebste, das ich hab'.

Nichts ist mir teurer als der Heimat Tale,
Als jene Felsen, wo der Adler haust,
Wo wild der Giessbach tobt in seinem Falle,
Wo von der Firne die Lawine saust.

In eurer Ebne ich an Sehnsucht leide,
Mein Herz strebt rastlos zu den Bergen hin.
Hier ist für mich das Leben keine Freude,
Und dort möcht' ich selbst vor dem Tod nicht flieh'n.

Kein Zauber lockt mich in der Städte Mitte.
Mag Pracht und Reichtum anderen gedeih'n.
Ich geb' dafür nicht meine Sennenhütte,
Noch meiner harten Schwelle Ruhestein.

Die Mutter und der Heimat Flur und Heide
Kann nichts ersetzen, sei's der reichste Tand.
Noch teurer als das Auge sind uns beide,
Nur einen Gott gibt's und ein Vaterland.

2.

Der Hirt auf der Nachtwache.

Der Nachthirt bin ich, einsam und allein,
Gehüllt in meinen Mantel hüte ich
Die Büffel, die hier seit dem Morgenschein
Den Acker pflügten bis der Tag entwich.
Sobald die goldne Sonne untergeht,
Treib' ich das Zuchtvieh her aufs Weideland,
Und wenn der Wolf zu nah'n sich untersteht,
Bekommt er einen Schuss aufs Fell gebrannt.
Wenn dann die Nacht kommt, lausch' ich ohne Rast,
Jedoch kein Laut die Stille unterbricht.
Das müde Vieh nur in der Runde grast,
Sucht Futter sich im schwachen Dämmerlicht.
Mitunter höre ich den Uhu schrei'n,
Und seinen Ruf hab' ich schon oft verflucht,
Er schreit wie ein verirrtes Zickelein,
Das im Gebirge seine Herde sucht.
Das Vieh steht grasend bis am Weiderand.
Ich höre, wie das Gras es zupft und kaut.
Mich schläfert, doch ich halte mutig stand
Und seh' den Morgenstern, der nieder schaut.

Jetzt bangt mir vor der dunkeln Nacht nicht mehr,
Von meinen Augon ist der Schlaf entfloh'n,
Dem Himmelsrande naht der grosse Bär,
Die Dämmerung zeigt ihren Schimmer schon.
Dann steigt die Morgenröte auf mit Pracht,
Von ihrem Glanze wird's mir hell im Herz.
Im Saatfeld ist die Lerche aufgewacht
Und schwingt sich singend himmelwärts.
Sobald die Sonne aufgeht, wird das Vieh
Zum neuen Tagwerk in den Pflug gespannt,
Und mir pflügt man dann auch für meine Müh'
Im Nu mein winziges Stückchen Ackerland.

Ganz im halben Naturdasein der im Hochlande wohnenden Pschawen und Chewsuren lebt Lukas Rasikaschwili
(Washa Pschawela), ein herrlicher Naturdichter, wie ihn
wohl heute keine zweite Literatur besitzt. Er wurde im
Pschawer Hochlande (Kreis Tioneti) als Sohn eines Bauern
geboren, besuchte das Lehrerseminar in Gori bei Tiflis und
war eine Zeitlang Dorfschullehrer. Seit mehreren Jahren
wohnt er wieder in seinem Heimatsdorfe Tschargali.

Mit ganzer Seele ist Lukas Rasikaschwili in die pan-
theistische Phantasiewelt seiner nächsten Landsleute eingedrungen und schildert in prächtigen Gedichten den innigen,
geheimnisvollen Zusammenhang zwischen Natur und Menschen-
gemüt, wie er bei den Bewohnern des ostgeorgischen Hochgebirges noch heute fortbesteht. Frisch und erquickend wie
das Wasser der Bergquelle ist die urwüchsige Poesie, welche
mit mächtigem Strahl aus seinen Dichtungen hervor quillt.
Berge, Felsen, Bäche, Bäume und Blumen treten in dieser
ursprünglichen Naturpoesie wie lebende Wesen auf und ver-
setzen uns in jene naive Empfindungswelt, in der einst auch
unsere Altvorderen lebten, die aber für uns nicht mehr er-
reichbar ist. An den Landschaftsbildern, welche er mit
kräftigen Farben malt, erkennt man, dass sie das gesunde
Auge eines Naturkünstlers der Wirklichkeit abgelauscht hat.
Zu seiner poetischen Empfindungs- und Gestaltungskraft
gesellt sich eine leidenschaftliche Liebe zur engeren Heimat,

zu jener grossartigen Gebirgswelt, welche auch ein bedeutender deutscher Schriftsteller, Gottfried Merzbacher, in seinem unvergänglichen Werke „Aus den Hochregionen des Kaukasus" mit seltenem Dichtersinn in Prosa geschildert hat.

Die Menschen, welche in den Dichtungen des Lukas Rasikaschwili auftreten, sind der Natur ihrer Berge ähnliche, rauhe Recken, welche die Kultur fast gar nicht beleckt hat, und deren Sinneswelt ganz in dem beschränkten Leben aufgeht. Aber dafür sind viele unter ihnen wirklich feste Charaktermenschen, deren Meinungen und Neigungen nichts zu erschüttern vermag.

Seine Gedichte behandeln verschiedene Stoffe, aber alle sind sie dem Hochgebirge entsprossen, und manche erzählen alte, zauberschöne Sagen, in denen eine durch und durch urwüchsige, mittelalterliche Welt auflebt.

1.

An die Aragwa.

Mit trauerndem Herzen kam ich zu dir,
Aragwa, doch fand ich den Frohsinn hier.
Ich fühl' mich jetzt anders, weiss selbst nicht wie,
So rüstig und kräftig und froh wie nie.
Wie schön bist du doch, wenn mit Kraft und Wut
Zur Felsenwand braust deiner Wogen Flut!
Da wend' ich den Blick zu den Bergen hin,
Ein trauriges Liedchen in Herz und Sinn.
Ja, hin zum Gebirge, das dich gebar,
Zieht mich da mein Herz, andrer Sehnsucht bar,
Dort hin zu den Bergen, die dich genährt,
Die dir, wilder Fluss, alle Kraft beschert.
Gern möchte ich ruh'n einst an ihrem Hang,
Im Felsenschloss schlafen den Schlaf, der lang.
Wie sind sie im Sommer doch herrlich grün!
Sogar auf den Felsblöcken Blumen blüh'n.
Da höre ich zu, wie der Bergwind weht.
Auf einsamem Gipfel der Steinbock steht.
Den Himmel oft dunkles Gewölk verhüllt,
Und düsterer Nebel das Tal anfüllt.

Da rasselt am Himmel des Blitzes Strahl,
Und unheimlich rauschet der Wald im Tal.
Die Geier und Adler auf steiler Höh'
Mit schlaffem Gefieder ich sitzen seh'.
Sie schauen zum Himmel empor mit Ruh'
Und hören dem Liede der Wolken zu.
Wer ist's, dessen Ohr diesen Schall verträgt,
Wer fühlt's, wie das Herz dieser Berge schlägt!
Gar oft stürzt hernieder ein Wasserfall,
Durchfurchend den felsigen Bergeswall,
Er reisst seine Flanken mit Wüten auf
Und wendet zu dir seinen Sturmeslauf.
Nichts hält ihn zurück, keine Macht ihn bannt.
Und stände vor ihm eine Eisenwand.

Jedoch auch des Unwetters Zeit entflieht,
Klar über die Berge die Sonne zieht.
Die Wolken, verjagt von den lichten Höh'n,
Im Tale zerrissen wie Zelte steh'n.
Den Berg zu umdröhnen sie heut' nicht wagen,
Doch morgen sie wieder zum Kampfe jagen.

2.

Verschleiert ist der schöne Sommertag,
Die Berge schlummern still im Dämmerscheine,
Und ungestört in ihren Gräbern ruh'n
Der alten Helden ehrwürd'ge Gebeine.
Es braust der Wind und heult ein Grabeslied,
Aus dem Gewölk strömt ruhelos der Regen,
Doch spült er rein der Berge Felsenbrust
Und bringt den Tälern neuen Sommersegen.
Zerstreut ist das Gewölk jetzt, all sein Gut
Hat es der Erde ohne Geiz gespendet.
Mit kräftiger Muttermilch ward sie erquickt
Und alles hat zum Bessern sich gewendet.
Sei mir gegrüsst, du schöne Heimatswelt!
Bei deinem Anblick fühl' das Herz ich schlagen,
Als würde ich vom höchsten Wonnerausch
In eine Götterwelt emporgetragen.

3.

Denkt nicht, dass ich schon tot und kalt
Und alles Fühlen in mir ruht!
In meinem Herz das Blut noch wallt,
Des Sennensohnes heisses Blut.

Die Hoffnung ich noch nicht verlier',
Weiss nicht, warum ich trauern soll,
Wenn du nur, die die schönste hier,
Mich gerne anschaust, ohne Groll.

So lang' ich Armer atmen kann,
So lang' der Sonne Licht ich seh',
Bleib ich dir treu und zugetan,
Schützt dich mein Arm vor Leid und Weh.

Und wenn ich dir je untreu werd',
Mag man versagen mir ein Grab
In unsrer heimatlichen Erd',
Im Hochland, das so lieb ich hab'.

Auch leg' man in den Totenschrein
Mir an das Haupt kein Ehrenschwert,
Und keine Braut noch Jungfrau wein'
Mir Tränen, deren ich nicht wert!

Und wenn ich in das Jenseits zieh',
Mag stürzen in die Flut mein Ross!
Mir, dem die Erde Fluch nur lieh,
Verschliess' der Himmel seinen Schoss!

4.

Ich suchte Glück und fand nur Leid im Leben.
Des Daseins Bürde ist mir schwer und hart.
Ermüdet frage ich mich oft mit Beben,
Warum ich Armer denn geboren ward.

Warum sang mir mit zartem Kosen
Die Mutter einst das Wiegenlied so süss?
Auf meinem Pfad hör' ich den Sturm nur tosen
Und weiss, dass alles Glück mich längst verliess.

O düstre Tage! O ihr bittern Plagen,
Nehmt hin mein Dasein! Ihm gilt nicht mein Drang.
O Herz, warum hörst du nicht auf zu schlagen?
O Leben, warum währst du denn so lang?

Auch Lukas Rasikaschwilis Bruder Nikolaus, welcher
unter dem Decknamen „Batschana" schreibt, ist ein begeisterter Naturdichter, auch er hängt mit Liebe an seinen

hellen Höhen, aber sein Farbenbrett hat mildere, sonnigere
Töne. Sein Blick schwebt lieber auf den lichten, grünen
Triften, wo der heitere Tag waltet, während der ältere
Bruder mit pantheistischem Grübeln in das geheimnisvolle
Dunkel des Naturlebens eindringt.

1.

Abenddämmerung im Gebirge.

Hoch in den Bergen steh' ich nun hier,
Umweht von Frische, und wohl wird mir.
Der Täler Hitze schwächt meine Brust,
Hier hol' ich Atem mit wahrer Lust.
Ein Hauch erhab'ner Unsterblichkeit
Vom Erdenmoder mein Herz befreit,
Mein Aug' ist heller in diesem Licht,
Des Körpers Schwäche empfind' ich nicht.
Weh' frisch, o Bergwind, rausch' frisch, o Quel
Die Wolken schwinden, im Herz wird's hell
Schaut, welche Bilder, schaut hin, wie schön
Die Sonne schwindet am Kamm der Höh'n!
Die Raben ziehen vom blutigen Mahl
In ihre Nester im Felsental.
Schon aus den Tälern die Dämm'rung steigt,
Der Kreis der Berge still wachend schweigt.
Die einen liegen im Schattenflor,
Die andern streben zum Licht empor.
Der Wald, die Täler, der Gletscher Eis,
Das Grün, die Blumen, der Felsen Kreis,
Die vielen Schluchten, Berg und Gefild,
Das alles bietet ein einzig Bild.
Ach, wie bezaubernd ist diese Stund',
Wenn's herrlich nachtet im Talesgrund.
Wenn laut das Blöken der Herden schallt,
Die Hirten rufen von Hald' zu Hald'.
Wenn Sterne Funken vom Himmel streu'n
Und dann erlöschen im Morgenschein!

* * *

Ich gehe weiter, mein Weg ist lang,
Und nach dem Morgen sehn' ich mich bang.

2.

Stets in Erwartung und in Bangigkeit
Die Tage und die Nächte mir vergeh'n.
Blick' ich zur Seite, seh' ich nah und weit
Die grünen, quellenreichen Berge steh'n.
Blick' ich hinauf zum blauen Himmelszelt,
Seh' ich der Sterne unzählbare Schar.
O unaufhaltsam dreht sich unsre Welt,
Das Leben kommt und flieht wie immerdar,
Nur ewig unveränderlich bleibt Er,
Der alles Leben schafft und auch den Tod.
O weh, wie ist des Lebens Kürze schwer!
Das Dasein gleicht dem flüchtigen Morgenrot.
Ein Schneeglöckchen sah neulich ich im Hain
Und neben ihm ein Veilchen, frisch erblüht,
Zum Feste schienen sie geschmückt zu sein,
Und wie von Freude hat ihr Kelch geglüht.
Und wieder in den Hain ich gestern ging
Und sah das Veilchen seines Schmuckes bar.
Sein zartes Köpfchen traurig niederhing,
Da schon sein Welketag gekommen war.
Nur einen Augenblick das Dasein währt
Und seine Kürze alle Freuden stört.

Der schwächere und auch am wenigsten fruchtbare
der drei Dichterbrüder ist Theodor Rasikaschwili, welcher
dem alltäglichen Leben näher steht, aber auch eine anheimelnde Liebe zur Natur verrät.

Ein weniger bestimmbares Gepräge zeigen die Gedichte
des pessimistisch angehauchten Gregor Wolski, eines Arztes
polnischer Abstammung, sowie der Frau Dominika Mdiwani.
An diese reiht sich die Schar der neueren und neuesten
Dichter, bei denen weder die Begeisterung noch die ursprüngliche Kraft der Sänger des 19. Jahrhunderts wieder-
zufinden ist. Gregor Abaschidse, Ewdoschwili, Dubu Megreli
und Matschchaneli, welche unter den neueren die fruchtbarsten sind, haben zwar jeder einige eindrucksvolle Gedichte hervorgebracht, aber die Mehrzahl ihrer Erzeugnisse
ist gemachte Literatur. Hauptsächlich besingen sie ihre

eigenen wirklichen oder eingebildeten Leiden und kommen
nur wenig über dieselben hinaus. Ihr unnatürlicher Pessimismus steht zu dem georgischen Volksleben in keinerlei
Beziehung und ermangelt der ethischen, die Gesamtheit anziehenden Kraft. Auch entbehren sie der typischen Eigenart, durch welche sich die georgische Poesie bisher so vorteilhaft auszeichnete. Trotz alledem ist der poetische Born
des georgischen Volkes noch keineswegs versiegt, der Drang
zu dichterischem Schaffen lebt fort unter seiner Jugend,
fast jede Zeitungsnummer bringt neue Gedichte, und ohne
Zweifel werden der kaum entschwundenen glänzenden Ple-
jade noch weitere Dichter folgen, die dem schon bestehenden herrlichen Schatze neue Kleinode hinzufügen. Ein
Dichtervolk sind die Georgier im edelsten Sinne des Wortes.

Proben von neuen Dichtern.

1.

An die Musik.

Nein, rufe nicht die Seele in das Land der Träume,
Wo keine Sorge plagt, noch Sehnsucht oder Leid!
Was frommt ein kurzer Traum, ein kurzes Sichvergessen,
Wenn dann der Schmerz erwacht mit neuer Heftigkeit?

Was frommt's, dass ich an deinen Klängen mich berausche,
Wenn du verstummst, wird mir von neuem schwer und bang.
Nein, rufe nicht die Seele in das Land der Träume,
Ich weine — drum kling' traurig wie ein Grabgesang!

J. Ewdoschwili.

2.

Wenn ich verstumme einst für immer,
Wenn mit des Blickes letztem Schimmer
Des Lebens schwacher Faden reisst,
Wenn mit des Herzens letztem Schlage
Der letzte Wunsch, den ich noch trage,
Sich meiner müden Brust entreisst,
Wenn deiner Schönheit Zauberschimmer
Sich meinem Blick entzieht für immer,

Wenn zu des Himmels schönem Bild,
Das dir gleich prangt in heiterm Lichte,
Ich nimmer mehr das Auge richte,
Wenn ewiges Dunkel mich umhüllt,
Wenn alles, alles für mich endet,
Wenn mir der Tod den Pfeil zusendet
Und meine Zeit erreicht ihr Ziel —
O teuerste, an jenem Tage
Bewein' mich nicht mit bittrer Klage,
Vergiesse nicht der Tränen viel,
Lös' nicht die rabenschwarzen Haare
Zum Trauerdienst an meiner Bahre,
Verunglimpfe dein Antlitz nicht,
Verdüstre nicht durch eitle Trauer,
Durch bangen Schmerzes schweren Schauer
Dein Bild, das hell wie Sonnenlicht!
Nein, schweig' damit, im ewigen Schlummer
Du mich nicht störst durch eiteln Kummer,
Klag' nicht mit Seufzern schwer und bang,
Weil dieses Herz, das treu geschlagen
Und Liebe nur für dich getragen,
Für ewige Zeit das Grab verschlang!
Mag ganz in Staub mein Leib aufgeh'n,
Wenn dir nur Königin der Lieder
Und hehren Träumen immer wieder
Des Lebens Lenze neu ersteh'n!
Wenn dir nur stets aus voller Schale
In unversiegbar kräftigem Strahle
Zuströmt des Lebens Freudenwein!
Mag dir der Himmel heiter flimmern
Und dich der Sonne Glanz umschimmern,
Du vielgeliebte teure mein!

Gregor Wolski.

3.

Tränen.

Wenn ich erschlafft im Kampfe mit dem Leben
Einsam, bekümmert meine Wege geh',
Und von den besten Freunden schnöd' verlassen
Mich fremd im eignen Heimatlande seh',

Wenn mir die Bangigkeit die Seele martert,
Wie böses Gift Gehirn und Herz zernagt,
Wenn im Erlöschen schon der Hoffnung Strahlen
Und mich die düsterste Verzweiflung plagt,

Da sind mein einziger Trost die stillen Tränen;
Wie Freunde finden sie sich helfend ein,
Sie bringen Linderung für meine Leiden,
Für alle quälerische Herzenspein.

Ach, warum kann ich nicht zur Träne werden
Und mich ergiessen über alles Land,
Und einer Woge gleich von dannen spülen
Das Übel, das sich mit der Welt verband!

Dutu Megreli.

4.

Dem, den ich liebe, wünsche ich
Das längste Leben inniglich.
Er ist mein höchstes Ideal,
Mein Schild und bester Schutz zumal.

Dem, den ich hasse, wünsche ich
Das schnellste Sterben inniglich,
Damit er schwinde aus der Welt
Und mir das Leben nicht vergällt.

Dem, den ich liebe, schlägt mein Herz,
Er bringt mir Wonne allerwärts.
Sein Leid wird stets auch meines sein,
Und was ihn freut, auch mich erfreu'n.

Den, den ich hasse, anzuschau'n,
Erfüllt mich wie der Tod mit Grau'n.
Was ihn erfreut, mir Tränen bringt,
Sein Leid mit Lust mein Herz durchdringt.

Aus des Geliebten teurer Hand
Ist mir ein Strohhalm reicher Tand.
Im Herzen er den Lenz mir weckt,
Mit ihm kein Leiden mich erschreckt.

Und wen ich hasse, dessen Kuss
Ist kalt für mich und bringt Verdruss.
Aus seiner Hand die schönste Ros'
Gilt mir nicht mehr als dürres Moos.

Oft zwingt der Feind zum Weinen mich,
Gern wein' um den Geliebten ich.
Des Hasses Tränen giftig sind
Und die der Liebe süss und lind.

Dominika Mdiwani.

Erzählungsliteratur

Die Erzählung als sittenschildernde Gattung ist im georgischen Schrifttum eine durch die fortschreitende Entwickelung der Lebensverhältnisse hervorgerufene Neuschöpfung. Sie entfaltete sich nicht allmählich aus dem Märchen oder dem phantastischen Heldenroman, sondern entstand durch Nachahmung fremder Muster. Ihre Entstehung hat also fast gar keine Geschichte.

Ihr erster Bearbeiter war Lorenz Ardasiani, welcher im Jahre 1861 die Erzählung „Medschanuaschwili" veröffentlichte und mit dieser ziemlich realistischen Schilderung die neue Literaturgattung einführte. Der Held derselben ist ein reich gewordener Kaufmann, der von einer leidenschaftlichen Erwerbssucht befangen, vor keinem Mittel zur Bereicherung zurückschreckt. Dieser „Roman" war natürlich nur ein Versuch, aber sein Verfasser zeigte Spuren von schriftstellerischen Fähigkeiten, welche sich mit ziemlich reichlich vorhandenen Nationaleigenschaften der Georgier decken und somit eine günstige Entwickelung ihrer Erzählungsliteratur in Aussicht stellen. Dies waren nüchterne Beobachtung und Humor. Für humoristische Schilderungsart besitzen die Georgier ohne Zweifel Fähigkeiten, aber bis jetzt hat sich auf diesem Gebiet nur David Kldiaschwili hervorgetan, während die übrigen Erzähler ganz andere Wege einschlugen.

Fast gleichzeitig mit Ardasianis Erzählung erschienen die romantisch angehauchten geschichtlichen Romane „Anuka", „Prinzessin Tamar" und „Die Zitronen der Witwe" von Gregor Rtscheulaschwili, welche jedoch für die Entwickelung der epischen Literatur belanglos waren.

Erst Elias Tschawtschawadse, der schon erwähnte Dichter, legte mit seinem „Kazia adamiani?" (Ist das ein Mensch?) die eigentliche Grundlage zur georgischen Erzählungskunst. Dieses zu Anfang der sechziger Jahre erschienene Werk klang wie der Weckruf zu einem neuen Leben und rüttelte die in ihren feudalherrlichen, mittelalterlichen Schlummer versunkenen Landsleute des Dichters zu einem bitteren Erwachen auf. Luarssab, der Hauptheld der Erzählung, ist ein Gutsbesitzer ganz urwüchsiger Art, ein Ichling und Genussmensch, der nur mit den Sinnen lebt, den Bauern knechtet und aussaugt, selbst aber von Faulheit strotzt und keine anderen Bedürfnisse als die des Leibes kennt. Seine Wirtschaft ist die denkbar uranfänglichste und kann eigentlich gar nicht als Wirtschaft bezeichnet werden, da ja die Bauern für ihn arbeiten und ihm Getreide, Wein und andere Lebensmittel fertig abliefern. Auch seine Behausung entbehrt noch aller Kultureinrichtungen und enthält fast nur Geräte, die zum Essen und Schlafen dienen. Diesen Schlemmer und Tagedieb schilderte Elias Tschawtschawadse in den lebhaftesten, naturtreuen Farben und fragte seine Landsleute, ob dies ein Mensch sei. Ein Sturm der Entrüstung erhob sich gegen den kühnen Dichter, aber allmählich brach doch bei vielen die Einsicht durch, und als bald darauf im Jahre 1863 die Ablösung der Bauern vom Frondienste erfolgte, kam für alle das Erwachen, wenn auch noch keine völlige Ernüchterung.

So wurde Elias Tschawtschawadse der Begründer des georgischen Sittenromans auf realistischer Grundlage und zeigte seinen Nachfolgern das Was und Wie seiner Fortentwickelung.

Von edeln Grundsätzen durchdrungen ist auch seine

„Erzählung eines Bettlers". Wer ihm mit Eifer folgen wollte oder konnte, hätte im Leben und den damaligen Zuständen den reichlichsten, interessantesten Stoff gefunden, aber lange blieb der Künstler aus, der es vermocht hätte mit gleichem Geschick Menschen und Dinge zu schildern.

In den siebziger Jahren erscheinen die ersten Erzählungen von Georg Zereteli, welcher in der Folge eine sehr rege schriftstellerische Tätigkeit entfaltete und der erste georgische Literat von Beruf war. Dieser im Jahre 1900 verstorbene Schriftsteller, der auch mit der deutschen Sprache und deutscher Bildung bekannt war, betätigte sich auf verschiedenen Gebieten und förderte in hervorragender Weise das georgische Zeitungswesen.

Von 1871 bis 1873 leitete er die Monatsschrift „Krebuli" (Sammlung), später das Tageblatt „Droeba" (die Zeit) und in den neunziger Jahren die Wochenschrift „Kwali" (Spur), in welchen er zahlreiche Aufsätze über verschiedene Tagesfragen, Feuilletons u. s. w. veröffentlichte.

Als Erzähler war Georg Zereteli gleichfalls ziemlich fruchtbar, und seine Schilderungen aus seiner Heimatsprovinz Imeretien sind beachtenswert; denn wenn ihnen auch eine tiefere psychologische Durcharbeitung des Stoffes abgeht, enthalten sie doch eine reiche Galerie interessanter Typen und Sittenbilder und bieten dem Leser mehr als eine oberflächliche Unterhaltung.

In „Die Blüte unseres Lebens" malt er auf anziehende Weise das Leben der Kinder, „Der erste Schritt" behandelt die Entstehungsgeschichte des georgischen Bürgertums, „Tante Asmat" ist ein buntfarbiges Gemälde aus Imeretien u. s. w. Seine Reiseskizzen aus derselben Provinz beleuchten Menschen und Zustände von der heiteren Seite und rücken viele ergötzliche Züge des Volkslebens ans Tageslicht. Hier und da zeigt sich bei Georg Zereteli ein Anflug von Humor, aber es ist nicht der leichte prickelnde, der sonst dem imeretischen Charakter eigen ist.

In eine völlig andere Welt führen die Erzählungen des
begabten, aber unglücklichen Alexander Kasbek, welcher
als Sohn eines wohlhabenden Gutsbesitzers im Jahre 1851
im Hochgebirge, am Fusse des Kasbek geboren wurde.
Dieser majestätische Gletscher heisst in der georgischen

Sprache Mkimwari und soll erst von den Russen nach dem
auf seinen Vorbergen begüterten Geschlechte der Kasbeks
so benannt worden sein. Seine Kinderjahre verlebte Alexander
Kasbek in Glück und Wohlhabenheit im Elternhause, umgeben von der prachtreichen Natur, die später den Unter-

grund aller seiner Erzählungen bilden sollte. Nach Verarmung seiner Eltern sah er sich aller Unterhaltsmittel
entblösst und fristete von nun an sein trauriges Dasein als
Schauspieler, Übersetzer von Bühnenstücken und Schriftsteller, wobei die Armut seine beständige Begleiterin war.
Zum Elend gesellten sich noch körperliche Leiden und
schliesslich eine unheilbare Gemütskrankheit, so dass er die
letzten Jahre seines Lebens im Irrenhause zubrachte.

Kasbek war der erste georgische Schriftsteller, welcher
sich die Schilderung des Volkslebens zur Aufgabe machte
und mit dieser zugleich die engere Heimatskunde in die
Literatur einführte. Die Welt, welche er erschloss, war
selbst den Georgiern des Unterlandes damals unbekannt,
und seine farbenreichen Bilder aus dem Leben der Hirten
und Sennen der Hochgebirgstäler brachten einen frischen
Hauch in die Literatur, obgleich seine Sprache nicht immer
natürlich genug ist und oft in Deklamationen ausartet. Die
Menschen, welche er schildert, erinnern sehr an die sentimentalen Gestalten unserer klassischen Hirtenpoesie, aber
im allgemeinen enthalten Kasbeks Erzählungen doch auch
zahlreiche kräftige Züge aus der Wirklichkeit, und seine
Naturgemälde zeichnen sich durch poetische Färbung aus,
entbehren aber meistens der Vollständigkeit.

Gleichzeitig mit Kasbek traten N. Lomauri und Katherina
Gabaschwili auf, welche ihre Stoffe dem Landleben in
Kartlien entnahmen. Des ersteren Erzählung „Ali" ist ein
beliebtes Volksbuch geworden, während Frau Gabaschwilis
Sittenbilder, obgleich realistisch in ihrer Schilderung der
Äusserlichkeiten, zu stark mit Sentimentalität durchsetzt
sind, um einen kräftigeren Geschmack zu befriedigen. Sie
erzählt sehr umständlich von des Bauern Arbeiten und
Nöten, aber ohne besondere Kunst, und ihr aus jeder Zeile
sprechendes Bestreben, den Leser zu rühren, schwächt oft
sogar die mögliche Wirklichkeit.

Deutlich und kräftig hebt sich ab aus der Schar der
Belletristen die wuchtige Charaktergestalt des schon als

Dichter erwähnten Akaki Zereteli, der alle Literaturgattungen beherrscht und mit Kunst und Liebe auch die Erzählung, besonders die geschichtliche, pflegt. Zum geistreichen Erzähler ist er geboren und unerschöpflich im Finden; denn in keinem georgischen Schriftsteller kommt der dem ésprit gaulois so nahe verwandte ésprit imérétien, dieser erfinderische, poetisierende imeretische Geist, so kräftig zum Ausdruck, wie bei Akaki Zereteli. Reichhaltige, farbenschöne Bilder fliessen aus seiner Feder, er beherrscht den Stoff mit seltenem Geschick, und der Leser folgt ihm mit Vergnügen und einer sich steigernden Begierde.

Was hätte dieser Schriftsteller bei einer strengen Selbstzucht werden können! Aber die Selbstzucht widerspricht ja dem imeretischen Charakter, von Vollkommenheit ist hier keine Rede, und der Dichter ist zu nehmen, wie er sich geben kann.

In den neunziger Jahren tauchen in der georgischen Literatur neue Leute auf, die nicht mehr die Selbstherrlichkeit des ritterlichen Übermenschen in sich tragen, sondern aus schlichten Hütten kommen und vor allem die Leiden und Freuden ihrer Standesgenossen ihrer Betrachtung unterziehen.

Einer von ihnen war J. Ninoschwili, der Sohn eines armen Landmannes aus Gurien, welcher den schweren Kampf ums Dasein an sich selbst erfuhr und mit der dem gurischen Volksstamme eigenen Ausdauer die Stufenleiter des self made man erstieg. Anfänglich Grubenarbeiter, wurde er später Schriftsetzer, dann Dorfschullehrer und Gemeindeschreiber und hätte sich vielleicht mit der Zeit eine bessere Lebensstellung errungen, wenn nicht ein unheilbares körperliches Leiden seine Kräfte zerstört hätte. Noch im Jugendalter starb er im Jahre 1894 in seinem Heimatsdorfe Tschaotschati an der Schwindsucht.

Seine Erzählungen „Der Gemeindeschreiber Moses“, „Ein Ritter unserer Zeit“ u. s. w. richten sich fast ausschliesslich gegen die von der Sittenverderbnis des Stadtlebens angesteckten Spekulanten, welche mit einem Splitter von Halbbildung, aber mit Lastern reich ausgestattet aufs Land zurückkehren und sich die Einfalt und Unerfahrenheit der Bauern zu nutze machen. Seine Helden sind Bauernfänger und Wucherer, Winkel-Advokaten und ähnliches Gesindel, und er malt ihr Treiben mit nicht geringem Geschick und grosser Sachkenntnis.

Auf dem Pfade, den Ninoschwili zuerst betrat, wandeln heute auch andere. Die Schilderung des eigentlichen Volkslebens

Gurier.

nimmt in der georgischen Literatur immer mehr zu an Umfang, wobei jedoch die Tendenzen verschieden sind.

Dedabrischwili (Aragwispireli) war anfänglich der ausgeprägteste von ihnen, während seine neueren Novellen und Skizzen mehr persönliche Stimmung wiedergeben. Mehr Betrachtung als Handlung findet man bei Dekanosischwili, Surabischwili und einigen anderen.

Die Zahl der Sittenschilderer vermehrt sich zusehends, und auch die psychologische Richtung hat mehrere Vertreter, aber fast alle sind noch Anfänger, und ihre Schriften bilden noch keine abgeklärte, in ihrem Wesen scharf hervortretende Ganzheit.

Der tüchtigste aller jüngeren Erzähler ist ohne Zweifel David Kldiaschwili, welcher mit Humor das Landleben in seiner Heimat Unterimeretien malt. Menschen und Dinge, besonders das Schalten und Walten der kleinen Gutsbesitzer, kommen bei ihm zur Darstellung. Mit Humor führt Kldiaschwili eine lange Reihe von Typen und Charaktergestalten vor und regt doch dabei den Leser zu ernsten Betrachtungen an.

Der Griff ins reiche Menschenleben, welchen dieser Schriftsteller getan, war glücklich, und nach vollständiger Ausreifung seiner Fähigkeiten kann er vielleicht seine heimatliche Literatur noch mit einem Meisterwerk bereichern. Was diese bis heute an erzählenden Werken besitzt, darf nur als Grundlage für den ferneren Ausbau einer neuen Kunst angesehen werden; denn selbst die besten georgischen Erzählungen leiden mit sehr wenigen Ausnahmen noch an den Mängeln, die hauptsächlich von Unsicherheit und ungenügender Schulung herrühren.

Wissenschaften

Die wissenschaftliche Tätigkeit des georgischen Volkes ist selbstverständlich noch eine sehr beschränkte; denn als es vor ungefähr 50 Jahren begann, ein neues geistiges Leben anzubahnen, war es für dieses Unternehmen vollständig mittellos und besass nicht einmal Schulbücher, welche einem mittelmässigen Unterricht hätten genügen können. Durch die Einführung der russischen Unterrichtssprache erhielt die Bildung der Jugend ein russisches Gepräge, und die Entwickelung einer eigenen wissenschaftlichen Tätigkeit wurde für die Georgier, soweit sie die Berufsdisziplinen betrifft, sehr schwierig. Die russischen Hochschulen und die russische Literatur liefern den Georgiern alles, was für eine moderne Bildung nötig ist, die russische Übersetzungsliteratur vermittelt ihnen die wissenschaftlichen Fortschritte und Errungenschaften der westeuropäischen Völker, und die russische Kultur ist für sie überhaupt die Stütze, an welcher sie ihre eigene Neukultur aufbauen. Nur in sehr beschränktem Masse haben sie unmittelbare Fühlung mit anderen Kulturen, da sie bis jetzt zur Erlernung der westeuropäischen Sprachen weder besondere Fähigkeit noch Neigung an den Tag legten. Leute mit einer gründlichen Kenntnis der französischen oder deutschen Sprache sind keineswegs zahlreich.

Die Georgier sind keine Weltbürger wie die Armenier, sie hängen viel fester an ihrer Heimat, verlassen diese nur sehr ungern und besitzen auch eine nur geringe Empfäng-

lichkeit für fremdes Wesen, welcher Umstand aber auch
ihrem Volkstum zu gute kommt. Ihr Mangel an Rührig-
keit beeinträchtigt jedoch wieder ihren Fortschritt in der
Kultur und hält besonders die Entwickelung ihres geistigen
Lebens auf. Den Mangel an wissenschaftlichem Eigentum
können sie natürlich nur durch emsiges Übertragen fremdländischer Werke ersetzen, aber auch hier sind ihre
Leistungen noch höchst geringfügig, und wenn auch die
spärlichen Mittel, welche ihnen zur Verfügung stehen, die
Hauptschuld daran tragen, so rührt doch dieser weite Rück-
stand nicht zum mindesten her von ihrem Mangel an Streb-
samkeit.

Ihre selbständige wissenschaftliche Tätigkeit beschränkt
sich bis jetzt auf die Geschichte und Volkskunde ihres
Landes, und auf diesen Gebieten machten sie besonders in
den letzten Jahren erhebliche Fortschritte.

Die Geschichte Georgiens, über deren Quellen ich in
dem Abschnitte „Kulturleben" einiges bemerke, ist in vieler
Hinsicht verworren, unsicher und sogar dunkel, und ihre
endgültige Erforschung und Klärung erfordert noch langwierige und mühselige Arbeit. Der Schöpfer der georgischen
Geschichtsforschung war keineswegs ein Georgier, sondern
ein Franzose, der St. Petersburger Akademiker M. Brosset,
welcher mit bewunderungswürdigem Fleiss ein ganzes
Menschenleben lang dem Studium der georgischen Geschichte
oblag und die Grundlagen zu allen weiteren Arbeiten schuf.
Sein Hauptwerk ist die Übersetzung fast aller zu seiner
Zeit bekannt gewesenen Chroniken, welche unter dem Titel
„Histoire de la Géorgie" im Jahre 1849 in St. Petersburg
erschien. Diesem folgten ergänzende und kritische Arbeiten
„Additions et éclaircissements", „Introduction à l'histoire
de la Géorgie" u. s. w. Die Verdienste, welche sich Brosset
um die Geschichts- und Altertumsforschung Georgiens erwarb, sind unschätzbar, und wenn auch heute bei der fort-
schreitenden Sichtung und Klarlegung des von ihm ziemlich roh belassenen Stoffes immer mehr die Mängel seiner

Methode und Anschauungen hervor treten, steht doch fest, dass er die sachliche Erforschung der georgischen Vergangenheit als musterhafter Gelehrter seinerzeit betrieb. In das Wesen des georgischen Volkes ist jedoch Brosset nicht eingedrungen, für Völkerpsychologie scheint er kein Verständnis gehabt zu haben, und über der Feststellung von Daten und oft völlig bedeutungsloser Persönlichkeiten vernachlässigte er die kulturelle Seite. Er war eben ein Gelehrter der alten Schule, für die die Prüfung der Quellen, die Feststellung der Begebenheiten und die genaue Legitimation ihrer Urheber die Hauptsache waren.

Heute sind seine Werke von georgischen Schriftstellern, die zum Teil weniger Gelehrsamkeit als er besitzen, in vieler Hinsicht überholt worden, und die eigentliche Entwickelungsgeschichte des georgischen Volkes, welche Brosset gar nicht berührte, wird mehr und mehr zur Geltung gebracht.

Schon Brossets Zeitgenosse Platon Josseliani (1810 bis 1875) arbeitete emsig auf dem Gebiet der Altertumskunde, wobei er besonders den kirchlichen Zuständen der Vergangenheit seine Aufmerksamkeit zuwandte. Er beschrieb unter anderem zahlreiche georgische Klöster und verfasste eine „Geschichte der georgischen Kirche". In seinen, meistens in russischer Sprache veröffentlichten, Arbeiten ist jedoch nur der stoffliche Inhalt von Wert, während seine Erwägungen von jeglicher Kritik himmelweit entfernt sind und nichts weiter enthalten als geschmacklose Gespinste der Einbildungskraft.

Ein ernster Forscher war dagegen Dimitri Bakradse (1828—1890), welcher das georgische Altertum bis in die entlegensten Zeiten in verschiedenen Erscheinungen aufzuklären strebte. Er schrieb eine „Geschichte Georgiens", gab die „Geschichte Georgiens" vom Prinzen Wachuschti heraus und verfasste ausserdem zahlreiche Studien über die Geschichte und Altertumskunde des Kaukasus und seines engeren Vaterlandes.

Die Kulturgeschichte einzelner Zeiträume leitete Niko Chisanaschwili (Urbneli) ein mit seinen gediegenen Arbeiten „David, der Wiederhersteller", „Georg, der Glanzreiche" und anderen über die Entstehung des georgischen Rechtes u. s. w. In seinen beiden Hauptwerken sucht er die Beeinflussungen der byzantinischen, arabischen und persischen Kultur auf die Entwickelung seines Volkes darzulegen und verfolgt auf diesem Pfade die Entwickelung des nationalen Lebens.

Wertvoll sind die kritischen Textausgaben alter Chroniken von E. Takaischwili, der sich in der Erforschung des georgischen Altertums in hervorragender Weise betätigt und als tüchtiger Kenner der byzantinischen Geschichte den griechischen Einfluss in seiner Tragweite festzustellen sucht. Schordania ist gleichfalls als Herausgeber alter Chroniken und anderer Geschichtsquellen tätig, während Dschanaschwili in zahlreichen Schriften die Literatur und das Kulturleben in verschiedenen Zeitabschnitten schildert. Die Erforschung der Vergangenheit wird überhaupt jetzt ziemlich vielseitig betrieben, aber den meisten Arbeiten mangelt es an Vertiefung und Gründlichkeit.

Die georgische Literaturgeschichte wurde zuerst von Alexander Zagareli, dem Professor der georgischen Sprache an der St. Petersburger Hochschule, einer wissenschaftlichen Klarlegung unterzogen. Besonders wichtig sind seine Arbeiten über die Literaturdenkmäler des georgischen Mittelalters. Durch seine Studien über die Herkunft und Ursprungszeit derselben hat er auch die Erforschung der georgischen Kirchengeschichte gefördert. Hohen Wert haben die literargeschichtlichen Forschungen von N. Marr, die aber einen zu einseitig philologischen Charakter besitzen, um ein allgemeines Interesse zu wecken.

Umfangreich sind die Arbeiten des noch jugendlichen Alexander Chachanaschwili, des rührigsten und fruchtbarsten georgischen Schriftstellers der Gegenwart. Seine Studien umfassen nicht nur die gesamte georgische Literatur, sondern auch die Volkskunde, Mythologie und Volkspoesie.

Bei dieser Zersplitterung leiden seine Werke natürlich sehr
an Flüchtigkeit und Unvollständigkeit, und es wäre zu
wünschen, dass dieser sehr kenntnisreiche Forscher dem
Gebiet seiner Tätigkeit engere Grenzen zöge. Das Haupt-

werk Chachanaschwilis ist die in diesem Buche oftmals erwähnte „Georgische Literaturgeschichte", welche er in
russischer Sprache verfasste und die bei einer Überfüllung
des stofflichen Inhalts den Zusammenhang des Kulturlebens

mit der geistigen Entwickelung in nicht genügend folgerichtiger und klarer Darstellung bringt.

Auch auf anderen Gebieten der georgischen Altertumskunde betätigt sich Chachanaschwili, und man kann sagen, dass alle Forschungen, auch diejenigen, welche von anderen unternommen werden, in ihm ihren Erklärer und Ausleger finden. Zu erwähnen sind noch seine mythologischen Studien und Arbeiten über die Volkspoesie. Manche derselben berühren das Gebiet der eigentlichen Volkskunde, welche in den letzten zwei Jahrzehnten von zahlreichen Schriftstellern, wie Urbneli (Niko Chisanaschwili), Rafael Eristawi, Peter Umikaschwili, Agniaschwili, Rostomaschwili, Ssachokia, Rasikaschwili, Nischeradse und anderen gepflegt wurde. Die meisten dieser Arbeiten beruhen auf gründlicher Kenntnis der beschriebenen Landesteile, und die Materialien, welche in der letzten Zeit in georgischen Zeitungen und Zeitschriften veröffentlicht wurden, sind unentbehrlich für jeden Forscher des georgischen Volkes. Nur bei der ausgiebigsten Benutzung dieser Quellen kann eine richtige Darstellung des georgischen Volkes erreicht werden, was natürlich bei Schriftstellern, welche der georgischen Sprache unkundig sind, nicht möglich ist. Aber gerade an Werken solcher Autoren, die aus zweiter und dritter Hand schöpfen und nichts weiter als aus zehn Büchern ein elftes, überflüssiges machen, ist leider kein Mangel.

Noch sehr öde sieht es auf dem Gebiete der georgischen Sprachforschung aus. Die wenigen europäischen Gelehrten, welche sich mit dieser Sprache befassten, sind in ihren Forschungen nicht weit gekommen und haben zur Feststellung der georgischen Sprachgesetze sehr wenig beigetragen. Hugo Schuchardt, von welchem wertvolle Ergebnisse zu erwarten waren, hat leider bis jetzt das Studium der georgischen Sprache nur nebenbei betrieben, so dass er zum eigentlichen Kern der Sache, nämlich dem verworrenen Zeitwort, noch nicht gelangt ist. Unter den Georgiern selbst

waren es D. Tschubinaschwili und Alexander Zagareli, welche
bisher in der Sprachforschung das bedeutendste leisteten.
Der erstere war Verfasser des noch heute vollständigsten

georgisch-russischen und russisch-georgischen Wörterbuches,
einer Sprachlehre und anderer einschlägiger Arbeiten, während Alexander Zagareli Untersuchungen über die mingre-
lische Mundart und alte Texte mit kritischen Anmerkungen

veröffentlichte. Auch Tscharaja untersuchte den mingrelischen Dialekt und Sserebriakow, Dodaschwili, D. Kipiani, Kutateladse, Th. Shordania und andere die georgische Sprache im allgemeinen, ohne jedoch ihre Unklarheiten gänzlich beseitigt zu haben.

Die Jugendliteratur, deren Bedeutung für die Pflege der Muttersprache von den Georgiern längst erkannt wurde, hat in den letzten Jahren fleissige und einsichtsvolle Förderer gefunden. Die Mehrzahl der Jugendschriften besteht allerdings aus Übersetzungen, aber auch die heimische Produktion nimmt zu, und einige Bücher wie „Deda ena" (Muttersprache) und „Bunebis kari" (Tor zur Erkenntnis der Natur) von Jakob Gogebaschwili zeichnen sich durch Gediegenheit und fassliche Darstellung aus. Um das heimische Erziehungswesen hat sich dieser Schriftsteller durch zahlreiche Arbeiten grosse Verdienste erworben, während Nikolaus Zchwetadse für das Schulwesen als Vorsteher der Tifliser georgischen Adelsschule und des georgischen Bildungsvereins unermüdlich tätig ist. An diese beiden Veteranen reiht sich eine Schar jüngerer Lehrer und Schriftsteller, die auch zum Teil an der von Anastasia Zereteli geleiteten Monatsschrift „Dschedschili" (die Flur) mitwirken.

Das georgische Zeitungswesen, welches erst in der zweiten Hälfte des 19. Jahrhunderts festere Grundlagen fand, entwickelt sich ziemlich langsam, hat aber im öffentlichen Leben doch schon eine nicht zu unterschätzende Bedeutung erlangt. Der eigentliche Vater der georgischen Journalistik war Sergius Meschi, welcher viele Jahre hindurch mit unermüdlicher Ausdauer das erste Tageblatt „Droeba" (die Zeit) leitete. Dieser uneigennützige Mann, welcher dem Unternehmen nicht nur Zeit und Mühe, sondern auch seine Gesundheit opferte, ist bewundernswert, und wie klein auch sein Wirkungskreis war, wird doch Meschis aufopfernde Tätigkeit bei den Georgiern stets in gutem Andenken bleiben. Noch heute wirft keine georgische Zeitung soviel ab, um ihren Mitarbeitern den Unterhalt zu sichern, aber noch viel geringer waren die Einnahmen vor mehr als zwanzig Jahren, als Meschi das damals einzige Tageblatt „Droeba" herausgab.

Seit jener Zeit haben sich die Verhältnisse bedeutend

geändert, die Zahl der Leser hat erheblich zugenommen, und auch die frühere kleine, aber einmütige Schar der Tagesschriftsteller ist zu einer vielköpfigen, jedoch vom Parteiengeist zerrissenen Schar herangewachsen, allein wirklich geschulte, vielseitig gebildete Journalisten haben die Georgier auch heute noch nicht. Fast alle Mitarbeiter sind Gelegenheitsschriftsteller, die nur bei gewissen Anlässen zur Feder greifen und daher nur selten eine gewisse Kunstfertigkeit erreichen. Trotzdem ist in jeder Hinsicht das ernsthafte Bestreben nach gründlicher Prüfung aller die wirtschaftliche und kulturelle Entwickelung des

Landes betreffenden Fragen unverkennbar. und da sowohl
allgemeine wie auch fachmännische Bildung in immer weitere
Kreise eindringt, wird auch das georgische Zeitungswesen
in seiner Entwickelung nicht stehen bleiben.

Bei der Besprechung von öffentlichen Angelegenheiten
und Tagesfragen tritt im allgemeinen ein polemischer Ton
hervor, denn angesichts der Kleinheit der Verhältnisse gewinnt die Meinungsverschiedenheit an Wucht und zieht auch
persönliche Neigungen und Abneigungen in ihren Bereich.

Reichhaltig ist die Berichterstattung aus der Provinz,
während Berichte aus dem Auslande selten erscheinen und
meistens von Studenten herrühren.

Eine wichtige Rolle spielt in den georgischen Blättern
das Feuilleton. Es ist überwiegend literarisch, enthält ausser
Chroniken Novellen, Gedichte und wissenschaftliche Aufsätze und vermittelt dem Leser fortlaufend die neueste
Literatur.

Viel Wert legt übrigens der Georgier auf witzige und
launige Schilderungen und sieht es gern, wenn auch die
Tagesereignisse in solchem Tone besprochen werden. Gemütlichkeit und Humor sind ihm eben in hohem Grade
eigen.

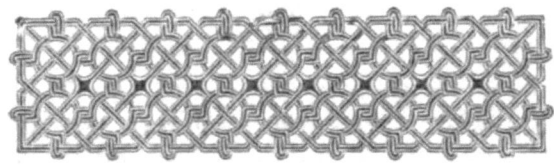

Baukunst, Theater und Musik

1.

Die einzige Kunst, welche die alten Georgier pflegten, war die kirchliche, deren erste Muster sie von den Byzantinern entlehnten. Die byzantinische Urform erfuhr jedoch in Georgien eine beträchtliche Umbildung, welche den georgischen Kirchenstil hervorbrachte. Dieser gleicht in fast allen Teilen dem armenischen, so dass also die Frage entsteht, ob ihn die Georgier selbst ausarbeiteten oder von den Armeniern übernahmen. Die wenigen Altertumsforscher, welche sich bis jetzt mit der georgisch-armenischen Kirchenbaukunst befassten, haben diese Frage noch keineswegs gelöst; denn während georgische Forscher die Ausarbeitung ihren Vorfahren zuschreiben, enthält sich Kondakow, der gründlichste Kenner dieser Materie, eines abschliessenden Urteils und gesteht offen zu, dass es ihm nicht gelungen sei, die örtliche Herkunft des georgisch-armenischen Kirchenstils endgültig festzustellen. Der eben genannte russische Gelehrte meint in demselben romanische Motive zu erkennen, eine Ansicht, welche sich jedoch nicht leicht begründen lässt, da vor allem die zeitlichen Anhaltspunkte fehlen. Höchst wahrscheinlich waren bei der Ausbildung der georgischen Kirchen aus der byzantinischen Urform syrische Einflüsse tätig, was auch Kondakow zugibt.

Der Grundriss der georgischen Kirchen ist wie der der späteren byzantinischen viereckig, aber meistens länglich. Der Bau besteht aus dem Schiff und dem Altarraum (Apsis), während eine Vorhalle (Narthex) nur bei den ältesten zu

finden ist und sonst gewöhnlich durch ein Portal ersetzt
wird. Der innere Hauptraum zerfällt in das Hauptschiff
und zwei von diesem durch schwere Pfeiler getrennte
Nebenschiffe, und so auch der Altarraum in drei Apsiden.
Die georgischen Kirchen haben immer nur eine Kuppel,
welche sich über dem Mittelbau erhebt. Sie besteht aus
einem vieleckigen (niemals runden) Unterbau und einem
spitzigen Dach, welches ebensoviele Flächen hat, als der
Unterbau Seiten. Die Kuppel gleicht also eigentlich einem
Turm, und in ihr liegt eins der Hauptkennzeichen, durch
welche sich der georgische Kirchenstil vom byzantinischen
unterscheidet. Über die Entstehung dieser Eigenart weiss
Kondakow keinen bestimmten Aufschluss zu geben, aber
anstatt ihn wie andere Forscher klimatischen und tech-
nischen Umständen zuzuschreiben, führt er ihn mit, wie es
scheint, richtiger Erkenntnis auf ein allgemeines Entwicke-
lungsgesetz der Baukunst zurück. zumal auch die georgische
Kuppel von Anfang an die Erhöhung der äusseren Zierde
bezweckte. Für die innere Ausschmückung der georgischen
Kirchen wurde von jeher wenig Sorge getragen und dagegen mehr für die Verzierung der Fassade, der äusseren
Seitenwände und sogar der Apsiswand getan. Dass dabei
auch die Kuppel allmählich diesem Streben unterzogen und
dementsprechend umgestaltet wurde, bis sie die spätere
Kegelform erhielt, scheint wahrscheinlich zu sein. Übrigens
ist dieser Kuppelturm ziemlich einfach, aber doch geschmackvoll, und eben deswegen weckt sein Ursprung das Interesse
des Kunstfreundes.

Die Aussenwände, von welchen die hintere an der
Apsis mitunter halbbogenförmig heraustritt, bestehen durchweg aus drei Teilen, nämlich aus dem in die Höhe strebenden Mittel- oder Frontteil und zwei Seitenflügeln. Der
mittlere Teil hat immer einen spitzigen, über das Dach
emporragenden Giebel, während die beiden Flügel nur bis
an dieses reichen, so dass ihr meistens einfaches Karnies
unter der Dachlinie hinläuft. Die Fenster sind auf den

Aussenseiten oft durch schlanke Halbsäulen getrennt, welche,
wie an der Klosterkirche zu Gelati bei Kutais, durch romanische Bogen verbunden werden. Diese Nebeneinander-
setzung von Rundbogen und spitzig auslaufenden Giebeln
verleiht den georgischen Kirchen ein ungemein gefälliges
Aussehen. Die geraden Linien herrschen jedoch vor und

Kloster des heiligen Theodor.

auch die sehr reichen Ornamente, nämlich die in Stein ge-
meisselten Einfassungen von Fenstern, Türen und Bogen,
bestehen meistens aus geraden, allerdings sehr geschmackvoll verflochtenen Linien. Seltener sind Rosetten und Blätter-
verzierungen. Diese Ornamente sind die einzigen Spuren
georgischer Skulptur, und wenn sie auch hier und da eine
wirklich künstlerische Ausbildung erreichen, dürfen sie doch
nur als eine Unterstufe der Bildhauerei angesehen werden.
Für plastische Kunst hat der Georgier wenig Sinn, und
dieser Mangel mag auch die innere Ausstattung der georgischen Kirchen aufgehalten haben. Ihr Inneres ist höchst
arm an Ornamenten, und auch die Kapitäle der Säulen sind

in den meisten Fällen nur würfelartig. Eine Ausnahme
machen wenige Kirchen, wie z. B. die von Chopi in Mingrelien, die überhaupt als eins der prächtigsten georgischen
Baudenkmäler gelten kann. In fernen Jahrhunderten scheint
die Wandmalerei geblüht zu haben, aber sie entwickelte
sich wenig, und was sich von Wandgemälden erhalten hat,
zeugt von einem schon verkümmerten byzantinischen Stile.
Übrigens finden sich unter den Wandgemälden (Gelati,
Mzchet u. s. w.) auch zahlreiche Bildnisse von Königen, ihren
Gemahlinnen, Kirchenfürsten u. s. w., so dass hier wie in
Trapezunt unter den Komnenen sich die Darstellung kirchlicher mit weltlichen Personen verband, und diese Bildnerei
dank den Inschriften einen geschichtlich urkundlichen Wert
besitzt.

Im ganzen genommen macht der georgische Kirchenstil einen angenehmen, heitern Eindruck, aber er ist doch
arm, und man erkennt allenthalben, dass er in seiner Entfaltung stehen geblieben und nur zum Teil das erreichte,
was er anfänglich erstrebt hatte. Die Ursache dieser
Stockung waren ohne Zweifel die unaufhörlichen Kriegs-
unruhen und Verwüstungen des Landes. Je älter die erhaltenen Baudenkmäler sind, desto kunstvoller ist ihre Ausstattung; denn als die Macht des Staates zu Fall kam und
die Sicherheit schwand, musste auch ein Niedergang der
Kunst eintreten. Es gebrach dann nicht nur an Baumeistern,
sondern auch an Zeit und Ruhe. Beim Bau neuer Kirchen
wurden sorgfältig die schwieriger herzustellenden Reste ver-
fallener Gebäude verwendet, und so behalf man sich mit
Flickarbeit, anstatt Neues und Vollkommeneres zu schaffen.
In den letzten Jahrhunderten baute man nur noch nach
alten Mustern, das Verständnis für die heimische Kunst war
abhanden gekommen, und die Baumeister waren Tüftler,
anstatt schaffende Künstler zu sein. An solchen fehlt es
auch heute noch, so dass die Gegenwart nur von der Nachahmung lebt.

2.

Die dramatische Kunst war den Georgiern bis gegen das Ende des 18. Jahrhunderts unbekannt. Die Entfernung und Abgeschlossenheit von der europäischen Kulturwelt machte bei den damaligen Zuständen jede künstlerische Einwirkung vom Abendlande her unmöglich, und im georgischen Volksleben selbst hatten sich bis dahin keinerlei Spiele entwickelt, welche als Anfänge der Schauspielkunst hätten gelten können. Auch Puppenspiele und Harlekinaden, wie sie noch heute in Persien aufgeführt werden, waren den Georgiern unbekannt, und nur zwei Maskenaufzüge, die sich bis in unsere Zeit erhalten haben, aber deren einer (Keenoba) vielleicht um das Ende des 18. Jahrhunderts entstand, enthalten einigen Rohstoff schauspielerischer Art.

Das Keenoba findet am ersten Montag der grossen Fasten statt und scheint eine Verhöhnung der Perser darzustellen, während Chachanow in demselben heidnische Überlieferungen zu erblicken meint. Die letztere Annahme ist jedoch sehr unwahrscheinlich.

Die Hauptperson dieses Aufzuges ist der Keeni oder Schah von Persien, welcher, das Gesicht mit Russ geschwärzt, in einem umgekehrten Pelz, mit einer Filzmütze auf dem Kopfe, auf einem Esel einherreitet. Von seinem Gefolge und Musikanten begleitet, zieht er von Gasse zu Gasse, dringt in die Häuser ein, um die Kinder zu erschrecken, und sammelt für sich und sein Gefolge verschiedene Gaben, welche in Lebensmitteln und Geld bestehen. Wie Chachanow erzählt, wurde er früher nach längerem Umherziehen mit Geschrei und Lärm ins Wasser geschleppt, wo er Gelegenheit fand, sein Gesicht zu waschen. Ein anderes Maskenspiel, „Berikoba", wird in der Faschingswoche aufgeführt. Gesprochen wird auch hier nichts, und der ganze Scherz beschränkt sich auf eine sehr einfache Gebärdensprache.

Bis gegen das Ende des 18. Jahrhunderts scheinen die Georgier von der dramatischen Kunst nur einen dunkeln

Begriff gehabt zu haben, und erst im Jahre 1791, als einige
aus Russland zurückgekehrte junge Leute am Hofe des
Königs Heraklius II. mehrere theatralische Aufführungen
veranstalteten, fanden sie Gelegenheit, sich mit ihr bekannt
zu machen. Diese ersten Versuche hatten jedoch keine
Fortsetzung, und während der folgenden sechs Jahrzehnte
unternahm niemand eine Wiederholung, denn es war weder
das Bedürfnis noch die Möglichkeit dazu vorhanden.

Endlich im Jahre 1850 wurde von Georg Eristawi der
Grundstein für die georgische Bühnenkunst gelegt, und man
kann sagen, dass dieser vielseitig gebildete Mann nicht nur
Sinn und Verständnis für das Theater, sondern auch das
richtige Gefühl für die Bedürfnisse seiner Landsleute besass.
Eristawi hatte sich während eines mehrjährigen Aufenthaltes in Polen eine nicht geringe Kenntnis der Literatur
und dramatischen Kunst dieses Landes angeeignet, und diese
kam ihm nach seiner Rückkehr in die Heimat sehr zu statten.
Da in Tiflis schon damals oft russische Schauspiele statt-
fanden und der damalige kaukasische Statthalter, Fürst
Woronzo, das Bühnenwesen nachhaltig förderte, fand Eristawi
hier die nötige Anspornung und Möglichkeit seinen vielleicht
schon in der Fremde gefassten Plan auszuführen. Leicht
war seine Aufgabe jedoch nicht; denn es galt vorerst ein
Repertoire zu schaffen und Leute ausfindig zu machen,
welche sich zu Darstellern eigneten. Alles dies konnte nur
er allein ausführen, und so wurde er der erste georgische
Bühnenschriftsteller und der erste Bildner georgischer Schauspieler. Was er schuf, schuf er aus dem Leben seiner
Heimat heraus. Er verpflanzte nicht fremde, unverständ-
liche Stücke auf die neue Bühne, sondern brachte Menschen
und Zustände seines Landes zur Darstellung. Ohne Zweifel
war hierbei der bekannte polnische Lustspieldichter Alexander
Fredro (1793—1876) massgebend für ihn. Wie dieser die
klassischen französischen Schauspiele von der polnischen
Bühne verdrängte und mit Erfolg das polnische Lustspiel
einführte, fing auch Eristawi sogleich an dem eigenen Volks-

leben den Spiegel vorzuhalten, anstatt ideale Menschen aus
der Fremde zu holen und seine urwüchsigen Landsleute mit
den Grosstaten unerreichbarer Helden zu langweilen.

Typische, eigenartige Gestalten fand er im Überfluss
unter dem zahlreichen Landadel, der damals auch nur allein
die Theaterbesucher und in der ersten Zeit sogar alle Darsteller lieferte. Sein erstes Lustspiel „Hakra" (die Teilung),
welches am 2. Januar 1850 zur Aufführung gelangte, wurde

Ananaur.

von Liebhabern gespielt, welche ausschliesslich der adeligen
Gesellschaft angehörten. Auch bei den Aufführungen seiner
folgenden Stücke waren Liebhaber tätig, denn wirkliche
Schauspieler von Beruf erschienen erst in den siebziger
Jahren auf der georgischen Bühne.

Im ganzen schrieb Georg Eristawi sechs Lustspiele
und ein Drama „Der Atabeg Kwarkware", deren Vorwürfe
er dem georgischen Leben entnahm. Heute sind dieselben
zum Teil veraltet, aber dieser Umstand beeinträchtigt
Eristawis Verdienste nicht im geringsten, und als Schöpfer

des georgischen Theaters und einer neuen Literaturgattung
wird er fortleben in der Erinnerung seiner Landsleute. Trotz
aller seiner Bemühungen fand jedoch die neue Bühne nicht
sobald den Anklang, welchen er erhofft hatte; denn das
Verständnis für dieselbe brach sich nur langsam Bahn, und
die Zuschauerschaft war in der ersten Zeit keineswegs zahlreich. Erst in den letzten Jahrzehnten des vorigen Jahrhunderts, als der Bürgerstand allmählich erstarkte, wurde
das Theater ein wirklich wichtiger Faktor im Leben des
georgischen Volkes. Zu seiner Hebung trug nicht wenig
Georg Eristawis Sohn David bei, welcher sich auch als
Übersetzer und Bearbeiter fremdländischer Bühnenstücke
betätigte. Grossen Erfolg hatte sein Drama „Samschoblo"
(das Vaterland), das einzige heimische Trauerspiel, welches
sich seit ungefähr 20 Jahren auf den Brettern behauptet.

Begabte und fruchtbare Schriftsteller, welche es vermocht hätten, Werke von dauerndem Wert zu schaffen, sind
bis jetzt noch nicht erschienen. Das heimische Leben kam
allerdings oft zur Darstellung, manches Stück zog einige
Zeit lang, aber die Kunst kam dabei wenig vorwärts, wenn
auch das Interesse für heimische Stoffe immer reger wurde.
Aus dieser reichen Fundgrube echtes Gold ans Tageslicht
zu fördern, ist noch keinem gelungen, und auch die sehr
beliebten Lustspiele des im August 1902 verstorbenen
Akwsenti Zagareli haben nur den Vorzug, echte Volksstücke
zu sein, und wirken mehr durch lächerliche Verzerrungen
der Charaktere und Situationen als durch kunstrechte, ge-
schickte Führung der Handlung. Aber die georgischen
Schauspieler sind frische, natürliche und verständige Künstler.
Ihr Spiel ist temperamentvoll, einfach und doch so mannig-
fach in seinen Schattierungen, dass sie auch in schlechten
Rollen noch interessant erscheinen. Gerade in der Frische
und Ungezwungenheit der georgischen Schauspielerschaft
liegt die Stärke des georgischen Theaters, welches sich
heute noch zum grössten Teil mit Übersetzungen behelfen
muss. Von Shakespeare, Molière und Schiller angefangen

ist es über Alexander Dumas, Sardou und viele andere französische und russische Bühnendichter bis auf Ibsen, Sudermann und Hauptmann gekommen, aber Shakespeare und Schiller finden auch heute noch den früheren Beifall, was gewiss die Geschmacksrichtung der Georgier kennzeichnet. Von Shakespeares Dramen sind allerdings nur einige in georgischer Übersetzung vorhanden, aber dies sind auch die bedeutendsten und berühmtesten. Die Mehrzahl wurde von Wano Matschabuli übertragen, welcher gleichfalls ein gediegener Kenner deutscher Literatur war und mehrere Jahre die Zeitung „Droeba" leitete. Deutsche Bühnenwerke kamen bis vor wenigen Jahren selten zur Aufführung, und erst als das deutsche Drama wieder lebenskräftiger wurde und anfing eine der Wirklichkeit entspriessende Ethik in sich aufzunehmen, wandten ihm die Georgier ihre Aufmerksamkeit zu und bringen ihm ein Verständnis entgegen, welches von ihrer geistigen Kultur ein gutes Zeugnis ablegt.

Den nachhaltigsten Einfluss erfuhr und erfährt die georgische Bühne von der russischen, und die Hälfte aller Übersetzungsstücke sind russischen Ursprungs. Gogols „Revisor", die Lustspiele von Ostrowsky und einigen anderen behaupten sich mit gleicher Zugkraft.

Ihrem Charakter und ihrer Gemütsart entsprechend hegen natürlich die Georgier eine grosse Vorliebe für das Lustspiel, für welches sie auch fähigere Darsteller besitzen als für das Drama. Ein ausgezeichneter Komiker ist Basilius Abaschidse, und er ist es nicht nur in typischen Rollen georgischer Prägung, sondern gleichfalls in Rollen allgemeiner Art. Zwei Jahrzehnte hindurch war dieser Künstler die gediegenste Kraft des Tifliser georgischen Theaters. Seine Gattin und nicht minder die urwüchsige Frau Gabunia wirkten mit grossem Erfolge ebenso lange, und der neue Nachwuchs hat sich hauptsächlich an ihnen herangebildet. Im Drama ist Meschischwili hervorragend, während im übrigen dieses Fach noch weit zurücksteht.

Gegenwärtig besitzen die Georgier je eine ständige Schauspielergesellschaft in Tiflis und Kutais, aber auch an anderen Orten und selbst in Dörfern werden von Zeit zu Zeit Vorstellungen gegeben, an welchen oft Liebhaber teil nehmen. Der Sinn für die Schauspielkunst ist schon in weite Kreise gedrungen, und da die Georgier für dieselbe unverkennbare Fähigkeiten besitzen, ist zu erwarten, dass sie mit der Zeit auf diesem Gebiet zu hervorragenden Leistungen gelangen. Aber nur mit bedeutend mehr Fleiss, Selbstzucht und gediegeneren Kenntnissen werden sie solche hervorbringen.

3.

Die georgische Musik ist vielleicht so alt wie das Lied und ohne Zweifel erschollen ihre ersten rauhen und ungestümen Töne schon in grauer Vorzeit vor den Feueraltären, aber keine Überlieferung gibt uns Kunde von jenen heidnischen Hymnen, deren letzte Überreste manche noch in alten Volksweisen zu erkennen glauben. Neben ihnen bestand schon in der heidnischen Zeit das „Sari" (Totenklage), von dessen ursprünglichsten Gebilden sich noch Bruchstücke erhalten zu haben scheinen. Wie ich schon an anderer Stelle bemerkte, ist das Spiel von Instrumenten ohne Gesang im Morgenlande fast ganz unbekannt. Das Morgenland besitzt beinahe nur Saiteninstrumente, deren schwache Töne den Gesang nicht dämpfen und die Vernehmlichkeit der gesungenen Worte nicht erschweren. Andere Instrumente, wie Pfeifen, Klarinetten, Trommeln und Pauken wurden nur auf Märschen und beim Tanz gespielt.

Eine selbständige vom Gesang unabhängige Tonkunst hat sich in Georgien ebensowenig entwickelt wie anderswo in Vorderasien, beide waren immer in eins verschmolzen, und niemals wurde der Versuch gemacht, die Musik vom

Gesang-loszulösen und eine selbständige Tonkunst zu schaffen. Das poetische Gefühl war hier immer bedeutend erregbarer und feiner als der Sinn für die Töne, weshalb auch die

kirchlichen und weltlichen Gesangsweisen immer einfach blieben und nur in sehr beschränktem Masse eine Änderung erfuhren.

Bald nach der Verkündigung des Evangeliums kam
mit den syrischen und griechischen Priestern auch der
Kirchengesang nach Georgien, über dessen uranfänglichen
Zustand jedoch jegliche Nachricht fehlt. Aber schon im
zehnten oder elften Jahrhundert hat der Kirchengesang
feste Regeln angenommen, welche als wertvolles Denkmal
in einer Pergamenthandschrift die Jahrhunderte überdauert
haben. Dieses umfangreiche Hymnenbuch, welches aus
514 Blättern besteht, enthält eine stattliche Anzahl von
Kirchenliedern mit Notenzeichen. Moses Dschanaschwili,
ein zeitgenössischer georgischer Altertumsforscher, verlegt
die Entstehung desselben in das zehnte Jahrhundert und
führt für seine Behauptung ziemlich stichhaltige Beweise an.

Ohne Zweifel war der Kirchengesang lange Zeit hindurch die vorbildliche Grundlage für die weltlichen Gesangsweisen, die sich von den kirchlichen nicht weit entfernten und immer einen ernsten, schleppenden Ton be-
wahrten. Die altgeorgischen Singweisen sind schwermütig
und durchhaucht von Leidenschaft und Sinnlichkeit. Der
bange Grundton, welcher allen ein verwandtes Gepräge verleiht, mag sich unter der Einwirkung der vielen geschichtlichen Drangsale entwickelt haben oder aber von
anderen morgenländischen Völkern zu den Georgiern über-
gegangen sein.

Im allgemeinen singt der Georgier sehr viel, aber
meistens nur das männliche Geschlecht, während man die
Frauen seltener einen Gesang anstimmen hört. Männer
und Knaben singen überall, sei es auf dem Felde oder in
der Werkstätte bei der Arbeit, beim Gehen, Fahren oder
Reiten, aber Frauen und Mädchen gewöhnlich nur zu Hause
beim Saitenspiel. Trotz ihrer Einfachheit unterscheiden
sich die georgischen Weisen doch wesentlich von einander,
wobei aber zu bemerken ist, dass die zu einer Art gehörigen meistens denselben Grundton haben. Bei Begleitung eines Instrumentes werden nur die Liebeslieder
gesungen und diese sind für den Georgier das eigentliche

Lied, aus welchem vielleicht mit der Zeit ein reicher Me-
lodienschatz entstehen wird, sobald wirkliche Künstler seine
Bearbeitung übernehmen. Bis jetzt sind die Versuche, die
georgischen Singweisen nach den Gesetzen der europäischen
Tonkunst umzubilden, noch keineswegs als gelungen zu
betrachten, aber dieses Misslingen liegt vielleicht weniger
an den Weisen selbst als an dem Unvermögen der Künstler;
denn dass die georgischen Melodien trotz ihrer urwüchsigen
Tonbildung eine reiche Lyrik enthalten, wird niemand
leugnen können.

Wann die ersten Musikinstrumente in Georgien in Gebrauch kamen, ist völlig ungewiss. Georgische Benennungen für Trompete, Laute u. s. w. finden sich in den
ältesten Psalmenübersetzungen, während die Chronik der
ersten Jahrhunderte nach Einführung des Christentums zwar
von „Musik und Gesang" erzählt, aber darüber keine näheren
Angaben enthält. In seiner Dichtung „Der Mann im Tigerfelle" nennt Rustaweli mehrere Instrumente, die wahrscheinlich schon früher von den Arabern und Persern eingeführt
worden waren. Auch die noch heute gebräuchlichen Musikinstrumente, wie das „Tschonguri" (eine Art Mandoline),
das „Tari" (die georgische Guitarre), das „Tschianari" (eine
dreisaitige Geige) und andere, welche weniger volkstümlich
sind, rühren von den Persern und Arabern her. Zum Tanz
spielt man gewöhnlich die Surna (zwei Klarinetten mit un-
angenehmen, kreischenden Tönen) und das „Dahira" oder
Schellentrommel.

An die Stelle der altgeorgischen Musik ist nun schon
längst die europäische Tonkunst getreten, aber die Leistungen
der Georgier auf diesem Gebiete sind noch so belanglos,
dass sich an den wenigen bisherigen Kompositionsversuchen
von Balantschewadse und einiger anderen ihre Befähigung
nicht ermessen lässt.

Sicherer scheint eine günstige Entwickelung der georgischen Malerei in Aussicht zu stehen. Zu dieser Annahme berechtigen zunächst die eigenartigen Gemälde von Gigo Gabaschwili, welcher im typischen, heimischen Genre Hervorragendes leistet und trotz aller seiner Mängel ein begabter Künstler ist. In seine Fusstapfen treten jetzt mehrere andere Anfänger, die aber nur dann etwas erreichen werden, wenn sie den alten georgischen Schlendrian aufgeben und durch Fleiss und Ausdauer ihre angeborenen Fähigkeiten zu entwickeln bestrebt sind.

Volkspoesie

Reich und üppig wie die Einbildungskraft der Georgier ist auch ihre Volkspoesie, deren Anfänge in ein fernes, durch keine Überlieferung erhelltes Zeitalter zurückreichen. Die älteste Form des Liedes war ohne Zweifel die hieratische. Priester verfassten und sangen vor den Feueraltären die ersten Anrufe an die vergötterten Naturgewalten. Ob diese Urpoesie reich gewesen, wissen wir nicht, aber die Lichtreligion welcher sie diente, muss eine mächtige Beherrscherin der Einbildungskraft gewesen sein; denn zahlreiche Spuren hat sie in Gebräuchen, Sagen, in der Poesie und selbst in der Sprache zurückgelassen. Noch viele Jahrhunderte nach der Einführung des Christentums lebten die Vorstellungen der Lichtreligion in der Volksphantasie fort, und noch heute tauchen in Gebräuchen und Redensarten ihre Sinnbilder auf.

Neben der priesterlichen Poesie entstanden in sehr früher Zeit die Totenklagen, die sich in wenig veränderter Form bis auf die neueste Zeit erhielten. Sehr früh müssen auch die mythischen Heldensagen persischen Ursprungs nach Georgien gekommen sein. Sie umfassen zwei Sagenkreise, deren einer den Riesen Ahmiran zum Haupthelden hat, während sich der andere um Rostom, den Rustem Firdusis dreht. Ahmiran ist ohne Zweifel der Ahmiran der alten Iraner, nämlich der verkörperte Begriff des Bösen, hat aber in der in drei verschiedenen Fassungen bestehenden georgischen Volkssage sein ursprüngliches Gepräge verloren und ist stark durchsetzt von christlichen Elementen und Vorstellungen nicht iranischen Ursprungs.

Nach einer Fassung lehnt sich Ahmiran gegen Gott auf, wofür er für ewige Zeit an einen Pfahl geschmiedet wird. Nach einer anderen kämpft er für die Gerechtigkeit und verteidigt die Menschen gegen die bösen Mächte, wofür ihn gleichfalls das Verhängnis des Prometheus ereilt. Er wird an einen Felsen angeschmiedet, und Geier zerfleischen sein hochmütiges Herz.

An diese mythischen Heldensagen reihen sich andere georgischen Ursprunges, die geschichtliche Personen und Ereignisse behandeln. Besonders gross ist ihre Zahl jedoch nicht, und keine einzige scheint in das erste Jahrtausend unseres Zeitalters zurückzureichen. Zahlreiche Sagen und Lieder weben sich um die Königin Tamar (13. Jahrhundert), während von ihren Nachfolgern bis zum Könige Heraklius II. (18. Jahrhundert) die Volksmuse schweigt. Eigentliche geschichtliche Heldengesänge besitzen die Georgier nicht, was bei einem ritterlichen Volke, welches in jedem Zeitalter den Gesang pflegte, gewiss auffallen muss. Volkssänger wie sie andere Völker Vorderasiens besassen, scheinen in Georgien ausser in der vorchristlichen Zeit niemals heimisch gewesen zu sein, und die wenigen, welche im 18. Jahrhundert hier auftauchen, waren Armenier oder auch Tataren. Sie sangen nur von Liebe und Lebenslust und berührten höchstens in kurzen Strophen die Eigenschaften und Taten eines bekannten Ritters.

Nur bei den Tuschen, einem im Hochgebirge sesshaften Stamme, finden sich einige Heldengesänge, in welchen ihre Kämpfe mit den Lesgiern, Kistenen und Tschetschenen geschildert werden.

Das reichste Gebiet der georgischen Volkspoesie ist die Lyrik, die einen wertvollen Schatz echter, poesievoller Lieder in sich birgt. Die erste Stelle nehmen wie überall die Liebeslieder ein. Ihre Sprache ist blumenreich, wie überhaupt die georgische Volkssprache, aber auch reich an Wort- und Bilderspielerei und keineswegs frei von Übertreibungen, welche bei der Vorliebe der Georgier für Ver-

gleiche, schwerlich zu vermeiden sind. Die meisten Liebeslieder atmen eine keusche Sinnlichkeit, bringen Schmerz
und Freude mit Leidenschaftlichkeit zum Ausdruck, erreichen

Lastträger.

aber nur selten eine dramatische Kraft. Mit der Liebe,
dem Verlangen und der Sehnsucht sind oft kurze Betrachtungen über Erscheinungen in der Natur verbunden, aber

21*

ein wirkliches Naturgefühl tritt nur schwach hervor. Die Naturschilderungen haben immer nur allgemeine Züge und enthalten keine Beschreibung der Einzelheiten. Unter den Jahreszeiten kennt das georgische Volkslied fast nur den Frühling, unter den Blumen die Rosen und Veilchen, und unter den Vögeln die Nachtigall. Die frische sprudelnde Quelle, das ferne Rauschen der Gebirgsbäche, das Alpenglühen, die geheimnisvolle Herrlichkeit des Waldes und viele andere Reize der Natur wird man nur selten in ihr finden. Aber die Liebe zur Natur kommt doch zum Vorschein, und ein unverkennbares Zartgefühl verleiht ihr einen hohen Zauber. Auch die Stimmung steht in engem Zusammenhang mit der Natur, denn dank des milden Klimas hat in den meisten Gegenden Georgiens das Leben ein südländisches Gepräge. Einen bedeutenden Teil des Jahres verrichtet das Volk sein Tagewerk im Freien oder in halb geschlossenen Räumen, wie z. B. in den Städten die kleinen Handwerker und Händler. Die monatelange Abgeschlossenheit von der Natur und ihren Annehmlichkeiten ist hier unbekannt. Frische Luft und heiteres Sonnenlicht sowie den Anblick des blauen Himmels geniesst hier jeder tagtäglich und ohne Beschränkung, und dieses sein körperliches Behagen fördernde Naturleben erheitert auch seine Gemütsstimmung und erhöht seine Empfänglichkeit für alle äusseren Eindrücke.

Daher findet auch der Georgier selbst an der beschwerlichsten Feldarbeit immer noch einen Reiz und begleitet dieselbe gewöhnlich mit Gesang und zwar oft solcher Lieder, die der betreffenden Arbeit gelten. Beim Pflügen, Säen, Jäten, Mähen und Dreschen und auch auf der Weide singt der georgische Bauer sein Liedchen, und er summt es nicht etwa leise vor sich hin, sondern lässt seine Stimme so laut erschallen, dass sie weit in die Ferne hallt. Zu den schönsten dieser Lieder gehören die „urmuli" (von uremi, zweirädriger Karren), welche von den Büffel- und Ochsentreibern während ihrer langsamen und langwierigen Fahrten gesungen werden.

Auch Hochzeits-, Trink- und Festtagslieder besitzt der Georgier im Überfluss, und schliesslich enthält die Volkspoesie viele kleine Sinngedichte, die gewöhnlich nur einen mit einem Vergleich verbundenen Gedanken ausdrücken.

Volkslieder.

1.

Wie ein bei Nacht gestohlnes Pferd
Verberge stets die Liebe dein,
Und wird den Leuten sie bekannt,
Wie eine Tote sie bewein'!

2.

Einen Stein hob ich mit Mühe auf,
Doch zum Tragen war er mir zu schwer.
Sag' mir doch, du liebe, holde Maid,
Wie es kommt, dass ich so hin und her
Ohne Mühe schlepp' die Liebe mein,
Die doch schwerer ist als jener Stein!

3.

Bescheiden sei des Weibes Wunsch und Drang,
Und seine Rede gleich dem Schwalbensang!
Stark wie ein Fels, wie edles Silber rein,
Soll stets das Herz des wackern Mannes sein!

4.

Gestorben ist dem Weib der Mann,
Der wie die Nachtigall gesungen.
Drum klagt sie jetzt, doch nicht um ihn,
Nein, um die Lieder, die verklungen.

5.

Der Mann, den Gott geschaffen hat,
Das Auge wohl vom Teufel hat.
Sei schön sein Weib wie keins der Welt,
Ihm doch ein fremdes noch gefällt.

6.

Wer sagt denn, dass ich fröhlich bin?
Ich singe nicht vor Fröhlichkeit.
Ich sing', weil singend ich verscheuch'
Mein altes, schweres Herzeleid.
Wer daran glaubt, dass froh ich bin,
Der nehm' doch meinen Frohsinn hin!

7.

Den Schwächling und den Greis
Berauscht gar schnell der Wein.
O zu welch hohem Preis
Kauft ich die Jugend ein.
Wenn feil sie möchte sein!

8.

Zermalmen könnt' ich hartes Eisen
Wie Salz mit meinen Zähnen,
Entwurzeln könnt' ich hohe Buchen,
Wie Stroh sie an die Felsen lehnen.
Austrinken könnt' ich alles Wasser
Der Jora und der Alasan,
Doch mit dem zügellosen Weibe
Ich nimmer fertig werden kann.

Eine mannigfaltige Betätigung fand die georgische
Volksphantasie im Märchen, welches von der Welt, von
Menschen und Dingen mit morgenländischer Überschweng-
lichkeit fabuliert, obgleich die Verwandtschaft mit den indoeuropäischen Märchen oft sehr nahe liegt.

Die mythologischen Märchen erzählen von der Sonne,
dem Mond und von den Gestirnen und enthalten überhaupt
die uranfängliche Kosmogonie des georgischen Volkes in
allerdings ziemlich plumpen Vorstellungen, wobei Drachen
und Ungeheuer die Hauptrollen spielen.

Sehr zahlreich und verschiedenartig sind die Märchen,
welchen das Volksleben zu Grunde liegt, aber auch in diesen
nehmen halb geisterhafte Wesen eine wichtige Stelle ein.
Vor allen sind es die Deven (Dewi) oder Diven, welche in
das Schalten und Walten der Menschen eingreifen, aber

während sie in den persischen Märchen als Geister auftreten, erscheinen sie bei den Georgiern als „halbe Dämonen
und halbe Menschen, als Riesen, die oft bis 100 Köpfe
haben. Sie sind sterblich, der Mensch kann sie sogar töten,
täuschen, erschrecken. Sie schliessen Freundschaft mit
Menschen, verlieben sich in Weiber und heiraten sie nicht
selten. Sie wohnen in Höhlen, dichten Wäldern und manchmal in prächtigen Schlössern, besitzen unerschöpfliche
Schätze an Gold, Silber, Edelsteinen und schöne Königstöchter." (Chachanow.)

In einem mingrelischen Märchen tritt ein Cyklop auf,
welcher hier die Rolle des „Waldmenschen" spielt, aber
auch Güter und Herden besitzt.

Verschiedenartig sind die Eigenschaften der Hexen
und Zauberinnen. Sie werden mit Schwänzen dargestellt,
wohnen in Höhlen oder in Ruinen und erscheinen sowohl
als Helferinnen wie auch als Widersacherinnen der Menschen.
Wie überall kommen in den georgischen Märchen häufige
Verwandlungen vor, und daneben wirken dieselben Zauber-
mittel und Zaubergegenstände wie die Tarnkappe, der
fliegende Koffer, Zaubersteine u. s. w., welche in vielen
morgenländischen und abendländischen Märchen den Mittelpunkt bilden.

Sprichwörter.

Ein böser Mensch ist auch zu Ostern böse.

Wenn du eine Brücke bauest, baue eine solche, die
auch deine Enkel noch benutzen können.

Von vielen Schlägen bricht auch das Eisen.

Sowohl der Verfolgte als auch der Verfolger betet
zu Gott.

Die Not zwang mich, mein Festtagskleid abzutragen.

Zeige mir die Gefahr, und ich werde dich lehren, wie
du fliehen sollst.

Auch in grossen Kirchen werden kleine Messen gelesen.

Ich will lieber heute ein Ei als morgen eine Henne.

Der Tag verging, aber die Not blieb.

Einmal schlummert selbst der Fluss ein.

Mit einer Hand kann man nicht zwei Kürbisse halten.

Auf grosse Liebe folgt grosser Hass.

Eine Maus verdarb neun Krüge mit Wein.

Es ist leichter, einen ganzen Sack Hirsekörner zu durch-
löchern, als ein Kind zu erziehen.

Wenn dein Herr ein Esel ist, wage nicht, es ihn fühlen
zu lassen.

Vor dem, der keinen Sohn verloren hat, beweine nicht
den Tod des deinigen.

Wer nicht will, findet auch am Bachesufer keinen Stein.

Auch die Not bringt manchmal Nutzen.

Es giebt Menschen und Menschlein.

Man legte die Maus in Flaumfedern, aber sie entlief
in ihr Loch.

Wo es Honig gibt, dorthin kommen die Fliegen bis
aus Bagdad geflogen.

Der Honig ist gut, aber der Topf stinkt.

Ein Herz erkennt das andere.